SV

Alejo Carpentier
Krieg der Zeit

Fünf Erzählungen und ein Roman

Aus dem Spanischen
von Anneliese Botond

Suhrkamp Verlag

Titel der Originalausgaben:
Guerra del tiempo enthält die Erzählungen
El camino de Santiago,
Viaje a la semilla,
Semejante a la noche
und den Roman *El acoso* (1956) 1958
Oficio de tinieblas
El derecho de asilo 1972

Erste Auflage 1977

Druck: Thiele & Schwarz, Kassel
Printed in Germany

Krieg der Zeit

»Was für ein Kapitän ist der,
was für ein Streiter im Krieg der Zeit?«

Lope de Vega

Der Pilgerweg nach Santiago

I

Mit zwei Trommeln schlenderte Juan die Schelde entlang – seine eigene quer umgehängt an der linken Hüfte, geschultert die beim Kartenspiel gewonnene –, als ihm ein Schiff auffiel, auf dem eben, während es anlegte, die Ankertaue an der Berting festgezurrt wurden. Da ein feiner Regen an diesem Spätnachmittag leise auf das Kalbfell trommelte, das von der Krempe seines Huts wenig geschützt war, kam ihm alles ein wenig vernebelt vor, zumal er selbst benebelt war von dem Schnaps und dem Bier seines Freundes, des Marketenders, dessen Wagen ein Stück weiter unten, bei der lutherischen Kirche, die zum Pferdestall gemacht worden war, aus allen Feuerstellen dampfte. Das Schiff führte eine solche Traurigkeit an Bord, daß der Dunst über den Kanälen von dort innen aufzusteigen schien wie ein Hauch drohenden Unheils. Die Segel waren mit alten, moderfarbenen Planen geflickt; die Takelage hing voller Fasern, an den Rahen wuchs Moos und von den nicht ausgebesserten Bordwänden hingen Fetzen abgestorbener Algen herab. Da und dort formte eine Schnecke einen Stern, eine graue Rose oder eine Gipsmünze in all dieser Vegetation aus anderen Meeren, die hier, kaum hatte sie die Kälte der trägen Wasser zwischen den Ufermauern zu spüren bekommen, graubraun und grünlichschwarz vermodert war. Die Matrosen sahen erschöpft aus, mit eingefallenen Wangen, tiefliegenden Augen, zahnlos, als hätten sie an Skorbut gelitten. Eben lösten sie die Leinen einer Feluke, die sie an die Mole geschleppt hatte, und nicht die geringste Freude, nicht einmal über die in den Wirtshäusern aufflackernden Lichter, lag in ihren Bewegungen. Es schien, als seien das Schiff und die Männer in ein und derselben Reue befangen, als hätten sie in einem Sturm den heiligen Namen gelästert, und ein paar Matrosen, die jetzt Seile aufrollten und Segel zusammenfalteten, taten dies mit der Unlust Verurteilter, denen es nicht gestattet sein würde, je wieder einen Fuß auf die Erde zu setzen. Aber da öffnete sich plötzlich eine Luke, und es war, als beglänzte die Sonne die Abenddämmerung über Antwerpen. Aus dem Halbschatten eines Verdecks kamen, in gehälftete Fässer gepflanzt, Zwergorangenbäume, von Früchten flammend, hervor und bildeten, einer hinter dem anderen, eine duftende Allee auf Deck. Der Aufzug dieser mit prunkvollen Kugeln behängten Bäume verklärte den Abend, und ein solcher Duft nach Fruchtsaft, nach Gewürzen, nach Zimt stieg auf, daß Juan staunend die geschulterte Trommel auf den Boden stellte und sich rittlings darauf setzte. Es war also richtig, was man sich über die Liebschaften des Herzogs erzählte und die kostspieligen Launen seiner Herrin, ihre Gier nach immer neuen Geschenken, wie nur ein Alba sie, eines bloßen Gelüsts wegen, aus den Gewürzinseln, aus den Reichen Westindiens oder dem Sultanat Ormuzds kommen lassen konnte. Sicherlich waren diese kleinen und so reichlich mit

Früchten behangenen Orangenbäume in einem Garten getaufter Mauren gezogen worden – niemand übertraf sie in den Wunderwerken, die sie an Zierpflanzen vollbrachten –, ehe sie Stürmen und feindlichen Schiffen getrotzt hatten, um zuletzt eine Spiegelgalerie im Palast derjenigen zu schmücken, die ihre Fläminnenhaut mit dem feinsten levantinischen Korallenpulver zu schminken pflegte. Denn wenn in jenen Zeiten reger Schiffahrt und unzähliger Neuheiten gewisse Frauen etwas wünschten, waren ihnen die jahrhundertelang für gut befundenen Schönheitsmittel nicht mehr gut genug: Erfindungen aus Dänemark verlangten sie, Balsame aus Moskau und Essenzen aus neuen Blumen; wünschten, wenn es ein Vogel sein sollte, den indianischen Papagei, der Unverschämtheiten sagt; begnügten sich, wenn es ein Hund sein sollte, nicht mehr mit dem zutraulichen Haushündchen, sondern forderten Schoßhündchen mit dem Aussehen von Greifen oder Tiere mit viel Wolle, die man so scheren konnte, daß Berbermähnen stehen blieben, darein farbige Bänder zu flechten. So gab es denn auch, wenn der Schnaps des Marketenders aus Zamora den Soldaten zu Kopfe stieg, immer einen, der zu reden anfing und behauptete, wenn der Herzog so lange Zeit im Winterlager, das nachgerade ein Frühjahrslager wurde, in Antwerpen verweile, dies nur deshalb geschah, weil er sich nicht entschließen konnte, einer Stimme nicht mehr zulauschen, die über dem Griff der Laute klang wie die Stimmen der von den Alten erfabelten Sirenen. »Sirenen?« hatte eben die Dirne gerufen, die, eine große Schnapsschwester, seit Neapel hinter der

Truppe herzog. »Sirenen? sagt lieber, daß zwei Zitzen besser ziehen als zwei Kutschwagen.« Das übrige hatte Juan im plötzlichen Tumult der Soldaten nicht mehr gehört, denn ohne ihr Essen und Trinken zu bezahlen, waren sie vom Wagen des Marketenders weggerannt aus Furcht, irgendein Diener des Herzogs gehe vorüber und melde, was denen einfiel. Jetzt aber, angesichts dieser Orangenbäume, die unter Bewachung eines eben angekommenen Leutnants an Land gebracht wurden, kehrten die Worte der Dirne, vom Augenschein kräftig unterstrichen, ihm ins Gedächtnis zurück. Schon wurden die Zwergbäume auf Planwagen der Intendantur geladen. Ein plötzliches Verlangen, einen Topf Kutteln zu essen oder einen Rinderfuß abzunagen, höhlte Juans Magen aus, und so schulterte er die beim Kartenspiel gewonnene Trommel. Im selben Augenblick bemerkte er, daß über ein Tau, es als Brücke benutzend, eine riesige Ratte, kahlschwänzig, mit Pusteln bedeckt, wie betrunken an Land getaumelt kam. Der Soldat langte sich mit der freien Hand einen Stein und schwang ihn der Treffsicherheit wegen mehrmals hin und her. Die Ratte war auf der Mole angelangt und stand da wie ein Fremder, der sich beim Ausschiffen fragt, wo die Häuser sind. Als sie den Luftzug eines Kiesels spürte, der über ihren Rücken hinweg in den Kanal flog, rannte sie auf das Haus der verbrannten Prediger zu, wo das Futter für die Pferde gelagert wurde. Ohne weiter daran zu denken, kehrte Juan zum Wagen des Marketenders aus Zamora zurück. Dort sangen die Soldaten, um die Dirne zu ärgern, ein Lied, in dem die Mädchen aus ihrem Dorf als geflickte Jungfrauen, als Hörneraufsetzerinnen und Kupplerinnen hingestellt wurden. Aber mittendrin fuhr der Wagen mit den Zwergorangenbäumen vorüber, und plötzlich trat Stille ein, unterbrochen nur durch das ärgerliche Grunzen der Dirne und das Wiehern eines Eselhengstes, das im Schiff der lutherischen Kirche hallte wie das Gelächter des leibhaftigen Beelzebub.

II

Zu Anfang glaubte man, das Übel sei die Lustseuche, was bei Leuten, die aus Italien kamen, nicht verwunderlich war. Als aber Fieber auftraten, die keine Wechselfieber waren, und fünf Soldaten aus der Kompanie unter Blutstürzen starben, bekam Juan es mit der Angst zu tun. Zu jeder Stunde befühlte er die Lymphknoten, wo sich bei der französischen Krankheit der Körpersaft zu stauen pflegt, in der Erwartung, sie wie einen Rosenkranz von Nüssen vorzufinden. Und obwohl der Chirurg schwankte, ob er den Namen einer Krankheit aussprechen sollte, die in Flandern wegen der Feuchtigkeit der Luft seit langer Zeit nicht mehr aufgetreten war, ließen seine Wanderungen durch Neapel ihn vermuten, daß dies die Pest war, und zwar eine der schlimmsten. Bald erfuhr er, daß alle Matrosen des Schiffs mit den Zwergorangenbäumen in ihren kümmerlichen Betten lagen und die Stunde verfluchten, da sie die Luft von Las Palmas eingeatmet hatten, wo das Übel, von freigelassenen Sklaven aus Algier eingeschleppt, die Leute auf der Straße zu Boden warf, als wären sie vom Blitz getroffen. Und als ob die Furcht vor der Plage nicht schon genug wäre, hatte sich derjenige Teil der Stadt, wo die Kompanie untergebracht war, mit Ratten gefüllt. Juan erinnerte sich wie eines unheilverkündenden Untiers jener stinkenden, kahlschwänzigen Ratte, die er mit seinem Steinwurf nur um Handbreite verfehlt hatte und die so etwas wie der Bannerträger, wie der ketzerische Oberhirte jener Horde sein mußte, die nun über die Höfe lief, sich in die Speicher zwängte und aufräumte mit allen Käsen diesseits der Schelde. Der Herbergsvater des Soldaten, ein Fischer mit dem Anstrich eines Lutheraners, war jeden Morgen der Verzweiflung nahe, wenn er seine Heringe halb aufgefressen, die Rochen um den Schwanz verkürzt und die Neunaugen nur noch als Gerippe vorfand, falls nicht gar so ein räudiges Vieh ersoffen, den Bauch nach oben, im Wasserbehälter der Aale schwamm. Ein Krebs oder eine Miesmuschel mußte man sein, wollte man dem asiatischen Hunger dieser von Schwären und Eiter bedeckten Ratten widerstehen, die, von Gott weiß welchen Gewürzinseln gekommen, selbst das Riemenzeug an den Harnischen und das Leder der Pferdegeschirre benagten, ja sogar die ungeweihten Hostien des Kompanie-Pfarrers profanierten. Als von den überschwemmten Weiden her ein kalter Luftzug den Soldaten in seiner Unterkunft, einer Bodenkammer unter dem Schieferdach, überlief, ließ er sich sogleich auf sein Lager fallen und stöhnte, es brenne ihm in der Brust und die Beulen schmerzten ihn und der Tod sei eine gerechte Strafe dafür, daß er den Unterricht in Liedern zum Ruhme unseres Herrn aufgegeben habe, um Trommler in einer Truppe zu werden, wo weder Motetten gesungen noch Quadriviumswissenschaften gelehrt, sondern Musik gemacht wurde, wie die Jungen in seinem Dorf sie bei jeder Fronleichnamsprozession veranstalteten, mit Bauern- und Hirtentrommeln und Flöten, wie die Schweineverschneider sie benützten. Aber mit einem Kalbfell und ein Paar Rindlederstiefeln konnte man eben durch die Welt ziehen, vom Königreich Neapel bis nach Flandern, und mit dem Trompeter und dem Pfeifer den Takt beim Marsch angeben. Und da Juan sich weder zum Geistlichen noch zum Kantor berufen fühlte, hatte er die mutmaßliche Ehre, eines Tages in der Klasse des Maestro Ciruelo in Alcalá aufgenommen zu werden, fahrenlassen, um statt dessen dem erstenbesten Soldatenwerber, einem Hauptmann, der ihm drei Achterrealen auf die Hand gab und ihm große Lust mit Weibern, Wein und Karten verhieß, in den Soldatenberuf zu folgen. Jetzt, da er die Welt gesehen hatte, begriff er die Eitelkeit des Begehrens, das seine Mutter so viele Tränen gekostet hatte. Nichts hatte es ihn genützt, im Feuer dreier Gefechte zum Angriff zu trommeln und dem Donner der Feldschlangen zu trotzen, wenn hier der Tod stand, in dieser Dachkammer, deren Fenster mit den grünen Butzenscheiben die Farbe der Trübsal annahmen, sooft die Fackeln der Nachtrunde aufblitzten und die dumpfe Trommel erklang, auf der diese hopfenblütigen Flamen niemals den richtigen Takt zu schlagen verstanden. In Wahrheit hatte Juan nur deshalb so sehr über Brennen in der Brust und dick geschwollene Beulen gestöhnt, damit Gott sich eines, der sich krank glaubte, erbarmen sollte und ihm die Krankheit nicht wirklich schickte. Plötzlich aber schoß eine schreckliche Kälte durch seinen Körper. Ohne die Stiefel auszuziehen, legte er sich auf das Lager und warf eine Decke über und über die Decke ein Federbett. Aber nicht *eine* Decke und *ein* Federbett, sondern alle Decken der Kompanie und alle Federbetten in Antwerpen wären in diesem Augenblick nötig gewesen, damit die Wärme, die der alte König Salomo im Körper einer unberührten Jungfrau hatte finden wollen, in seinen verstimmten Körper zurückkehrte. Als der Fischer, auf das Stöhnen herbeigeeilt, ihn dermaßen zittern sah, wich er erschrocken zurück, und laut schreiend, die Plage sei im Haus und dies sei eine Strafe für die Katholiken wegen all der Simonie und Dispense, lief er die von Ratten wimmelnde Treppe hinunter. Unter Dunstschleiern sah Juan das Gesicht des Chirurgen, der ihm unter dem aufgeschnallten Gürtel die Leisten abtastete, und dann ereignete sich – unter einem seltsamen, hart getrommelten und dennoch gedämpften Paukenwirbel – die wunderbare Ankunft des Herzogs Alba.

Er kam allein, ohne Gefolge, schwarz gekleidet und die Halskrause so eng an den Hals gepreßt, daß sein graumelierter Bart nach vorne sprang und man sein Haupt für das eines Geköpften hätte halten können, das als Geschenk auf einer Schüssel aus weißem Marmor präsentiert wurde. Juan machte eine ungeheure Anstrengung, um sich vom Bett zu erheben und strammzustehen, wie es sich für einen Soldaten gehörte, aber der Besucher sprang behende über das Federbett und ließ sich auf der anderen Seite auf einem geflochteten Hocker nieder, auf dem mehrere irdene Flaschen standen. Weder fielen die Flaschen um noch zerbrachen sie, obwohl ein Geruch nach Wacholder sich wie beim Beräuchern einer Synagoge im Zimmer ausbreitete. Draußen erschallten, in einem gewaltigen Mißklang, Trompeten, so verworren und verstimmt, als schlotterten ihre Töne in der gleichen Kälte, die auch die Zähne des Kranken klappern ließ. Ohne die wie beim Ketzerverbrennen düstere Miene aufzuhellen, zog der Herzog unterhalb seines Gürtels drei seinen Rock aufwölbende Orangen hervor und begann nach Art der Taschenkünstler damit zu spielen, indem er sie mit erstaunlicher Geschicklichkeit von der einen Hand in die andere und über seinen nach römischer Art frisierten Kopf springen ließ. Juan hätte ihm gern über solche Geschicklichkeit in Künsten, die man an ihm nicht kannte, ein Lob ausgesprochen und ihm dabei unter der Hand Namen wie Löwe von Spanien, Herkules von Italien und Geißel Frankreichs gegeben, aber die Worte wollten nicht aus seinem Munde. Kurz darauf prasselte ein heftiger Regen auf das Schieferdach herab. Unter einem Windstoß sprang das Fenster auf, das auf die Straße ging, und die Kerze erlosch. Und Juan sah, wie der Herzog Alba, so halmdünnen Leibes, daß er sich im Fensterrahmen wie ein Seidenband schlängelte, in den Wind hinausschlüpfte, gefolgt von den Orangen, die nun Trichter als Hüte aufhatten und, aus allen ihren Runzeln lachend, Froschbeine aus ihren Schalen streckten. Quer durch die Dachkammer, von der Hofseite auf die Straßenseite, flog, auf einem Lautengriff reitend, eine Dame, der die Brüste aus dem Mieder hingen, und die den Rock so hoch geschürzt trug, daß die nackten Hinterbacken unter dem Gestänge des Reifrocks hervorsahen. Ein Windstoß, der das Haus erzittern ließ, fegte die grausige Gesellschaft fort, und Juan, der, halb ohnmächtig vor Schrecken, die frische Luft am Fenster suchte, bemerkte, daß der Himmel wolkenlos und freundlich war. Zum ersten Mal, seit der Sommer zu Ende war, ließ die Milchstraße das Firmament erglänzen.

»Der Weg nach Santiago!« stöhnte der Soldat und fiel auf die Knie vor seinem Schwert, das in dem Bretterboden stak und dessen Griff das Kreuzeszeichen bildete.

III

Über Frankreichs Pilgerstraßen zieht der Pilger. Er hat die Hände um den Pilgerstab gelegt, er trägt das Pilgerkleid, das durch die schönen, mit Riemen aufgenähten Muscheln geheiligt ist, dazu die Kürbisflasche, die nur Wasser aus dem Bach schöpft. Schon weht sein Bart zwischen der herabhängenden Krempe des Pilgerhutes und franst der Stoff des Gewandes über dem frommen Elend seiner Sandalen, die über Pariser Boden geschritten waren, ohne die Steinfliesen einer Kneipe zu betreten noch sonst vom rechten Pilgerweg nach Santiago abzuweichen, es sei denn, um von fern das heilige Haus der Cluniazenser Mönche zu bewundern. Juan schläft, wo die Nacht ihn überrascht, von der Frömmigkeit der guten Leute in mehr als ein Haus geladen, obwohl er, wenn er ein Kloster in der Nähe weiß, den Schritt beschleunigt, um noch vor dem Angelusläuten einzutreffen und den Laienbruder, der den Kopf aus dem Gitter streckt, um Herberge zu bitten. Sobald er die Jakobsmuschel zum Kuß gereicht hat, zieht er sich in den Schutz der Bögen der Klosterherberge zurück, wo seine von Krankheit heimgesuchten und im Frühregen von Flandern bis an die Seine leidgeprüften Knochen nur auf harten Steinbänken Ruhe finden. Am nächsten Tag bricht er mit dem Morgengrauen auf, voll Ungeduld, bald wenigstens bis zur Höhe von Roncesvalles zu gelangen, denn von dort an wird sein Körper weniger zermürbt sein, glaubt er, weil er sich dann unter Leuten gleichen Schlages befindet. In Tours gesellen sich zwei Pilger aus Deutschland zu ihm, mit denen er in Zeichen spricht. Im Hospital Saint-Hilaire in Poitiers trifft er auf weitere zwanzig Pilger, und es ist schon ein Trupp, der die Wanderung in die *Landes* fortsetzt und nun, die Stoppeln auf den Kornfeldern hinter sich lassend, auf reife Weinstöcke trifft. Hier ist noch Sommer, obwohl schon die Herbsternten eingebracht werden. Die Sonne verweilt über den Pinienkronen, die immer dichter werden, und zwischen ein paar im Vorübergehen abgepflückten Trauben und den Mittagsrasten, die der duftenden Kräuter und des kühlen Schattens wegen von Mal zu Mal länger werden, fangen die Pilger zu singen an. Die Franzosen erinnern sich in ihren Liedern all der guten Dinge, auf die sie verzichtet haben, um ihr Gelübde an den heiligen Jakob zu erfüllen; die Deutschen singen mit rauher Kehle ein paar teutsche Brocken, in denen kaum das Herre Sanctiagu! Gott Sanctiagu! herauszuhören ist. Und als die Flamen, die besser miteinander harmonieren, eine Hymne anstimmen, schmückt Juan sie bereits mit Gesängen eigener Erfindung aus: »Soldate Christi, mit heiligen Gebeten, alle beschützt du vor großen Nöten«.

Und so kommen sie, langsam in einer Reihe von schon über achtzig Pilgern wandernd, nach Bayonne, wo es ein gutes Hospital gibt, um sich zu flöhen, neue Riemen an die Sandalen zu nähen, sich unter Brüdern die Läuse auszuklauben und ein Heilmittel für die Augen zu erbitten, die bei vielen wegen des Staubs auf den Wegen triefend und schmerzhaft geworden sind. Die Innenhöfe des Gebäudes sind ein einziges wimmelndes Elend von Leuten, die sich die Krätze abschaben, die verstümmelten Glieder vorzeigen und sich mit dem Wasser aus der Zisterne die Wunden waschen. Einige haben Skrofeln, die nicht einmal durch die Berührung des Königs von Frankreich heilten, und ein anderer reitet auf einer Bank, um die Bedrängnis seiner Geschlechtsteile zu lindern, die so geschwollen sind, daß sie wie die des Riesen Adamastor aussehen. Juan der Pilger ist einer der wenigen, die keine Arzneien verlangen. Der Schweiß, der ihm das Wams besudelte, als sie unter der Sonne durch die Weinberge gingen, hatte seinen Körper um die schlechten Säfte erleichtert. Und seine Lungen zeigen sich dankbar für den Balsamhauch der Pinien und manche Brise, die ab und an Meergeruch herüberwehte. Und nach dem ersten Bad, geschöpft aus dem vom Durst so vieler Pilger geheiligten Wasser, fühlt er sich so gekräftigt und fröhlich, daß er am Ufer des Adour einen Krug Wein austrinkt, im Vertrauen darauf, daß Dispens erhalten werde, wer sich so leicht erkälten kann, nachdem er sich zum ersten Mal nach so vielen Wochen den Kopf und die Arme naß gemacht hat. Als er zum Hospital zurückkehrt, ist seine Kürbisflasche nicht mit Wasser, sondern mit starkem Rotwein gefüllt, und um ihn in Ruhe zu trinken, setzt er sich in der Vorhalle gegen einen Pfeiler. Am Himmel glänzt noch immer der Weg nach Santiago. Aber mit der vom Wein erleichterten Seele sieht Juan das Sternenfeld schon nicht mehr so wie in jener Nacht, wo die Pest mit einer grausigen Verheißung der Strafen für seine vielen Sünden ihm so nahe gekommen war. Genau zur richtigen Zeit hatte er das Versprechen gegeben, die Kette zu küssen, mit welcher der heilige Jakob in Jerusalem gefesselt worden war. Jetzt aber, beim Ausruhen, einigermaßen gebadet, mit ein paar Läusen weniger am Leibe und ein paar Gläsern mehr darin, überlegt er sich, ob denn das Fieber, an dem er gelitten hat, überhaupt von der Pest gekommen und diese teuflische Vision nicht das Werk des Fiebers gewesen war. Das Stöhnen eines neben ihm liegenden Greises, dem eine Geschwulst das halbe Gesicht weggefressen hat, erinnert ihn daran, daß ein Gelübde ein Gelübde ist, und während er den Kopf in die Kapuze des Pilgermantels steckt, freut er sich bei dem

Gedanken, daß er mit heiler Haut dort ankommen wird, wo andere sich mit ihren Wunden und Schwären anbetend niederwerfen werden, sobald sie, noch ungewiß der göttlichen Flickkur, den Torbogen der Französischen Pforte passiert haben. Mit der wiedergefundenen Gesundheit gedenkt er dankbar der üppig im Fleisch stehenden Mädchen von Antwerpen, die an den mageren, wie Ziegenböcklein behaarten Spaniern Gefallen fanden und sie noch vor der Absprache auf ihren breiten Schoß setzten, um sie mit Armen, so weiß wie Marzipan, aus dem Harnisch zu schälen. Von nun an wird der Pilger nur noch Wein in der Kürbisflasche führen, die von den Nägeln seines Pilgerstabs herabbaumelt.

IV

Frankreichs Pilgerstraße wirft den Pilger bald in den Trubel eines Jahrmarkts, der ihn anlockt, sobald er Burgos betritt. Der Vorsatz, geraden Weges in die Kathedrale zu gehen, schmilzt dahin, sowie er den Dampf des Schmalzgebackenen wittert, den Duft der Spießbraten, der Kaldaunen mit Petersilie, der Pfeffersoße, die zu kosten ihn, freigebig, eine zahnlose Alte einlädt, deren Marktbude sich an ein monumentales, von zwei Türmen flankiertes Tor anlehnt. Nach dem Geschmorten kommt der Wein an die Reihe, der aus den Schläuchen über Eselsrücken, der billiger ist als der in den Tavernen. Und dann das Fortgezogenwerden im Strudel all derer, die gaffend vom Riesen zum Seiltänzer und von dem, der auf losen Blättern Moritaten-Lieder verkauft, zu dem gehen, der in farbenprächtigen Bildern die grause Begebenheit aus Alhucenas vorzeigt, wo eine Frau, vom Teufel geschwängert, eine Tracht Ferkel zur Welt brachte. Hier verheißt einer, Backenzähne ohne Schmerz zu ziehen, und gibt dem Patienten ein rotes Tuch, damit man nicht sieht, wie das Blut fließt, und sein Gehilfe schlägt die Trommel mit der Keule, um die Schreie zu übertönen; dort werden Seifen aus Bologna, Salben gegen Frostbeulen, heilkräftige Wurzeln, Drachenblut angeboten. Und es ist das gleiche Lärmen wie immer, das Brutzeln der Krapfen, der Klang verstimmter Schalmeien, dazu ein Hund in Rock und Mütze, der, auf den Hinterbeinen wie ein Christenmensch, um Almosen für den armen Verkrüppelten bettelt. Juan der Pilger, der es müde ist, sich hin und her schieben zu lassen, bleibt jetzt vor einer Bank stehen, wo ein paar Blinde sitzen und eben die wunderbare Geschichte von der amerikanischen Harpyie zu Ende singen, die, ein Schrecken des Krokodils und des Löwen, in weitläufigen Cordilleren und unwegsamen Wüsten ihren stinkenden Sitz hat:

»Für einen großen Batzen Geld
kaufte sie ein Europäer
und brachte sie nach Europa.
In Malta lud er sie aus,
ins Land der Griechen zog er,

von dort nach Konstantinopel
und durch ganz Thrazien auch.
Dort wollte ihr das Futter
urplötzlich nicht mehr munden,
so daß in wenigen Wochen
sie heulend und brüllend starb.

Chor:
Das war das Ende der Harpyie,
ein Scheusal, von Natur erschrecklich.
Oh, möge doch jedes Scheusal
sterben, sobald es geboren.«

Um kein Almosen geben zu müssen, machen die Zuhörer in der zweiten Reihe sich dünn, lachend über die Blinden, die ihren Zorn gegen das Geschlecht der Knikker über sie entladen; aber ein Stück weiter verstellen andere Blinde ihnen den Weg, dort, wo auf der Bühne der Marionettenspieler die Begebenheit der als Hammel verkleidet in die Stadt Cuenca eindringenden Mauren dargestellt wird. Kaum der amerikanischen Harpyie entronnen, sieht Juan sich auf die Insel Jauja versetzt, von der es Kunde gab, seit Pizarro das Königreich Peru erobert hatte. Hier haben die Sänger weniger krächzende Stimmen, und während die einen Gebete für Frauen anpreisen, die nicht gebären können, beendet der Chef der anderen, ein mit ellenlangen Nägeln auf seiner Vihuela klimpernder hochgewachsener Blinder mit schwarzem Hut, soeben die Romanze:

»Ein Garten ist um jedes Haus,
aus Gold und Silber getrieben,
ein Wunder ist der Überfluß
an Reichtum und Geschenken.
An den vier Ecken allen,
hohe Zypressen stehen,
die erste voller Fasanen,
Gockel wachsen der zweiten
und Karnickel der dritten,
Kapaunen aber der vierten.
Am Fuß einer jeden Zypresse
sind Teiche und quellen über
von Achterdublonen die einen,
von Viererdublonen die andern.«

Und jetzt, von der Singweise der Copla zum forschen Ton der Werber überwechselnd, endet der Blinde mit einer Stimme, die bis an die vier Ecken des Marktes schallt, wobei er seine Vihuela wie eine Standarte schwenkt:

»Auf, ihr Herren alle,
Mut, ihr armen Ritter,
gute Nachricht jedem Armen,
jedem Griesgram frohe Botschaft:
Wer die Reise wagen will,
zu sehen die neuen Wunder,
zehn Schiffe fahren zumal
aus Sevilla in diesem Jahr.«

Wieder verkrümeln sich die Zuhörer, abermals beschimpft von den Sängern, und Juan sieht sich ans Ende einer Sackgasse gedrängt, wo ein verschlagener Indianer zwei mit Stroh ausgestopfte Kaimane, angeblich aus Cuzco, unter großem Brimborium vorzeigt. Ein Affe sitzt auf seiner Schulter, auf seiner linken Hand ein Papagei. Er bläst in ein großes rosiges Muschelhorn, und aus einer scharlachroten Kiste steigt ein Sklave heraus, schwarz wie der Luzifer in den Mysterienspielen, um Halsketten aus stumpfen Perlen, Steine gegen Kopfweh, breite Gürtel aus Vikunjawolle, Ohrringe aus Flittergold und anderen Kram aus Potosí feilzubieten. Beim Lachen läßt der Neger seltsam spitz zugeschliffene Zähne und Messerschnitte in den Wangen sehen, und jetzt greift er nach einer Schellentrommel und führt einen ganz und gar ausgefallenen Tanz auf, wobei er sich bewegt, als wäre ihm der Leib mitten entzwei gebrochen, und so schamlose Gebärden vollführt, daß selbst die Alte ihre Kutteltöpfe im Stich läßt, um ihm zuzusehen. Aber darüber beginnt es zu regnen, jeder läuft, sich unter ein Schutzdach zu flüchten – der Marionettenspieler mit seinen Marionetten unter dem Umhang, die Blinden an ihren Stöcken, während die Frau, die Ferkel zur Welt gebracht hat, auf ihrem Bilderbogen naß wird –, und plötzlich befindet sich Juan in der Stube eines kleinen Wirtshauses, wo Karten gespielt und starker Landwein getrunken wird. Der Neger trocknet den Affen mit einem Tuch ab, während der Papagei sich anschickt, auf dem Faßreifen, wo man ihn abgesetzt, ein Schläfchen zu halten. Der Indianer verlangt Wein und tischt dem

Pilger Lügengeschichten auf. Aber Juan, wie jedermann vor indianischen Schwindelgeschichten auf der Hut, denkt, daß bestimmte Schwindelgeschichten sich bewahrheitet haben. Die amerikanische Harpyie starb in Konstantinopel, heulend und brüllend. Die Gegend von Jauja samt den Teichen voll Dublonen hatte ein vom Glück begünstigter Hauptmann namens Longores de Sentlam y Gorgas richtig entdeckt. Weder das peruanische Gold noch das Silber von Potosí waren Indianerschwindel. Ebensowenig die goldenen Beschläge, die Gonzalo Pizarro seinen Pferden an die Hufe schlagen ließ. Das hatten die Steueraufseher der königlichen Flotte genau gesehen, als die von Schätzen aufgeblähten Galeonen nach Sevilla zurückgekommen waren. Dann erzählt der Indianer, schon leicht angesäuselt, von weniger bekannten Wundern: von einem Brunnen mit wundertätigem Wasser, in den die Alten, so verkrümmt und verkrüppelt sie sein mochten, nur hineinzusteigen brauchten, und sobald sie die Köpfe aus dem Wasser streckten, sah man, daß sie mit Haaren bedeckt, die Runzeln geglättet, die Knochen wieder gelenkig waren und sie mit der wiedererlangten Gesundheit einen Auftrieb hatten, als wollten sie eine Armee von Amazonen schwängern. Er erzählt von dem Amber in Florida, von den gigantischen Statuen, die der andere Pizarro in Puerto Viejo gesehen hatte, und von den in Westindien gefundenen Totenköpfen, die drei Finger dicke Zähne und nur ein Ohr hatten, und dies mitten auf dem Hinterkopf. Es gab da auch eine Stadt, die Schwester von Jauja, wo alles aus Gold war, selbst die Barbierbecken, die Schüsseln und Töpfe, die Radfelgen der Karossen, die Lampen. »Da müßten die Einwohner ja Alchimisten gewesen sein!«, ruft der Pilger voll Verwunderung. Aber der Indianer verlangt mehr Wein und erklärt, das Gold aus Westindien habe dem Kopfzerbrechen all derer, die hinter dem Großen Werk her waren, ein Ende bereitet. Längst hätten alle Morienus, Raymundus und Avicenna Studierenden das hermetische Merkur, das göttliche Elixier, die große Mondphase, den Galmei und das Messing aufgegeben angesichts der Ankunft so vieler Schiffe, beladen mit Gold in Barren und in Gefäßen, Gold aus Staub oder im Gestein, Gold an Statuen oder um Juwelen. Die Umwandlung ist gegenstandslos geworden, da kein Werk am Ofen mehr vollbracht werden mußte, um Gold vom besten zu bekommen, soweit die Hand eines stattlichen Mannes aus Estremadura in einem Gemach von gewöhnlichem Ausmaß in die Höhe reichte.

Es ist schon Nacht, als der Indianer mit weinselig lallender Zunge in seine Kammer geht und der Neger mit dem Affen und dem Papagei in den Strohschober des Pferdestalls steigt. Der Pilger, der, gleichfalls benebelt, bald diesseits, bald jenseits seines Stocks geht – und manchmal rund um ihn herum –, gelangt zuletzt in eine Gasse in der Vorstadt, wo eine Dirne ihn bis zum Morgen in ihrem Bett behalten will, gegen die Erlaubnis, die heiligen Muscheln küssen zu dürfen, die anfangen, sich von der Pilgerkutte zu lösen. Die vielen Wolken, die sich über der Stadt zusammengezogen haben, verdecken heute nacht den Weg nach Santiago.

V

Er sagt es jetzt jedem, der es hören will, er komme von dorther zurück, wo er doch niemals gewesen war. Dort blieb Jacobus Major samt der Kette, die ihn gefesselt, und dem Beil, das ihn enthauptet hatte, immer weiter zurück. Um von den Klosterherbergen und der Krautsuppe mit Roggenbrot zu profitieren, um der Vorteile der Pilgerlizenz nicht verlustig zu gehen, trägt Juan weiterhin den Habit des heiligen Jakob, Pilgerkleid und Kürbisflasche – obgleich diese in Wahrheit nur noch Branntwein führt. Weit zurück blieb der Französische Weg zugunsten eines anderen, auf dem er in Ciudad Real drei Tage lang an den Schläuchen des berühmtesten Weins im ganzen Königreich gehangen hatte. Von hier an stellt er eine Veränderung an den Leuten fest. Wenig reden sie von dem, was in Flandern geschieht, sondern halten das Ohr aufmerksam gegen Sevilla, von wo die Nachrichten vom abwesenden Sohn kommen, vom Onkel, der mit seiner Schmiede nach Cartagena umgezogen ist, vom anderen Onkel, der all sein Silber eingebüßt hat, weil er es nicht hatte registrieren lassen. Es gibt Dörfer, aus denen ganze Familien weggezogen sind, Maurer mit ihren Gesellen, verarmte Ritter mit Pferd und Dienern. Auf allen Plätzen werden jetzt die Trommeln gerührt, um Leute anzuwerben, die neue Provinzen auf dem Festland erobern und bevölkern sollen. Die Wirtshäuser, die Gasthöfe sind voller Reisender. So gelangt Juan, der die Jakobsmuschel gegen die Windrose eingetauscht hat, in das Handelsgericht und erinnert so wenig mehr an den Pilger, der er gewesen, daß er eher einem dieser Schauspieler aus einer aufgelösten Truppe ähnelt, die mangels Geld in die Kostümtruhe greifen und zuletzt im Wams des Narren aus den Zwischenspielen, in den Hosen des Biskayers, im Waffenrock des Pilatus und in dem Hut herumlaufen, den in der Komödie italienischen Stils der verliebte Schäfer Arcadio trug, der keine Gnade fand. Nach und nach hier ein Paar Hosen, dort einen Umhang sich aneignend, das Pilgergewand gegen Schuhe eintauschend, mit dem Kleiderhändler feilschend, hatte sich Juan einen Staat zugelegt, der in nichts an den Pilger, aber ebensowenig an den Soldaten bei den italienischen Söldnern erinnerte. Er hatte auch nicht im Sinn, dem Aufruf der Werber nachzukommen, hatte doch der Indianer ihm eigens gesagt, das Einträgliche seien jetzt nicht mehr die Eroberungen à la Cortés, wo man mit einer ganzen Flotte ausfährt. Was sich jetzt in Westindien auszahle, sei der feine Riecher, der Kompaß des Verstandes, die Kunst, sich über andere hinwegzusetzen, ohne sich um die Verordnungen der Indiengesetze, die Rügen der Bakkalaurei oder das Geschrei der Bischöfe dort sonderlich zu kümmern, wo selbst die Inquisition eine milde Hand hatte, da sie unter so vielen auf Glaubensdinge kaum vorbereiteten Negern und Indianern wenig zu tun fand und überdies wußte, daß, bestünde sie darauf, Büßerkleider auszuteilen, die meisten an die Geistlichen gehen würden, die des Verbrechens der Betreibung im Beichtstuhl schuldig waren. Und da der Stachel des Triebes als mildernder Umstand in heißen Ländern so viel mehr Gültigkeit besitzt, hatte die amerikanische Inquisition von Anfang an dafür optiert, lieber ein Täßchen Schokolade auf ihrem Rost zu wärmen, als unter großen Mühen Unterscheidungsmerkmale für hartnäckige, verstockte, verkappte, unbußfertige, eidbrüchige oder fanatische Ketzerei aufzustellen. Außerdem legte sich die Inquisition überall dort, wo es keine lutherischen Kirchen und keine Synagogen gab, zur Siesta aufs Ohr. Mochten die Neger auch bisweilen die Trommel vor Holzfiguren schlagen, die stark nach Teufelsklaue rochen – solange sie dafür bezahlten, zuckten die Mönche bloß die Schultern. Störend waren vielmehr die Häresien, die mit Papieren, Büchern, Schriften daherkamen. So kehrten zwar Neger und Indianer oft zu ihrem Götzenkult zurück, nachdem sie sich unter das Weihwasser gebückt hatten, aber sie wurden in den Bergwerken, in den Kommenden zu nötig gebraucht, als daß man sie nach dem Tenor des vierten Evangeliums als den verdorrten Zweig am Rebstock hätte betrachten können, den man ins Feuer wirft und verbrennt. Dergestalt mit seiner langen Erfahrung huldvoll ihm zu Diensten, hatte der Indianer ihn an einen Seiler in Sevilla empfohlen, dessen Werkstatt zu einer Herberge voller Nachtlager und Strohsäcken geworden war, wo andere gleich ihm auf die Erlaubnis warteten, sich in der Flotte Neuspaniens einschiffen zu dürfen, die im Mai mit vielen lustigen Leuten an Bord von Sanlùcar auslaufen sollte. Unter dem Namen Juan de Amberes stand Juan in den Büchern des Handelsgerichts verzeichnet – es durfte doch nicht vergessen werden, daß er nach Erfüllung seines Gelübdes in Flandern zurückerwartet wurde – zwischen Jorge, einem Negersklaven des Bischofs von Tarragona, und einem, der allzu sehr darauf bestand, weder Sohn eines Neugetauften noch Enkel eines als Ketzer Verbrannten zu sein. Auf demselben Blatt folgten in der Reihe der Eintragungen ein Gerber der Kaiserin, ein Genueser Händler namens Jácome de Castellón, mehrere Kantoren, zwei Feuerwerker, der Dekan von Santa María des Darién mit seinem Pagen Francisquillo, ein Meister Knocheneinrenker, Kleriker, Juristen, drei Neuchristen und eine Lucia – Hautfarbe: wie eine ungekochte Birne. Bezüglich der Farbe hätte man sich wohl besser nicht auf Unterschiede eingelassen und nicht nach Schattierungen wie denen der gekochten und der ungekochten Birne geforscht, denn wie oft hatte Juan auf seinen Wanderungen durch das Labyrinth Andalusien über das große Wunder der menschlichen Farben gestaunt. Nicht nur freigelassene Neger, schwarz wie Schiffsteer oder auberginenfarben, warteten auf den Tag, da sie mit der Flotte auslaufen konnten; nicht nur dunkelhäutige Frauen, die den *paracumbé* tanzten, schokoladenbraune aus Guinea, Mulattinnen aus Zofalá, sondern in diesen Tagen vor der Abreise sah man im Gefolge von Prälaten oder Hauptleuten, die in Geschäften an Hof gekommen waren, auch viele Indianer, die auf die Rückkehr in ihre Heimat warteten. Allein der Oberkantor aus Guatemala, der sich ebenfalls einschiffen würde, reiste mit drei olivenfarbenen Dienern, die um die Stirn gestickte Bänder und Umhänge aus dikker Wolle in allen Regenbogenfarben nach Art eines

Mantelrocks über dem Kopf trugen. Kreuze hingen allen dreien vom Halse, aber Gott weiß, von welchem Heidenglauben sie in ihrem nach innen gehauchten, mehr nach Taubstummenprotest als nach einer Christensprache klingenden Kauderwelsch redeten. Es gab Indianer aus La Española, Indianer aus Yucatán, die weiße Hosen trugen, und rundköpfige Indianer mit aufgeworfenen Lippen und dichtem, wie über dem Barbierbecken gechnittenem Haar, die vom Festland waren, und einige Male erschienen in der Acht-Uhr-Messe die acht Mexikaner aus dem Hause Medina Sidonia, die bei den Festlichkeiten anläßlich der Begegnung zwischen Doña Maria und Prinz Philipp in Salamanca – sicherlich mit großer Kunstfertigkeit – Schalmei geblasen hatten. Diese ganze seltsame, lärmende, in grellbunten Stoffen, Glasperlen und allen Farben schillernde Welt, in der auch Eunuchen aus Algier und maurische Sklavinnen mit dem Brandmal im Gesicht nicht fehlten, stach Juan de Amberes mit einem überwältigenden Geruch nach Abenteuer in die Nase. Und dazu der Geruch nach eingepökeltem Schiffsvorrat, nach dem Teer der Kalfaterer, nach eingesalzenen Sardinen in den Weißwein-Tavernen, die zu jeder Stunde geworfenen Würfel und die verteufelte Sarabande, die bereits in den öffentlichen Häusern getanzt wurde, in welche die Matrosen die Angewohnheit eingeführt hatten, ein graubraunes Kraut zu kauen, das ihren Speichel gelb färbte und ihren Bärten einen starken Geruch nach Lakritze, nach Essig, nach Gewürzen und vielen anderen lange wohlriechenden Dingen verlieh.

Und schon reist Juan auf hoher See. Nach Mexico wollen sie ihn nicht fahren lassen, denn der Indienrat braucht Leute, um Gebiete neu zu bevölkern, die von französischen Piraten ausgeplündert und durch den Mangel an Landarbeitern und die hohe Sterblichkeit der Indianer in den Bergwerken verarmt sind. Aufstampfend und unter gotteslästerlichen Flüchen hatte Juan die Nachricht erhalten; dann gedacht, dies sei Gottes Strafe dafür, daß er nicht nach Compostela gepilgert war. Aber zur richtigen Zeit war der Indianer vom Jahrmarkt von Burgos in der Herberge der Reisenden erschienen und hatte gesagt, habe er erst einmal den Ozean überquert, könne er lachen über die Beamten des Indienrates und fahren, wohin es ihn gelüste, so jedenfalls machten es die Schlauesten. Und so rührt Juan, schon wieder sorglos, seine Trommel im Verdeck eines Schiffes, um ein Schweinewettrennen anzukündigen, das im Raumdeck stattfinden soll, ehe die Tiere zum Einpökeln unter dem Messer des Kochs fallen. Um den Verdruß über die Flaute und schwüle Hitze zu überspielen, um zu vergessen, daß das Wasser in den Fässern schon faulig schmeckt, läßt man in Erwartung besserer Zerstreuung Schweine rennen, Kälber rennen, solange sie noch auf den Füßen stehen. Dann folgt die Schlacht mit meerwassergefüllten Klistierspritzen; der Prügel, an den Schwanz eines sich rasend im Kreis drehenden Hundes gebunden, der mehr als einem Hund an den Schädel schlagen wird; das Suchen, mit verbundenen Augen, nach dem zwischen zwei Bretter geklemmten Hahn, dem es den Kopf mit einem Hieb abzusäbeln gilt; und wenn dies alles schon Langeweile bereitet und beim Quinola oder Rentoy das Geld der einen schon zehnmal das der anderen geworden ist, brechen die Fieber aus, fällt diesen der Sonnenstich, läßt jener die Zähne in einem schon von den Ratten angefressenen Zwieback, geht irgendein Toter über Bord, gebiert die Negerin Zwillinge, erbrechen sich diese, kratzen sich jene, scheißen andere sich die Därme aus dem Leib, und wenn es scheint, daß es vor Flöhen und Nissen, vor Schmutz und Gestank nicht länger auszuhalten ist, schreit eines Morgens die Schiffswache, daß endlich die Felsenkuppe am Hafen San Cristobal von Havanna in Sicht ist. Es war Zeit, anzukommen: Juan war den dornenvollen Weg zum Glück schon leid, obwohl die fliegenden Fische, die er einige Tage zuvor gesehen hatte, ihm als ein Wunder erschienen waren, Verheißung amerikanischer Harpyien und neuer Provinzen Jauja. Froh über den Anblick eines schlanken Kirchturms über den dicht gedrängten Dächern und Hütten dessen, was wohl die Stadt sein mußte, nimmt er seine Schlegel und läßt sie im Takt jenes Marsches auf die Trommel prasseln, unter dem seine Kompanie in die Winterquartiere in Antwerpen eingezogen war, um die Ketzer zu bekriegen, die Feinde unserer heiligen Religion.

VI

Aber hier ist alles üble Nachrede, Ränkespiel, Altweiberklatsch, Briefe, die abgehen, Briefe, die ankommen, tödlicher Haß, Neid ohne Zahl in acht stinkenden Gassen voller Schmutz bei jedem Wetter, wo schwarze, borstenlose Schweine die Rüssel in Berge von Abfällen wühlen. Sooft die Flotte Neuspaniens heimkehrt, hagelt es Aufträge an die Schiffspatrone, Pakete von Schriftsätzen, Sendschreiben, Lügen und Verleumdungen, drüben abzugeben bei denen, die dem Nachbarn am besten schaden können. Bei der Hitze, die die Körpersäfte vergiftet, der Feuchtigkeit, die alles verschimmeln läßt, den Schnaken, den Nissen, die unter den Zehennägeln Eier legen, nagen Groll und Gier geringer Vorteile wegen – denn große gibt es hier keine – an den Seelen. Wer schreiben kann, nützt diese Gnade nicht, um nach Art der Alten Abhandlungen zu Nutz und Frommen anderer oder ein Schäferspiel, eine vergnügliche Erdichtung zum Fronleichnamsfest zu verfassen, sondern vertreibt sich Zeit und Zorn damit, die Feder in gallige Tinte zu tauchen und Klagen an den König aufzusetzen und den Indienrat mit Gerüchten zu versorgen. Während der Gouverneur in einem acht Seiten langen Schreiben die königlichen Beamten in Mißkredit zu bringen versucht, verklagt der Bischof den Ratsherrn wegen wilder Ehe; der Veedor den Bischof wegen Usurpation von Inquisitionsämtern, die der Kardinal von Toledo ihm nicht übertragen hat; der Amtsschreiber beschuldigt den Schatzmeister, den Zehnten nicht richtig abzuführen;

der Schatzmeister, ein Freund des Bürgermeisters, den Amtsschreiber, ein Spitzbube und Gauner zu sein. Und so geht die Kette fort und bricht immer da, wo einer schwach oder noch fremd ist. Dieser wird angezeigt, weil er liebefördernde Kräuter von einem schwarzen Zauberer gekauft hat, den sie zum Auspeitschen ins westindische Cartagena schicken werden; der Ausrufer, weil es heißt, er habe die schändliche Sünde begangen; der Kommendeninhaber, weil er die Grenzmarke eines Krongutes verschoben hat; der Kantor wegen Geilheit; der Artillerist wegen Trunksucht; der Domküster wegen Päderastie. Der Stadtbarbier – ein Schieläugiger, der schon allein mit dem überqueren Blick Schaden zufügt – bildet das Ende der Kette der Niedertracht, behauptet er doch, Doña Violante, die Gemahlin des früheren Gouverneurs, pflege, die alte Füchsin, unzüchtigen Umgang mit ihren Sklaven. Und so führt man in diesem Inferno von San Cristobal unter Naborí-Indianern, die nach ranziger Butter stinken, und Negern, die nach Marder riechen, das hundemäßigste Hundeleben, das man in dem Reich von dieser Welt nur führen kann. Ah, Westindien! Westindien! ... Juan de Amberes' Gemüt heitert sich nur auf, wenn Seeleute aus Mexico oder aus Española ankommen. Tage hindurch stiehlt er dann, eingedenk, daß er einmal Soldat gewesen, den Metzgern ein Rippenstück um das andere, das sie dann gemeinsam in Ruku-Soße oder in Chili-Pulver aus Veracruz schmoren, oder er hilft, die Türen der Fischgeschäfte einzuschlagen und Körbe voll Sackbrassen und Schildkröten fortzuschleppen. In Ermangelung feinerer Speisen hat Juan sich in diesen Monaten mit Neuheiten wie Tomaten, Bataten und Opuntien angefreundet. Er stopft sich die Nase voll Tabak, und an Nottagen – sie sind in der Überzahl – tunkt er sein Maniokbrot in den Klarsaft des Zuckers und steckt noch das Gesicht in die Schale, um sie vollends auszuschlekken. Und wenn die Schiffsbesatzung an Land geht, tanzt er mit den Negerinnen, die neben dem Dock zum Ausbessern der Schiffe hinter einem Bretterzaun ein paar verwanzte Betten haben. (Sie müssen teuflische Fratzen haben, um hier, wo es derart an Weibern mangelt, ein solches Gewerbe zu betreiben). Das wenige, was Juan sich mit Trommeln verdient, wenn ein Schiff in Sicht ist, wenn er eine Prozession anführt oder sich bei Festen auf die Maracas spielenden Zambas einzustimmen versucht, gibt er in der Kneipe eines Verwandten des Gouverneurs wieder aus, in der Nähe des Brotspeichers, wo allabends Fässer voll schlechten Rotweins eintrafen. Von Wein aus Ciudad Real oder aus Ribadavia oder aus Cazalla konnte hier freilich nicht die Rede sein. Der, der ihm hier die Kehle hinunterrinnt und ihm die Zunge schmirgelt, ist schlecht, sauer und obendrein teuer wie alles, was auf dieser Insel gehandelt wird. Seine Kleider verschimmeln, die Waffen werden ihm rostig, Pilze sprießen aus seinen Dokumenten. Und wenn irgendwo ein Aas mitten auf die Straße geworfen wird, flechten ihm schwarze, kahlköpfige Geier die Eingeweide auf wie Bänder am Maibaum. Wer in der Bucht ins Wasser fällt, wird von einem riesigen Fisch verschlungen, dem das Maul zwischen Hals und Bauch sitzt, ein

Walfisch wie dem Jonas seiner, den sie hier Hai nennen. Es gibt Spinnen von der Größe eines Schwertknaufs, Schlangen, acht Spannen dick, Skorpione, Plagen ohne Zahl. Jedesmal wenn der rote Krätzer ihm zu Kopfe steigt, verflucht Juan de Amberes zum Schluß den Hurensohn von einem Indianer, der ihn beschwatzt hat, sich nach diesem räudigen Land einzuschiffen, aus dem das bißchen Gold schon lange in den Klauen einiger weniger verschwunden ist. Von all dem Jammern über sein Elend in dieser Hitze, in der einem der ganze Körper brennt und die Haut wie von rotem Sand überstaubt ist, entzünden sich seine Hypochondrien, wird er streitsüchtig gleich den in ihrer Bosheit brodelnden Nachbarn in der Stadt, und als ihm eines Nachts der Wein schlecht zu Kopfe steigt, geht er gefälschter Würfel wegen auf Jácome de Castellón, den Genuesen, los und versetzt ihm einen Messerstich, daß er blutüberströmt über die Töpfe der Kaldaunenköchin fällt. Da er ihn für tot hält und über das Geschrei der Negerinnen erschrickt, die ihre Röcke zuhakend, aus den Zimmern gelaufen kommen, nimmt Juan ein Pferd, das er an einem Gitter angebunden findet, und flieht in gestrecktem Galopp den palmenbewachsenen Bergrücken zu, deren blaue Formen an klaren Tagen zu erkennen sind. Dahinter muß dichter Urwald sein, dort kann man sich vor der Justiz des Gouverneurs verstecken.

Mehrere Tage lang reitet Juan de Amberes den Klepper, der auf der immer dumpfer dröhnenden Erde seine Hufeisen verliert. Als jetzt die letzten Zuckerrohrfelder hinter ihm liegen, wächst zu seiner Rechten, mit runden

Kuppen wie große, unter ihrer struppigen Wolle schlafende Hunde, ein Gebirgszug auf. An einem Bach entlang, der, Samen und verfaulte Früchte führend, hüpfend zu Tal fließt, an den stillen Stellen mit hohen *malangas* bestanden und voll kleiner schwarzäugiger Fische, die gegen die Strömung springen, steigt der Flüchtling allmählich dort hinauf, wo die Bäume violette Blüten tragen oder krank sind vom wimmelnden Termitennest, das einer Geschwulst gleich in einer Astgabel sitzt. Da gibt es Sträucher, die aussehen, als steckten ihre Zweige in Zwiebelschalen, und andere, in die riesige Ratten ihre Nester gebaut haben. Juan läßt das Pferd unter einer Ceiba zurück, da er jetzt über Felsbrocken und Steine klettern muß, um den Rücken des Höhenzugs zu erreichen, und als er auf der anderen Seite hinabsteigt, lichtet sich das Gestrüpp, und zu seinen Füßen tut sich das Meer auf: ein schaumloses Meer, das unter dem Donner rollender Kiesel mit dumpfem Anprall in die schattigen Uferhöhlen brandet. Am Abend steht er an einem muschelübersäten Strand zwischen irisierenden Quallen, die in der Sonne verenden, Seeigelschalen, Bimssteinbrocken und diesen großen Schneckenmuscheln, die wie Stiere brüllen. Juan atmet tief die gesunde Luft, die frische Brise ein, die ihm Tränen in die Augen treibt, weil sie nach Sanlúcar am Tag seiner Abreise und nach seiner Dachkammer über dem Fischladen in Antwerpen schmeckt – als hinter den Kokospalmen ein Hund bellt und der Flüchtling, sich umwendend, einen bärtigen Mann erblickt, der eine Arkebuse auf ihn angelegt hält:

»Ich bin Kalvinist«, sagt er herausfordernd.

»Ich habe getötet«, antwortet Juan in dem Bestreben, sich möglichst weit auf die Ebene eines Mannes herabzulassen, der eben das schlimmste aller Verbrechen bekannt hat. Der Bärtige läßt die Waffe sinken, betrachtet ihn eine Weile und ruft dann nach einem Golomón, der sich jetzt von seinem Baum, fast senkrecht über Juan, herabfallen läßt – ein Neger, dessen Wangen von Messerschnitten gezeichnet sind – und ihm mit solcher Kraft den Hut über das Gesicht zieht, daß oben der Kopf aus dem zerborstenen Filz herausschaut. In der Nacht dieses Augenkerkers muß er gehen.

VII

Es waren sechshundert Kalvinisten gewesen, und der unmenschliche Menéndez de Avilés ließ sie alle enthaupten, erzählt der Bärtige und haut voll Wut seine mächtigen Fäuste auf den Tisch, während Golomón, ein wenig entfernt, auf einem Stein die Machete schleift. Wie durch ein Wunder war der Bärtige, ein Gefährte René de Landonnières, mit dreißig Männern entkommen, die sich später zerstreuten und versuchten, einzeln La Española zu erreichen. Und nun erzählt der Mann, abwechselnd, dem Christen zum Tort, die Prädestinationslehre und Flüche im Mund führend, die Hinrichtung in solchen Einzelheiten von hoch geführten und niedrig geführten Hieben, von schartigen Säbeln, die in der Hälfte des Halses steckenblieben, so daß sie die andere Hälfte zersägen mußten, von Beilhieben ins Genick, die auf den Halswirbeln wie das Schlachtmesser eines Metzgers knirschten – daß Juan de Amberes den Kopf mit einer Grimasse des Abscheus senkt, womit er zu verstehen gibt, daß Menschen derart zu strafen, nur weil sie Jesus Christus mit weniger lateinischen Sprüchen ehrten, ihm doch ein wenig übertrieben vorkommt, zumal hier, wo die Opfer wahrlich niemanden störten. Einem hieben sie mit einem beidhändig geführten Streich die linke Schulter zusamt dem Kopf vom Leibe. »Ein anderer fing auf allen Vieren zu laufen an, als er schon geköpft war und sein Hals wie ein Weinschlauch sprudelte«, erzählt der Bärtige und wartet nur auf einen Einwand des anderen, um Golomón zu befehlen, ihm mit einem Hieb der Machete abzuschlagen, was seinen Adamsapfel überragt. Aber Juan de Amberes gibt ihm nicht nur zum Schein recht. Er, der gesehen hat, wie in Flandern Frauen lebendig begraben und Lutheraner zu Hunderten verbrannt wurden, ja geholfen hat, die Scheiterhaufen zu schichten und die protestantischen Frauen ins Grab zu stoßen, sieht an diesem Abend, der der letzte seines Lebens sein könnte, die Dinge anders, nachdem er das Elend in diesen Himmelsstrichen erduldet hat, wo der Pflug eine neue Erfindung, die Kornähre unbekannt, das Pferd ein Wunder, der Sattlerberuf eine Neuheit, Olive und Traube Kostbarkeiten sind und die Inquisition sich herzlich wenig kümmert um den Götzenkult der Neger, die die Heiligen nicht bei ihren richtigen Namen nennen, oder um die Spanisch sprechenden Einheimischen, die noch immer die alten indianischen Lieder singen, oder um die Lügen der Mönche, die die Indianerinnen in ihre Hütten mitnehmen und sie derart gut unterrichten, daß sie nach neun Monaten statt des Paternosters den Pater aus dem Mund des Teufels wiedergeben. Daß man sich dort, in der Alten Welt, über theologische Probleme, Erleuchtungen und Inkarnationen streitet, scheint ihm ganz in Ordnung zu sein, und daß der Herzog von Alba den Bärtigen dort auf den Scheiterhaufen schickt, wo der Ketzer Provinzen gegen König Philipp, den Vorkämpfer des Katholizismus, den Mittagsdämon, aufwiegeln möchte, von geschickter Politik zu zeugen. Hier aber lebt man unter *Entsprungenen.* Ein Entsprungener ist er selbst, der Schuld wegen, die er mit sich herumträgt. Ein Entsprungener wie der Kalvinist, und der wiederum teilt das Los der Entsprungenen mit einem Neuchristen, der ein so neuer Christ ist, daß er die empfangene Taufe gleich wieder vergaß, als er aus Havanna fliehen mußte, weil er angezeigt hatte, daß der Bischof ein schäbiges plattiertes Tabernakel seiner Pfarrgemeinde als echt verkaufte und sich dafür mit Gold, auf das man beißen konnte, bezahlen ließ. Bei dem Kalvinisten also und dem Scheinkonvertiten hat Juan vor der Justiz des Gouverneurs Schutz und die Wärme herzhafter Männer gefunden. Auch Frauenwärme. Denn viele aus der Schar schwarzer Sklaven, die unter Golomóns Führung aus einer Zuckerrohrplantage entsprungen waren, hatten die Hunde zerrissen, und die Flüchtigen gaben ihnen später den Gnadentod. Die Frauen indessen, die vorausgingen, hatten den Wald erreicht. So hat der Trommler Juan de Amberes zwei Negerinnen zu seiner Bedienung und, wenn sein Körper danach verlangt, zu seiner Lust. Die große mit den ausladenden Brüsten und dem achtfach gescheitelten Kraushaar nennt er Doña Mandinga. Die kleine, deren Hintern wie Chorgestühl vorspringt und der dort, wo Christinnen ein dichtes Vlies haben, kaum ein paar dünne Härchen wachsen, nennt er Doña Yolofa. Da Doña Mandinga und Doña Yolofa zweierlei Sprachen sprechen, streiten sie nie, wenn sie die Fische in hübscher Reihe an den Kiemen auf einen Zweig aufspießen. Und so lebt man dahin, dörrt Schweinefleisch und Wildpret, verwahrt die Maiskolben der Indianer unter dem Dach in einer Zeit, die stillsteht, in der morgen das Wetter sein wird, wie es gestern war, in der die Bäume das ganze Jahr über das Laub nicht abwerfen und die Stunden nach der Länge der Schatten gemessen werden. Wenn es zu dämmern beginnt, befällt eine große Traurigkeit die Bewohner der Verzäunung. Jeder scheint an etwas zurückzudenken, etwas zu ersehnen, etwas zu vermissen. Nur die Negerinnen singen im Rauch des Holzfeuers, der sich über dem ruhigen Meer sammelt, eine kleine Wolke, die nach Bauernhof riechen könnte. Juan de Amberes nimmt seinen Hut ab und spricht, das Gesicht den Wellen zugewendet, das Paternoster und das Credo, und seine Stimme tönt aus tiefster Brust, wenn er bekräftigt, daß er an die Vergebung der Sünden, die Auferstehung des Fleisches und das ewige Leben glaubt. Etwas weiter weg murmelt der Kalvinist Sprüche aus der Genfer Bibel;

und, abgewandt vom nackten Fleisch der Doña Mandinga und der Doña Yolofa, betet der Scheinkonvertit im Tonfall verhaltenen Weinens einen Psalm Davids: »Gönnend und erbarmend ist ER, langmütig und groß an Huld. Gütig ist ER allem ...« Der Mond geht auf, und in der Verzäunung heulen die Hunde im Sand sitzend im Chor. Das Meer wälzt seine Kiesel in den Höhlen der Küste. Und als nach den Gebeten der Jude den Kalvinisten einer Mogelei beim Kartenspiel beschuldigt, fallen alle drei mit den Fäusten übereinander her, schlagen, fallen, umarmen sich im Kampf, schreien nach Messern und Säbeln, die ihnen nicht gebracht werden, und söhnen sich lachend und den Sand abschüttelnd, der ihnen die Ohren verstopft, wieder aus. Da sie kein Geld haben, spielen sie um Muscheln.

VIII

Aber nach Monaten, die niemand gezählt hat, wird Juan krank vor Heimweh. Ob Doña Yolofa und Doña Mandinga ihn mit Agavenblättern fächeln, die winzigen Fliegen zu vertreiben, die um diese Jahreszeit aus dem nahen Mangrovendickicht aufsteigen; ob die Indianer gute Fische bringen, die sie beim Schein der Fackeln in den Höhlen an der Küste gefangen haben: der Trommler aus Antwerpen bringt Stunde um Stunde damit zu, Tabaksrauch aus einem eigens dazu bestimmten Knochen zu ziehen, und sehnt sich nach der Zeit zurück, wo er neben dem Trompeter und dem Pfeifer mit der Buchsbaumflöte in die Städte einzog, während die Fenster zwischen den Läden mit den eingeschnittenen Herzen aufsprangen und die Frauen sich über die blumengeschmückten Fenstersimse herabbeugten, als wollten sie die rosige Brust unter dem Spitzenhemd darreichen, und das waren doch Frauen, die aus Italien, Kastilien und Flandern, und nicht diese brenzlig riechenden Weinschlauch-Häute – so hart, daß man sie nicht einmal kneifen konnte – von Negerinnen, die man hier für Weiber nehmen mußte. Mit diesen geschwätzigen Schwarzen konnte ein ehemaliger Schüler aus Alcalá nicht über all die tausend Dinge sprechen, die er auf seinen Wanderungen durch die Welt gesehen und erlebt hatte, denn nichts verstanden sie, außer ihre barbarischen Trommeln zu schlagen und derart ausgefallene, responsorienartig sich wiederholende Lieder zu singen, daß Juan der Student zum Zeichen seines Abscheus stets mit den Hunden in den Wald ging, sobald sie sie anstimmten und ihre Rasseln schüttelten und im Chor nachsangen, was Golomón nach Gutdünken seiner Kehle vorsang. Denn Student war Juan gewesen, wie er dem Bärtigen und dem Juden versicherte – in der Klasse, wo die Quadriviumswissenschaften gelehrt und einem die zum Cembalo-, Vihuela- und Harfespielen nötige Kenntnis der Notenziffern beigebracht wurde und wie Differenzen, Mutationen und Mixturen gemacht werden, nicht zu vergessen den gregorianischen Gesang und Orgelspielen. Und da es an dieser Küste weder Orgel noch Vihuela gab, demonstrierte Juan mit

Worten und Trällern, wie er eine Pavane frei zu variieren verstand oder wie er die Lieder *Conde claro* und *Mírame como lloro* mit Trillern und anderen Verzierungen in der französischen oder italienischen Manier, die jetzt am Hof üblich war, verschönen konnte. Mit der Darstellung solcher Kenntnisse hatte sich auch der Stand des Flüchtlings erhöht, der sich nun als Sohn eines jener Schildknappen erwies, die in diesen schlechten Zeiten ihre Bedürftigkeit mit Würde trugen, weil sie ein Stammhaus nicht veräußern wollten, von dessen Hof aus man – nicht weiter als bis zu diesem Baum, und alle sahen hin – die Fassade der kaiserlichen Universität San Ildefonso sehen und das Studentenleben beobachten konnte, das der Trommler in allen Einzelheiten, Ereignissen und lustigen Vorfällen erzählte und jeden Tag üppiger ausmalte. War er einmal Soldat gewesen, so beruhte das auf der Verpflichtung, dem König zu dienen, der alle seine Vorfahren bis zurück in die fernen Zeiten nachgekommen waren, wo sich Karls des Großen Heldentaten um die Daten rankten. Durch die Vergrößerung seines Stammbaums ertrug er leichter den Überdruß, so viele Muscheln, soviel schlecht zubereitete Schildkröte, soviel an den Bratspießen des Kalvinisten gebratenes Fleisch essen zu müssen. Sein Gaumen verlangte mit fast schmerzhaftem Zwang nach Wein, und wenn er im Geist zwischen imaginären Wirtshäusern umherwanderte, sah er, auf riesigen Tischen aufgetürmt, Fasane, Kapaune, Truthähne, Kalbsfüße, Käse mit großen Augen, Platten voll marinierter Fische, Zukkermilch und Honig aus Alcarria. Aber Juan war nicht der einzige, der in der Einzäunung an Heimweh litt, wo sich umgekehrt die Neger und Indianer, frei von den gefürchteten Bluthunden, bei der unerschöpflichen Gebärfreude der Frauen und der Hunde höchst vergnügt befanden. Der Jude träumte vom Judenviertel in Toledo, wo man seit vielen Jahren friedlich dahinlebte und jedermann sich auf Hochzeiten mit viel Musik ergötzen oder den Gelehrten zuhören konnte, die aus den Schriften vorlasen, ohne daß die Verfolgungen früherer Zeiten die Häuser mit Blut und Tränen erfüllten. Wenn er die Augen schloß, sah der Scheinkonvertit die engen Gassen, wo die Laternenmacher und die Messerschmiede ihre Werkstätten hatten neben den Zuckerbäckern mit ihren Mandelbrezen und kandierten Orangen. Die bloß der Form nach konvertierten Väter befolgten noch immer das Gebot, ihre Söhne ein Handwerk zu lehren und sie die Thora studieren zu lassen, und wer nicht wie Vetter Moses Waagen machte, bearbeitete Korallen oder malte, wie Isaak Alfandari, Spielkarten, war ein berühmter Silberschmied, wie der andere Vetter, oder Wundarzt wie der Verwandte Rabbi Juda. Die jüdischen Klageweiber sangen gegen Geld bei den Beerdigungen der Christen, und stets erklang in den Werkstätten und Läden die schöne, gedämpfte Musik der auf Schreibtafeln notierten Rechnungen. Wie der Jude vom Judenviertel, träumte der Bärtige von Paris, wo er geboren zu sein behauptete, obgleich er in Wahrheit in einem engen Viertel von Rouen zur Welt gekommen und nur acht Tage lang als Schiffsjunge auf einer Brennholzbarkasse vor dem Châtelet gelegen war. Aber die acht Tage hatten ausgereicht, auf einer prächtigen Brükke die Komödianten spielen zu sehen, am Fuß der Galgen von Montfaucon über die Eitelkeit alles Irdischen nachzudenken und in den Schenken Madeleine und La Mule den Wein zu kosten. Nichts gehe über Paris, behauptete er und verwünschte diese lausigen Landstriche voller Viehzeug, wo einer, von lügnerischen Leuten getäuscht, unzähliges Elend erduldete und dort nach Gold suchte, wo nicht einmal eine ordentliche Kornähre erglänzt. Und spricht von blonden Frauen und vom Cider und von der Gans, die über einem Rebholzfeuer ihren Saft ausschwitzt, womit er vollends den Unmut des Trommlers schürt, der nun Golomón einen faulen Kerl schilt, weil auch der jetzt, nach soviel Zuhören, von einer Sippe zu faseln beginnt, die in seinem Fleisch vom glühenden Eisen erniedrigt worden ist. Alle waren sie Leute von Stande, und der Neger, der von seinem Heimatland nur eben noch einen sehr breiten und von Stromschnellen getrübten Fluß erinnert, an dessen Ufern Hütten mit Wänden aus Lehm und Kuhmist stehen, fabelt von einer Welt, in der sein Vater, mit Federn bekrönt, in einer mit Schimmeln bespannten Kutsche spazierenfuhr, ganz ähnlich der, welche die Medina Sidonia an Festtagen durch die Alleen von Sevilla rollen ließen. Alle träumen sie, verdrossen, zwischen Krebsen, die nur vertrocknete Kokosnüsse rollen lassen, und spucken in hohem Bogen die violetten Beeren eines Strandbaums aus, die beinahe nach Trauben schmecken und das Verlangen nach Wein in den der Kassawa und des Maisschnapses überdrüssigen Gaumen erneuern.

Alle denken sie an Dinge, die sie in Wirklichkeit kaum je besaßen, die höchstens ein prophetisches Gelüst sie hatte erahnen lassen – bis der Regen herabplatzt und neue Plagen hervorruft. Juan fängt zu rasen an, schlägt um sich, brüllt, da er sich von so vielen schwarzen Mükken eingehüllt sieht, die in seinen Ohren sirren, und besudelt die klatschend gegen die Wangen geschlagenen Hände mit dem eigenen Blut. Und eines Morgens erwacht er mit Schüttelfrost, sein Gesicht ist wachsweiß, und seine Brust ein einziges Brennen. Doña Yolofa und Doña Mandinga gehen nach Kräutern in den Wald, nach solchen, die man von einem Herrn des Waldes – noch so einer diabolischen Ausgeburt dieser Länder ohne Gesetz und feste Grundlage – erbitten muß. Aber es gibt keinen anderen Ausweg, als den Kräutersud anzunehmen, und während der Kranke, auf Besserung hoffend, einschläft, hat er einen schrecklichen Traum. Vor seiner Hängematte erhebt sich plötzlich, mit Türmen, die bis in den Himmel reichen, die Kathedrale von Compostella. So hoch ragen sie in seinem Delirium auf, daß die Glockenstühle sich in den Wolken verlieren, weit über den Aasgeiern, die, ohne die Flügel zu bewegen, sich von der Luft tragen lassen und gleich schwarzen Kreuzen als düstere Vorzeichen in den Wassern des Firmaments schwimmen. Über dem Portico de la Gloria ist der Weg nach Santiago, obwohl es Mittag ist, so strahlend weiß hingebreitet, daß das Sternenfeld wie eine Decke auf dem Tisch der Engel aussieht. Juan erblickt sich selbst als einen anderen. Von da, wo er ist, kann er ihm zusehen, wie er sich, in das Pilgergewand mit den Muscheln gekleidet, allein, merkwürdig allein in der Pilgerstadt der heiligen Basilika nähert und den Stab auf die grauen Steinstufen setzt. Aber die Pforten sind ihm verschlossen. Er möchte eintreten und kann nicht. Er ruft und wird nicht gehört. Juan der Pilger wirft sich zu Boden, betet, stöhnt, kratzt das heilige Holz, windet sich wie ein Besessener bei der Teufelsaustreibung, flehend, daß man ihn einlasse. »Santiago!« schluchzt er. »Santiago!« Als er sich an salzigem Wasser verschluckt, sieht er, daß er am Ufer des Meeres ist, und bittet, sie sollen ihn sich einschiffen lassen auf dem Segelschiff, das da vor Anker liegt, in dem alle anderen aber nur einen verfaulten Baumstamm sehen. Er schluchzt so sehr, daß Golomón ihn mit Lianen in seiner Hängematte festbinden muß und ihn als einen toten Mann zurückläßt. Als er aber in der Abenddämmerung die Augen öffnet, herrscht in der Verzäunung freudige Aufregung. Ein vom Kurs abgekommenes, in den Stürmen vor den Bermudas beschädigtes Schiff ist vor der Küste auf eine Sandbank aufgelaufen. Die Brise weht die Stimmen der Matrosen herüber, die um Hilfe bitten. Golomón und der Bärtige schleppen das Kanu ins Wasser, der Marrane trägt die Ruder.

IX

Im Morgengrauen jenes Tages hat sich der Schatten des Teide wie ein riesiger Berg aus blauem Nebel gegen den Himmel abgehoben. Der Bärtige, der als Christ reist und sich für einen Burgunder ausgibt, der mit Lizenz des Königs nach Westindien gesegelt ist (und sich verbürgt hat, dies bei seiner Ankunft zu beweisen), weiß, daß seine Wanderungen bald ein Ende haben werden. Da Gran Canaria mit Leuten aus England und Flandern Handel treibt und mehr als ein kalvinistischer oder lutherischer Kapitän hier seine Ware auslädt, ohne daß er danach gefragt würde, ob er an die Vorsehung glaubt, die Fastenzeiten einhält oder einen preiswerten Ablaß will, weiß, daß es ihm ein leichtes sein wird, sich in der Stadt dünn zu machen und dann zu sehen, wie er von der Insel nach Frankreich entwischen kann. Er wirft Juan einen mahnenden Blick zu, nicht von dem zu sprechen, was sie beide wissen. Fürs erste herrscht bereits die Freude, in den Linsen und im Hackfleisch, im Käse und in der Pökelsoße Geschmäcke wiederzufinden, nach denen man sich so sehr gesehnt hatte in der Verzäunung, in der heulend – mehr aus Ärger denn aus Trauer – die Doña Yolofa und die Doña Mandinga zurückgeblieben waren, die sich neben den anderen Negerinnen beinahe für kastilische Damen gehalten hatten, waren sie doch die Kebsweiber des Sohns von etwas so Großem, wie ein Schildknappe es sein mußte. Der Kranke spürte die Gesundheit in seinen Körper zurückkehren, sobald er den Fuß auf das Schiff gesetzt hatte, das in Sanlúcar vor Anker gehen sollte, wo die Sandalen und der Pilgerstab auf ihn warteten. Denn ein Versprechen war ein Versprechen, und weil er das seine nicht gehalten hatte, war Mißgeschick auf ihn nur so herabgeregnet. So nahe dem Augenblick, da er, nach langen Wochen auf See, Land, das einzige gute und wahre Land, betreten sollte, fühlte er sich froh, wie er sich nur erinnerte an jenem Abend gewesen zu sein, als er im Wasser des Hospitals in Bayonne badete. Plötzlich denkt er, daß dort drüben, in Westindien, gewesen zu sein, ihn zum Indianer gemacht hat. So wird er also Juan der Indianer sein, sobald er das Schiff verläßt. Da hört er auf dem Achterdeck ein aufgeregtes Durcheinander von Matrosen, und in dem Glauben, daß sie sich über die baldige Ankunft freuen, läuft er, gefolgt vom Bärtigen, hin. Aber was dort geschieht, ist nicht zum Lachen: die Männer umringen den Neuchristen und stoßen ihn mit Püffen hin und her. Einer stellt ihm ein Bein, so daß er zu Boden fällt, hebt ihn an der Haut des Genicks hoch und zwingt ihn, sich zu knien: »Das Vaterunser«, schreit er ihm ins Gesicht. »Das Vaterunser und dann das Avemaria!« Und Juan erfährt, daß die Matrosen dem Neuchristen seit mehreren Tagen nachspionieren, da sie aus dem Mund des Kochs gehört haben, er habe unter dem Vorwand, als Küchenjunge zu dienen, Mehl gestohlen, um sich ungesäuertes Brot zu backen. Und heute am Samstag hatten sie gesehen, wie er in aller Frühe badete und reine Kleider anlegte. »Das Vaterunser!« bellen nun alle und traktieren ihn mit Fußtritten. Ganz betäubt, wimmert der Jude flehentliche Bitten, auf die niemand hört, und als ihn ein Schlag mit dem Knotenseil trifft, beginnt er etwas zu murmeln, das weder das Vaterunser noch das Avemaria ist, sondern der gleiche Psalm Davids, den er in der

Verzäunung dreimal am Tage aufsagte. »Gönnend und erbarmend ist ER, langmütig und groß an Huld. Gütig ist ER in allem.« Er hat ihn noch nicht zu Ende gebetet, da stürzen alle über ihn her, während einer um Handschellen rennt. Und schon ist er gefesselt und spuckt die Zähne aus, die sie ihm durch einen Hieb mit dem Knüppel eingeschlagen haben, als alle sich dem Bärtigen zuwenden, ihn unversehens gegen eine Reling drängen und ihn einen lutherischen Piraten nennen. Der aber protestiert, sich gegen sie aufrichtend, mit solcher Festigkeit und droht, er werde beim Indienrat Klage einreichen, daß der Schiffspatron schließlich, unschlüssig, Ruhe herstellt. Da er im Zweifel ist, entscheidet er, daß es das Klügste sein wird, den falschen Burgunder der Justiz von Las Palmas auszuliefern, die dafür sorgen wird, die Sache mit dieser angeblichen Lizenz, nach Westindien zu fahren, aufzuklären. Leichenblaß sieht der Bärtige, wie sie ihm ein Paar Eisen an die Fußgelenke nieten, während andere unter Beschimpfungen den Marranen fortschleppen und ihm Kübel schmutzigen Wassers über das Gesicht schütten. Er ist so übel zugerichtet, daß er eine Blutspur hinterläßt, wo er vorüberkommt. Juan sieht, wie sie ihn die Treppe hinunterwerfen und eine Luke sich über seinem letzten Seufzer schließt. Eben hat er erfahren, daß Gran Canaria, so lange eine Insel des Friedens für Mauren und Konvertiten, wo bei lutherischen Matrosen und Händlern immer ein Auge zugedrückt worden war, sich zum obersten Wächter des Vorkämpfers des Katholizismus aufgeschwungen hat. Als dessen Stellvertreter im Herrscheramt hat ein fürchterlicher Inquisitor das grüne Kreuz des Ketzergerichts aufgepflanzt und ganze Besatzungen als verdächtig festgenommen. Seine Kerker sind voll von holländischen Schiffspatronen, anglikanischen Kapitänen, die in Kürze dem weltlichen Arm ausgeliefert werden sollen. Golomón, an einen Fockmast hingeduckt, zittert wie im Fieber aus Furcht, sie könnten ihn fragen, warum er in der Hazienda des Herrn, dessen Brandmarke in seiner Haut zu erkennen ist, wenn er betete, den Erlöser nicht beim Namen nannte, sondern ihn in seiner eigenen Sprache lobte, nachdem er sich viele Glasperlenketten um den Hals gelegt hatte. Juan tätschelt ihm wie einem guten Hund die Schulter, um ihn zu beruhigen, ohne ihm doch sagen zu können – aus Furcht, gehört zu werden –, daß an Tagen des Hochgerichts Inquisitionsholz nicht an Neger verschwendet, sondern gebraucht werde, um Doktoren zu verbrennen, die zu sehr im Arabischen beschlagen sind, Theologen mit spitzen Ohren, Protestanten oder solche, die in den Häfen, wo holländische Schiffe vor Anker gehen, ein scharf verfolgtes häretisches Büchlein verbreiten, mit dem Titel *Lob der Narrheit* oder *Preis der Narren* oder so ähnlich. Und da Trinitatis vor der Tür steht und sich Trinitatis gut für *autos sacramentales* eignet, sieht Juan der Indianer schon den Zwangskonvertiten in einem schwarzen und den Bärtigen in einem gelben Büßerkleid, mit dem Andreaskreuz rot eingestickt auf Brust und Rücken. Sobald sie am Fuß der Standarte den Segen erhalten hätten, würden sie unter dem Gejohle und dem Spott derer, die von weither gekommen sein würden, um sich die vierzig Tage

Ablaß zu verdienen, auf ihre Esel gesetzt und dann mit vielen anderen Ketzern auf die Scheiterhaufen gestoßen werden und in der Hand die Abbilder derjenigen hochhalten, die als Flüchtige *in effigie* verbrannt werden sollten.

X

An einem Jahrmarktstag steht am Ende einer Sackgasse Juan der Indianer und preist mit lauten Rufen zwei mit Stroh ausgestopfte Kaimane an, die er aus Cuzco mitgebracht haben will, während er sie doch in Wahrheit einem Pfandleiher in Toledo abgekauft hat. Auf seiner Schulter trägt er einen Affen, und ein Papagei sitzt auf seiner Hand. Er bläst in ein großes rosiges Muschelhorn, und aus einer scharlachroten Kiste steigt Golomón wie der Luzifer in einem Mysterienspiel und bietet Ketten aus stumpfen Perlen, Steine gegen Kopfweh, Gürtel aus Vikunjawolle, Ohrringe aus Flittergold und anderen Kram aus Potosí feil. Wenn er lacht, zeigt der Neger die nach der Sitte seines Dorfes spitz zugeschliffenen Zähne und die drei rituellen Einschnitte in seinen Wangen. Und jetzt greift er sich eine Schellentrommel und fängt unter derartigen Verrenkungen zu tanzen an, daß selbst die alte Kaldaunenköchin von ihrer Bude am Torbogen von Santa María wegläuft, um ihm zuzusehen. Da in Burgos die Sarabande, der *guineo* und die Chaconne bereits beliebt sind, freuen sich viele und verlangen noch andere Novitäten aus der Neuen Welt. Aber darüber fängt es zu regnen an, jeder läuft, sich unter ein Schutzdach zu flüchten, und Juan der Indianer trifft in der Stube eines kleinen Wirtshauses mit einem Pilger namens Juan zusammen, der, aus Flandern gekommen, um ein in Tagen schrecklicher Pest abgelegtes Gelübde zu erfüllen, in seinem mit Muscheln benähten Pilgerkleid über den Jahrmarkt gegangen ist. Juan der Indianer, der sich in Sanlúcar ausgeschifft und sogleich in Erfüllung seines Versprechens den Pilgerstab und die Kürbisflasche ergriffen hatte, war in Ciudad Real wieder aus dem Pilgerkleid geschlüpft, denn dort hatte Golomón, mit einem Affen und einem Papagei ausstaffiert, um Jahrmarktströdel desto besser zu verkaufen, ihm vorgerechnet, daß man mit dem Ausschreien von Neuheiten aus Westindien an zwei guten Tagen genug verdiente, um sich eine Woche lang an Wein und Frauen zu verlustieren. Der Neger verzehrt sich förmlich im Verkosten des weißen Fleischs, das sich an seinem tüchtigen Stachel labt; der Indianer hingegen gerät aus dem Häuschen, sobald ihm eine jener Schwarzen unter die Augen kommt, deren Kruppen wie Chorgestühl vorspringen. Jetzt trocknet Golomón den Affen mit einem Tuch ab, während der Papagei, auf einem Faßreifen abgesetzt, sich anschickt, ein Schläfchen zu halten. Der Indianer verlangt Wein und fängt an, Juan dem Pilger Lügengeschichten aufzutischen. Er erzählt von einem Brunnen mit wundertätigen Wassern, wo die Alten, so verkrümmt und verkrüppelt sie sein mögen, nur hineinzusteigen brauchen, und sobald sie den Kopf aus dem Wasser strecken, sieht man, daß sie mit glänzendem Haar bedeckt, ihre Falten geglättet, ihre Knochen wieder gelenkig sind und daß sie mit der wiedergefundenen Gesundheit einen Auftrieb haben, als wollten sie eine Armee von Amazonen schwängern. Er spricht von dem Amber in Florida, von den gigantischen Statuen, die Francisco Pizarro in Puerto Viejo gesehen hat, und von den Totenköpfen, die drei Finger dicke Zähne und nur ein einziges Ohr hatten, noch dazu mitten auf dem Hinterkopf. Aber Juan der Pilger, obgleich vom Wein angesäuselt, sagt zu Juan dem Indianer, diese Wunder seien durch die vielen Leute, die aus Westindien kommen, schon dermaßen abgedroschen, daß niemand mehr daran glaube. Niemand verließ sich mehr auf Jungbrunnen, und ebensowenig schien an der Romanze von der amerikanischen Harpyie etwas Wahres zu sein, die die Blinden auf losen Blättern verkauften. Was jetzt interessierte, war die Stadt Manoa im Reich der Omeguas, wo es noch mehr Gold zu holen gab als alles, was die Flotte aus Neuspanien und aus Peru gebracht hatte. In der Gegend, die sich zwischen dem zauberheilkundigen Bogotà und Potosí, dem phantastischen Werk der Natur, und den Mündungen des Marañon erstreckte, gab es Wunder, größer als alle bekannten, in Hülle und Fülle: Perleninseln und Jaujas und dieses irdische Paradies mit seinem Berg in Form einer Frauenbrust, das der Großadmiral behauptete – alle kannten inzwischen seinen vor langer Zeit an König Ferdinand gerichteten Brief –, irgendwo gesehen zu haben. Man sprach von einem Deutschen, der das Geheimnis von einem Reich mit in den Tod genommen hatte, wo die Barbierbecken, die Schüsseln und Töpfe, die Radfelgen der Karossen, die Lampen aus edlen Metallen waren. Nach wie vor wurden die Werbetrommeln geschlagen, um zu neuen Unternehmungen aufzurufen ... Aber hier fällt Juan der Indianer Juan dem Pilger in die Rede und sagt, das Einträgliche seien jetzt nicht mehr die Eroberungen à la Pizarro, wo man mit einer ganzen Flotte ausfährt. Was sich jetzt in Westindien auszahle, sei der feine Riecher, der Kompaß des Verstandes, die Kunst, sich über andere hinwegzusetzen, ohne sich um die Verordnungen der Indiengesetze, die Rügen der Bakkalaurei und das Geschrei der Bischöfe dort sonderlich zu kümmern, wo selbst die Inquisition eine milde Hand hat und auf ihrem Rost mehr Täßchen Schokolade heißmacht als Ketzerfleisch ... Die Werbetrommeln, die hier geschlagen wurden, führten nicht zum Reichtum. Die Trommeln, auf die man hören sollte, seien die, die sie dort drüben schlugen, die nämlich wiesen die neuen Wege, auf denen Männer sich herrliche Hacienden aneigneten, weniger Kriege führten als früher und sich Ärzte hielten, die im Knocheneinrenken und im Heilen von Tierbissen mit den Pflanzen der Indios wahre Wunder der Wissenschaft vollbrächten.

XI

Am nächsten Tag nimmt Juan der Pilger den Weg nach Sevilla, nachdem er zuvor die Muscheln an seinem Pilgerkleid dem Mädchen geschenkt, bei dem er die Nacht zugebracht hatte, und vergißt den Pilgerweg nach Santiago. Hinter ihm her zieht Juan der Indianer, hustend und sich räuspernd, weil er sich im Wind, der von den Bergen herunterkommt, verkühlt hat. Zitternd liegt er im Bett eines Gasthofs und sehnt sich nach der Wärme der harten Haut der Doña Yolofa und der Doña Mandinga. Er blickt in den nebligen Himmel und betet um Sonne, aber die Antwort ist Regen über dem grauen und schwefelgelben Gestein des Hochlandes, wo sich die nassen Merinoschafe, die Hufe tief im Letten, um ein grünes Wasserauge zusammendrängen. Weiter zurück folgt Golomón, barfuß, samt Affe und Papagei in den Umhang gewickelt und sich mit dem Strohhut gegen die kalte Luft schützend, die ihn erstarren läßt. In Valladolid empfängt sie der Gestank eines Scheiterhaufens, auf dem die Gemahlin eines Mannes verbrannt wird, der kaiserlicher Rat gewesen war und in dessen Haus sich die Lutheraner zum Gottesdienst zu versammeln pflegten. Hier riecht alles nach versengtem Fleisch, nach verbranntem Büßergewand, nach Ketzerspießbraten. Aus Holland, aus Frankreich dringen die Schreie der Eingemauerten, das Weinen der lebendig Begrabenen, der Tumult der Enthauptungen, das schauerlich anklagende Wimmern der im Schoß ihrer Mütter durchbohrten Ungeborenen. Manche sagen, daß im Blut und in den Tränen neue Zeiten anbrechen werden; andere verkünden, das sechste Siegel sei zerbrochen, die Sonne werde schwarz werden wie ein Bußsack und die Könige dieser Erde und die Fürsten und die Reichen und die Hauptleute und die Starken und jeder Knecht und jeder Freie würden sich in den Höhlen und in den Bergen verstecken. Aber hinter Ciudad Real ändert sich etwas im Verhalten der Leute. Wenig sprechen sie hier von dem, was in Flandern geschieht, sondern halten die Ohren aufmerksam gegen Sevilla, von wo die Nachrichten von den abwesenden Söhnen kommen, vom Onkel, der mit seiner Schmiede nach Cartagena umgezogen ist, vom anderen Onkel, der in Lima einen guten Gasthof hat. Es gibt Dörfer, wo ganze Familien ausgewandert sind: Maurermeister mit ihren Gesellen, verarmte Ritter mit Pferd und Dienern. Juan der Indianer und Juan der Pilger fühlen sich wie beflügelt beim Anblick des ersten Orangenhains zwischen dem Dunkelviolett der Auberginen, der Kupferfarbe der Melonen und dem schmalen Streifen eines Wassermelonenbeets dazwischen. Es gibt wieder Weißwein-Tavernen und wieder Negerinnen, schwarz oder von der Farbe ungekochter Birnen, mit dem wie Chorgestühl vorspringenden Hintern. Im Dunst von Eingepökeltem, von Teer und harzigem Holz beginnt der große Tumult in den Einschiffungshäfen. Und als die zwei Juane in das Handelsgericht kommen, sind beide – wie auch der Neger, der alle seine Halsketten umgehängt hat – solche Gaunergestalten, daß die Jungfrau die Brauen runzelt, als sie sie vor ihrem Altar niederknien sieht.

»Laß sie nur, Herrin«, sagt Jakob, Sohn des Zebedäus und der Salome, in Gedanken an die hundert neuen Städte, die er diesen und ähnlichen Spitzbuben verdankt. »Laß sie nur, denn mit der Reise nach drüben erfüllen sie ihr Gelübde an mich.«

Und da Beelzebub immer besonders schlau sein will, schau, da verkleidet er sich als Blinder, legt alte Lumpen an, stülpt einen großen schwarzen Hut über seine Hörner, und als er sieht, daß es in Burgos zu regnen aufgehört hat, steigt er auf eine Bank in einer Marktgasse, und, mit ellenlangen Klauen die Vihuela zupfend, singt er:

»Auf, ihr Herren alle,
Mut, ihr armen Ritter,
gute Nachricht jedem Armen,
jedem Griesgram frohe Botschaft:
Wer auf Reisen gehen will,
zu sehen die neuen Wunder,
zehn Schiffe fahren zumal
aus Sevilla in diesem Jahr.«

Oben schimmert, weiß von Milchstraßen, das Sternenfeld.

Links der Uhr

»Was willst du, Alter?«

Zu mehreren Malen tönte die Frage vom Baugerüst herab. Aber der Alte gab keine Antwort. In kehligen, unverständlichen Sätzen mit sich selber redend, ging er spürend von einem Platz zum anderen. Die Dachziegel, die bereits abgenommen worden waren, breiteten ihr Mosaik aus gebrannter Erde über die abgestorbenen Gartenbeete. Oben brachen die Picken Steine aus dem Mauerwerk, die unter großem Aufstauben von Kalk und Gips über eine Holzrinne nach unten prasselten. Und durch die Breschen, die eine nach der anderen die Mauern zahnlückig machten, kamen – ihres Geheimnisses entkleidet – ovale oder quadratische Zimmerdecken zum Vorschein, Kranzgesimse, Girlanden, Zahnfriese, Astrogale, Tapeten, die wie das Leder sich häutender Schlangen von den Wänden herabhingen. Als Zeugin des Abbruchs stand im Garten hinter dem Haus, hoch aufgerichtet über dem Brunnen mit den verwitterten Fratzen, eine Ceres mit abgebrochener Nase und strähnigem Haar unter einem schwarz marmorierten Kopfputz aus Kornähren. In schattiger Stunde von der Sonne beschienen, gähnten die grauen Fische im Teich, betrachteten mit runden Augen die sich schwarz gegen den hellen Himmel abzeichnenden Arbeiter, die das Haus aus seiner hundertjährigen Höhe herabstießen. Der Alte hatte sich zu Füßen der Statue gesetzt, den

Stock unter den Bart gestützt. Er sah dem Auf- und Niederschweben der Eimer zu, in denen stattliche Überreste zu Boden reisten. Gedämpft klangen die Geräusche der Straße herüber, oben zwitscherten im Verein die Blockrollen, unangenehme Vögel mit geschwellter Brust, im Rhythmus von Eisen auf Stein.

Es schlug fünf Uhr. Mauervorsprünge und Baugerüste entvölkerten sich. Nur Handleitern blieben zur Vorbereitung des morgigen Angriffs zurück. Die Luft wurde frischer, leichter um Schweiß und Flüche, um das Knarren der Seile, der Achsen, die nach dem Ölkrug schrien, und um die aufmunternden Klapse auf verschmierte nackte Oberkörper. Für das ausgeweidete Haus kam die Abenddämmerung früher. Schatten überzogen es zu einer Stunde, wo sonst der inzwischen gefällte Säulenbalkon im Obergeschoß der Fassade noch einigen Sonnenglanz zu verleihen pflegte. Die Ceres preßte die Lippen aufeinander. Zum erstenmal würden die Zimmer ohne Jalousien schlafen, geöffnet über einer Trümmerlandschaft.

Ihrem Verlangen zuwider, lagen mehrere Kapitelle zwischen den Pflanzen. Die Akanthusblätter entdeckten ihre vegetative Natur. Angezogen von einer Familienähnlichkeit, streckte eine Kletterpflanze die Fangarme kühn nach einer ionischen Volute aus. Als es Nacht wurde, war das Haus der Erde näher. Im Obergeschoß ragte noch ein Türrahmen auf, Schattentafeln hingen in den befremdeten Angeln.

II

Da vollführte der alte Neger, der nicht von der Stelle gewichen war, seltsame Bewegungen und ließ dabei seinen Stock über einem Friedhof aus Fliesen kreisen.

Die weißen und die schwarzen Marmorvierecke flogen zu den Zimmerböden und breiteten sich über die Erde. Mit zielsicheren Sprüngen schlossen die Steine die Breschen in den Mauern. Dünne, mit Nägeln gespickte Nußbaumtafeln fügten sich in ihre Rahmen ein, während die Schrauben der Scharniere sich in rascher Drehung wieder in ihre Löcher einbohrten. Auf den abgestorbenen Beeten fügten die Dachziegel, durch einen Andrang der Blumen hochgehoben, ihre Trümmer zusammen, flogen, ein brausender Wirbel aus Erde, empor und fielen wie ein Regen auf das Dachgerüst. Das Haus wuchs, erhielt wieder seine gewohnten Ausmaße zurück, wurde wieder schamhaft, bekleidet. Die Ceres war weniger grau. Es gab mehr Fische in den Teichen. Und das Gemurmel des Wassers rief vergessene Begonien herauf.

Der Alte steckte einen Schlüssel in das Schloß des Hauptportals und begann die Fenster zu öffnen. Seine Absätze hallten wie in leeren Räumen. Als er die Kerzen anzündete, lief ein gelber Schauer über die Ölmalereien der Familienporträts, und schwarz gekleidete Menschen murmelten in allen Galerien, skandiert von Löffeln, die in den Tassen die Schokolade umrührten.

Don Marcial, Marqués de Cappellanías, lag auf seinem Totenbett, die Brust mit Medaillen gepanzert. Vier hohe Kerzen mit langen Bärten aus übergeflossenem Wachs eskortierten ihn.

III

Die Kerzen wuchsen langsam in die Höhe, verloren ihren ausgeschwitzten Behang. Als sie ihre volle Größe erreicht hatten, löschte eine Nonne sie aus, indem sie einen brennenden Span entfernte. Die Dochte warfen die schwarzen Schnuppen ab und wurden wieder weiß. Das Haus leerte sich von Besuchern, die Karossen fuhren in die Nacht hinaus. Don Marcial schlug eine unsichtbare Tastatur an und öffnete die Augen.

Aus ratlosem Durcheinander verfügten sich die Dekkenbalken an ihre Plätze. Die Medizinflaschen, die Damastquasten, das Skapulier am Kopfende des Bettes, die Daguerreotypien, die Palmen am Fenstergitter traten aus ihren Schatten. Als der Arzt mit berufsmäßiger Trostlosigkeit den Kopf schüttelte, fühlte sich der Kranke besser. Er schlief einige Stunden und erwachte unter dem strengen schwarzen Blick von Pater Anastasio. Aus einer freimütigen, detaillierten, von Sünden wimmelnden Beichte wurde eine widerstrebende, mühsame, eine Beichte voller Schlupfwinkel. Und welches Recht hatte auch im Grunde dieser Karmeliter, sich in sein Leben einzumischen? Unversehens fand sich Don Marcial in die Mitte des Zimmers versetzt. Frei von dem schmerzenden Druck in den Schläfen stand er mit überraschender Leichtigkeit auf. Die nackte Frau, die sich auf dem Brokatüberwurf des Bettes rekelte, suchte nach Unterröcken und Leibchen und nahm bald darauf ihre Geräusche, das Rascheln von Seide, und ihren Duft mit fort. Unten in der geschlossenen Kutsche lag auf den Tapeziernägeln des Sitzes ein Briefumschlag mit Goldmünzen.

Don Marcial fühlte sich nicht gut. Während er sich vor dem Konsolenspiegel die Krawatte aufband, spürte er, wie ihm das Blut zu Kopfe stieg. Er ging ins Arbeitszimmer hinunter, wo ihn Männer vom Gericht erwarteten, Rechtsanwälte und Schreiber, um den öffentlichen Verkauf des Hauses anzuordnen. Alles war vergebens gewesen. Seine ganze Habschaft würde im Takt des gegen ein Brett geschlagenen Hammers dem Meistbietenden zufallen. Er grüßte, und sie ließen ihn allein. Er dachte an die geheimnisvolle Macht des Geschriebenen, an diese schwarzen Fasern, die, sich verflechtend und entflechtend auf den großen Blättern mit den eingravierten Waagen, Verbindlichkeiten, eidlich Beschworenes, Bündnisse, urkundlich Bezeugtes, Erklärungen, Familiennamen, Titel, Daten, Ländereien, Bäume und Steine verflochten und wieder entflochten; ein Gewirr aus dem Tintenfaß gezogener Fäden, in denen sich des Menschen Fuß verfing und die ihm alle vom Gesetz verworfenen Wege verwehrten; Strick um den Hals, dessen dämpfende Wirkung sich verstärkte, sobald der gefährliche Klang in aller Freiheit gesprochener Worte vernehmbar wurde. Seine Unterschrift hatte ihn verraten und sich allmählich im Wirrwarr der Aktenbündel zum Knoten geschürzt. Weil er an sie gebunden war, wurde der Mensch aus Fleisch und Blut ein Mensch aus Papier.

Es wurde Morgen. Die Uhr im Speisezimmer hat eben sechs Uhr abends geschlagen.

IV

Trauermonate verflossen, auf welche eine von Mal zu Mal stärkere Reue ihre Schatten warf. Anfangs war ihm der Gedanke, eine Frau in dieses Zimmer zu bringen, beinahe vernünftig erschienen. Nach und nach aber verdrängten wachsende Skrupel, die bis zur Selbstkasteiung gingen, das Verlangen nach einem neuen Körper. Eines Nachts geißelte Don Marcial mit einem Riemen sein Fleisch bis aufs Blut, wonach er einen stärkeren, aber nicht lange anhaltenden Drang verspürte. Damals geschah es, daß die Marquesa an einem Nachmittag von ihrem Spaziergang am Ufer des Almendares zurückkehrte. Die Kutschpferde hatten keine andere Feuchtigkeit als ihren Schweiß in den Mähnen. Aber den ganzen übrigen Tag schlugen sie gegen die Bretterverschläge im Pferdestall, verstört anscheinend über die Unbeweglichkeit der Wolken.

Am frühen Morgen barst im Badezimmer der Marquesa eine mit Wasser gefüllte Badewanne. Dann überschwemmten die Mairegen den Teich. Und die alte Negerin, der eine Neigung zum Ausreißen und zu Heimlichkeiten ins Gesicht geschrieben standen, ging durch den Hof und murmelte: »Hüte dich vor den Flüssen, Herrin; hüte dich vor dem fließenden Grünen.« Es gab keinen Tag, wo das Wasser seine Anwesenheit nicht bekundet hätte. Aber diese Anwesenheit war zuletzt nicht mehr als ein Krug, verschüttet über das aus Paris mitgebrachte Kleid, beim Nachhausekommen von dem Ball, den der Generalkapitän der Kolonie alljährlich veranstaltete.

Viele Verwandte traten wieder in Erscheinung, viele Freunde kehrten zurück. Schon strahlten die Lüster im Salon sehr hell. Die Sprünge in der Fassade schlossen sich allmählich. Das Piano regredierte zum Klavichord. Die Palmen büßten Jahresringe ein. Die Kletterpflanzen ließen das erste Gesimse los. Die Augen der Ceres wurden hell, und die Kapitelle sahen wie frisch gemeißelt aus. Marcial, stürmischer als zuvor, pflegte ganze Nachmittage in der Umarmung der Marquesa zu verbringen. Krähenfüße, Runzeln und Doppelkinne verschwanden, dem Fleisch kehrte die Festigkeit zurück. Eines Tages füllte ein Geruch nach frischer Farbe das ganze Haus.

V

Das Erröten war aufrichtig. Jede Nacht öffneten sich die Spalten im Wandschirm ein wenig weiter, fielen die Röcke in weniger erleuchteten Zimmerecken und waren neue Barrieren aus Spitze. Zuletzt löschte die Marquesa die Lampen. Er allein sprach in der Dunkelheit.

Sie fuhren zur Zuckerfabrik in Pracht und Prunk der Kaleschen, die Kruppen der Füchse, die silbernen Zäume und frisch Gelacktes glänzten in der Sonne. Aber im Schatten der Osterblumen, die das überdachte Innenportal des Wohnhauses in Rot tauchten, stellten sie fest, daß sie sich kaum kannten. Marcial erlaubte einheimische Tänze und Trommeln, um sich ein wenig zu zerstreuen in diesen Tagen, die nach Kölnisch Wasser, nach Benzoe-Bädern und aufgelöstem Haar rochen und nach Bettlaken aus Schränken, aus denen beim Öffnen eine Vetiver-Wurzel auf die Fliesen fiel. Der Dunst von Zuckerrohrsaft zog mit dem Gebetsläuten durch die Luft. Die Aasgeier kündigten durch ihren niedrigen Flug einen anhaltenden Regen an, und schon wurden die ersten großen, klatschenden Tropfen von den Dachziegeln aufgesogen, die so trocken waren, daß sie wie Trompeten schallten. Nach einem Morgen, der sich durch eine matte Umarmung in die Länge zog, kehrten beide in die Stadt zurück, um Bestürzungen erleichtert, die Wunde war geschlossen. Die Marquesa vertauschte ihr Reisekleid mit dem Brautkleid, und, wie es der Brauch ist, gingen die Neuvermählten in die Kirche, um ihre Freiheit wiederzuerlangen. Freunden und Verwandten wurden Geschenke zurückgegeben, und im Brausen der Glocken und im Prunk der Pferdegeschirre schlug jeder getrennt den Weg in seine Wohnung ein. Marcial fuhr fort, Maria de las Mercedes aufzusuchen, bis zu dem Tag, da die Ringe zum Goldschmied gebracht wurden, damit die Eingravierungen getilgt würden. Für Marcial begann eine neue Zeit. In dem Haus mit dem hohen Gartengitter trat eine italienische Venus an die Stelle der Ceres, und die Fratzen am Brunnen schoben fast unmerklich das Relief vor, wenn sie noch immer die Kerzen brennen sahen, während schon der Morgen heraufdämmerte.

VI

Eines Nachts hatte Marcial, benommen vom vielen Zechen und schwindlig vom kalten Tabaksqualm, den seine Freunde hinterlassen hatten, die merkwürdige Empfindung, daß die Uhren im Haus erst fünf Uhr, dann halb fünf, dann vier, dann halb vier Uhr schlugen ... Es war wie die ferne Wahrnehmung anderer Möglichkeiten. Wie wenn man in einer entnervend schlaflos verbrachten Nacht denkt, man könnte auf der Zimmerdecke unter Möbeln herumgehen, die zwischen den Deckenbalken festsaßen, und der Fußboden wäre die Decke. Es war ein flüchtiger Eindruck, der nicht die geringste Spur in seinem zu dieser Stunde wenig zur Meditation aufgelegten Geist hinterließ.

Und im Musiksaal wurde ein großer Ball gegeben an dem Tag, da er seine Minderjährigkeit erlangte. Er war froh bei dem Gedanken, daß seine Unterschrift nicht länger Gesetzeswert hatte und daß Urkunden und Amtsschreiben samt ihren Holzwürmern aus seiner Welt getilgt waren. Er war an dem Punkt angelangt, wo Tribunale für alle, die eine von den Gesetzbüchern nicht mitbedachte Fleischlichkeit haben, nicht länger furchtbar sind. Als sich die jungen Leute an feurigem Wein beschwipst hatten, nahmen sie eine mit Perlmutter eingelegte Gitarre, einen Psalter und ein Serpentin von der Wand. Jemand zog die Uhr auf, die den Tiroler Kuhreigen und das Lied von den schottischen Seen spielte. Ein anderer setzte ein Jagdhorn an den Mund, das, in sein Messing eingerollt, auf dem granatroten Samt neben der aus Aranjuez mitgebrachten Querflöte in der Vitrine geschlummert hatte. Marcial, der kühn der kleinen Campoflorido den Hof machte, schloß sich dem Charivari an, indem er in falschen Bässen die Melodie des *Trípili-Trápala* auf der Tastatur zusammensuchte. Und auf einmal stiegen alle in die Bodenkammer hinauf, weil ihnen einfiel, daß dort unter den Dachsparren, die ihren Verputz zurückerlangten, die Kleider und Livreen des Hauses Cappellanías aufbewahrt wurden. Unter dem Rauhreif des Kampfers ruhten hier in den Schränken die Hofkleider, ein Diplomatendegen, mehrere auswattierte Waffenröcke, der Mantel eines Kirchenfürsten und lange Gehröcke mit Damastknöpfen und Feuchtigkeitsflecken in den Falten. Der Halbschatten tönte sich mit Purpurbändern, gelben Krinolinen, vermoderten Oberkleidern und Samtblumen. Das Kostüm eines Schmiedes samt der mit Troddeln behangenen Netzkappe, zu einem Maskenball kreiert, fand großen Beifall. Die Schultern der kleinen Campoflorido rundeten sich unter einem verstaubten kreolenhautfarbenen Umhang, der irgendeiner Großmutter in einer Nacht großer Familienentscheidungen dazu gedient hatte, das erlahmende Feuer eines reichen Syndikus der Clarissen neu zu beleben.

In ihren Verkleidungen kehrten die jungen Leute in den Musiksaal zurück. Marcial, im Dreispitz eines Regidor, klopfte dreimal mit dem Stock auf den Boden, und der Tanz wurde mit einem dieser Walzer eröffnet, von denen die Mütter fanden, sie seien schrecklich unpassend für Señoritas, weil diese dabei um die Taille gefaßt würden und Männerhände sich auf die Fischbeinstäbchen des jüngst nach einem Schnitt aus dem *Jardin des Modes* angefertigten Korsetts legten. Die Fenstertüren verdunkelten sich vor Kammermädchen, Stallburschen und Mägden, die aus den abgelegenen Dependancen, aus ihren stickigen Untergeschossen zusammengelaufen waren, um sich über ein Fest von solcher Ausgelassenheit zu verwundern. Danach spielte man Blindekuh und Verstecken. Marcial, der sich mit der kleinen Campoflorido hinter einem chinesischen Wandschirm versteckt hatte, drückte einen Kuß auf ihren Nacken und erhielt als Gegengabe ein parfümiertes Tüchlein, dessen Brüsseler Spitzen noch die linde Wärme des Ausschnitts bewahrten. Und als sich die Mädchen im Schein der Abenddämmerung auf die Wach- und Festungstürme zu entfernten, die sich grauschwarz über dem Meer abzeichneten, gingen die Jungen ins Ballhaus, wo die mit großen Armreifen geschmückten Mulattinnen so köstlich die Hüften schwenkten, ohne je – und wäre es in der schnellen Bewegung der *guaracha* – ihre hochhackigen Schuhe zu verlieren. Und da Karneval war, vollführten die von der Gruppe

Arará Tres Ojos hinter der Trennwand in einem mit Granatbäumen bestandenen Garten einen Heidenspektakel. Marcial und seine Freunde stiegen auf Tische und Stühle und priesen die Anmut einer Negerin, die, wenn sie beim Tanzen herausfordernd über die Schulter blickte, unter dem graumelierten Haar wieder schön, beinahe begehrenswert wurde.

VII

Die Besuche Don Abundios, des Notars und Testamentsvollstreckers der Familie, wurden häufiger. Gravitätisch setzte er sich an das Kopfende von Marcials Bett und ließ seinen Stock aus Akabaholz zu Boden fallen, um ihn vor der Zeit zu wecken. Als er die Augen öffnete, fiel sein Blick auf einen mit Schuppen bedeckten Alpakarock, dessen blankgescheuerte Ärmel Wertpapiere und Renten in Empfang nahmen. Zuletzt blieb nur eine vernünftige Rente, darauf berechnet, jeder Verrücktheit den Riegel vorzuschieben. Das war zu der Zeit, als Marcial in das Königliche Seminar San Carlos eintreten wollte.

Nach mäßigen Examen besuchte er die Klosterschule, wo er die Erklärungen der Priester jedesmal weniger begriff. Die Welt der Ideen entvölkerte sich ihm allmählich. Was zu Beginn eine ökumenische Versammlung kontroversensüchtiger und haarspalterischer Peplons, Wämser, Halskrausen und Perücken gewesen war, verwandelte sich in die Unbeweglichkeit eines Wachsfigurenkabinetts. Marcial begnügte sich jetzt mit einer scholastischen Exposition der Systeme und hielt für gut und richtig, was er in jedwedem Text las. Löwe, Vogel Strauß, Walfisch, Jaguar stand über den Kupfern der Naturgeschichte. Gleicherweise stand Aristoteles, Thomas von Aquin, Bacon, Descartes über schwarzen Seiten, auf denen hinter einem fetten Anfangsbuchstaben die Deutungen des Universums höchst langweilig katalogisiert waren. Mit der Zeit hörte Marcial auf, sie zu studieren, und fühlte sich von einer schweren Last befreit. Sein Kopf wurde leicht und fröhlich, da er die Dinge nur noch instinktiv begriff. Wozu an das Prisma denken, wenn das klare Winterlicht den Festungsanlagen im Hafen mehr Einzelheiten abgewann? Ein Apfel, der vom Baum fällt, ist nur für die Zähne ein Anreiz. Ein Fuß in der Badewanne ist nichts weiter als ein Fuß in der Badewanne. Am Tag, an dem er das Seminar verließ, vergaß er die Bücher. Das Gnomon fiel in die Kategorie der Gnomen zurück, Aldehyd wurde wieder zum Synonym von alten Hüten, und der Oktant ein gepanzertes Biest mit Reißzwecken im Rücken.

Mehrere Male war er schnell und unruhig klopfenden Herzens die Frauen aufsuchen gegangen, die am Fuß der Wälle hinter blauen Türen tuschelten. Die Erinnerung an eine, die gestickte Schuhe und über dem Ohr Basilienblätter trug, peinigte ihn an heißen Abenden wie ein schmerzender Backenzahn. Aber eines Tages brach er vor Entsetzen über den Zorn und die Drohungen eines Beichtigers in Weinen aus. Zum letzten Mal würde er in die Bettlaken der Hölle gefallen sein, für immer verzichtete er auf sein Herumstreifen in wenig begangenen Straßen und seine Feigheit, die ihn im letzten Augenblick voll Wut nach Hause trieb, sobald er einen bestimmten, eingekerbten Gehsteig hinter sich gelassen hatte, das Zeichen, wenn er gesenkten Blicks ging, daß er hier abbiegen mußte, um die Schwelle der Düfte zu betreten.

Jetzt durchlebte er seine mystische Krise, die mit Herz-Jesu-Bildern, Osterlämmern, Porzellantauben, Jungfrauen im himmelblauen Mantel, Sternen aus Goldpapier, den heiligen drei Königen, Engeln mit Schwanenflügeln, dem Ochs und dem Esel bevölkert war, und mit einem schrecklichen heiligen Dionysius, der ihm nächtens im Traum erschien, mit einer großen leeren Stelle zwischen den Schultern und dem unsicheren Gang eines Menschen, der etwas sucht, was er verloren hat. Da stieß er an sein Bett, und Marcial erwachte erschrocken und griff nach dem Rosenkranz mit den tauben Perlen ... Die Dochte in ihren Ölbehältern warfen ein trübes Licht auf Bilder, die ihre erste Farbe gewannen.

VIII

Die Möbel wuchsen. Es wurde schwieriger, die Unterarme auf den Rand des Eßtisches gelegt zu halten. Die

Schränke mit den geschnitzten Friesen verbreiterten ihre Vorderfront. Mit den höher aufragenden Torsen reichten die Mohren an der Treppe mit ihren Fackeln bis an die Geländer des Treppenabsatzes. Die Sessel wurden tiefer, und die Schaukelstühle hatten eine Neigung, nach hinten zu kippen. Wenn man sich auf den Boden der Badewanne mit den Marmorringen legte, brauchte man nicht mehr die Beine abzuwinkeln.

Als Marcial eines Morgens ein unanständiges Buch las, bekam er plötzlich Lust, mit den Bleisoldaten zu spielen, die in ihren Holzverliesen schlummerten. Er versteckte den Band wieder unter dem Waschbecken und öffnete eine von Spinnweben versiegelte Schublade. Der Studiertisch war viel zu klein, um für soviel Volk Platz zu bieten. Also setzte sich Marcial auf den Boden. Er stellte die Grenadiere in Achterreihen auf, dann die Offiziere zu Pferd rings um den Fahnenträger. Dahinter die Artilleristen mit ihren Kanonen, Gewehren und Flammenwerfern. Am Schluß des Aufmarsches die Pfeifer und die Paukenschläger samt einer Eskorte von Trommlern. Die Mörser hatten eine Feder, so daß man Glaskugeln über einen Meter weit schießen konnte.

Pumm! ... Pumm! ... Pumm! ...

Es fielen Pferde, es fielen Fähnriche, es fielen Trommler. Dreimal mußte der Neger Eligio ihn rufen, bis er sich entschloß, seine Hände zu waschen und in das Speisezimmer hinunterzugehen.

Von diesem Tag an behielt Marcial die Gewohnheit bei, sich auf die Fliesen zu setzen. Als er die Vorzüge dieser Gewohnheit entdeckte, wunderte er sich, daß er nicht früher darauf gekommen war. Die Erwachsenen fühlen sich immer von den Samtkissen angezogen, und deshalb schwitzen sie so. Manche Erwachsene riechen nach Notar, wie Don Abundio, nur weil sie nicht, längelang auf dem Boden ausgestreckt, die zu allen Zeiten frische Kühle des Marmors erleben. Nur vom Boden aus lassen sich die Ecken und Perspektiven eines Zimmers vollständig überblicken. Es gibt Schönheiten im Holz, geheimnisvolle Wege der Insekten, schattige Winkel, die man auf Manneshöhe übersieht. Wenn es regnete, versteckte sich Marcial unter dem Klavichord. Jeder Donner ließ den Resonanzkasten erbeben und brachte alle Saiten zum Klingen. Die Blitze fielen vom Himmel, um einen Fermatenbogen zu ziehen über Orgel, Pinienwald im Wind, Grillenmandoline.

IX

Heute morgen wurde er in sein Zimmer eingeschlossen. Er hörte im ganzen Haus ein Gemurmel, und das Mittagessen, das sie ihm servierten, war zu üppig für einen Wochentag. Es gab sechs Törtchen aus der Konditorei auf der Alameda, wo man doch selbst sonntags nach der Messe nur zwei essen durfte. Er unterhielt sich damit, Reisebilder anzusehen, bis das Anschwellen des Gesumses, das unter den Türen hereindrang, ihn veranlaßte, durch die Jalousien zu sehen. Männer in schwarzen Anzügen kamen und trugen einen Sarg mit Bronzegriffen. Er hätte weinen mögen, aber in diesem Augenblick erschien der Kutscher Melchior und lächelte hoch über seinen schwarzen Stiefeln mit allen Zähnen. Sie fingen an, Schach zu spielen. Melchior war das Pferd. Er war der König. Sie benützten die Bodenfliesen als Schachbrett, und so konnte er von einem Feld zum anderen vorrücken, während Melchior eins nach vorn und zwei zur Seite springen mußte oder umgekehrt. Sie spielten bis es dämmerte und die Feuerwehr der Handel- und Gewerbetreibenden vorbeizog.

Als er aufstand, ging er die Hand des Vaters küssen, der auf seinem Krankenbett lag. Der Marqués fühlte sich besser, er sprach mit dem üblichen Ernst und den gewohnten Beispielen zu seinem Sohn. Das »Ja, Vater« und das »Nein, Vater« schoben sich wie die Antworten des Meßdieners zwischen einen Rosenkranz von Fragen. Marcial hatte großen Respekt vor dem Marqués, aber aus Gründen, die niemand auch nur vermutet hätte. Er hatte Respekt vor ihm, weil er von hoher Gestalt war und seine Brust vor Orden gleißte, wenn er an Ballabenden aus dem Haus ging. Weil er ihn um den Säbel und die Goldtressen des Milizoffiziers beneidete, weil er an Ostern einen ganzen, mit Mandeln und Rosinen gefüllten Truthahn verspeist und damit eine Wette gewonnen hatte. Weil er manchmal eine der Mulattinnen, die die Rotunde kehrten, packte und auf seinen Armen in sein Zimmer trug, zweifellos in der Absicht, sie zu schlagen. Hinter dem Vorhang versteckt, sah Marcial sie bald darauf weinend und mit offenen Kleidern wieder herauskommen und freute sich über die Züchtigung, denn sie war es, die jedesmal die in die Speisekammer zurückgeschickten Kompottschüsseln leermachte. Der Vater war ein schreckliches und großmütiges Wesen, das man – nach Gott – am meisten lieben mußte. Für Marcial war er mehr Gott als Gott, weil seine Gaben täglich kamen und greifbar waren. Aber Gott im Himmel war ihm lieber, weil er ihn weniger belästigte.

X

Als die Möbel noch etwas wuchsen und Marcial besser als jeder andere wußte, was unter den Betten, Schränken und Sekretären war, verheimlichte er allen ein großes Geheimnis: das Leben hatte keinen Reiz, außer in Anwesenheit des Kutschers Melchior. Weder Gott noch sein Vater noch der goldene Bischof in der Fronleichnamsprozession waren so wichtig wie Melchior.

Melchior kam von weither. Er war der Enkel besiegter Fürsten. In seinem Königreich gab es Elefanten, Flußpferde, Tiger und Giraffen. Die Menschen arbeiteten dort nicht – wie Don Abundio – in finsteren, mit Aktenbündeln vollgestopften Behausungen. Sie lebten davon, daß sie schlauer waren als die Tiere. Einer von ihnen zog das große Krokodil aus dem blauen See, indem er es an einem Haken aufspießte, der in den Körpern von acht eng zusammengeschobenen gebratenen Gänsen versteckt war. Melchior kannte Lieder, die leicht zu lernen waren, weil die Wörter keine Bedeutung hatten und sich oft wiederholten. Er stahl Süßspeisen in der Küche, er entwischte nachts durch die Tür des Pferdestalles, und einmal hatte er die *Guardia civil* mit Steinen beworfen und war darauf im Schatten der Amargura-Gasse verschwunden. An Regentagen standen seine Stiefel nebeneinander am Küchenherd zum Trocknen. Der rechte hieß Calambín, der linke Calambán. Dieser Mann, der frei laufende Pferde allein dadurch überwältigte, daß er ihnen zwei Finger ins Maul steckte, dieser Herr in Samt und Sporen, der einen so hohen Zylinderhut trug, der wußte ebenfalls, wie kühl ein Marmorboden im Sommer ist, und der versteckte unter den Möbeln bald eine Frucht, bald ein Törtchen, die er von den für den großen Salon bestimmten Tabletts stibitzt hatte. Marcial und Melchior hatten gemeinsam einen geheimen Aufbewahrungsort für Dragees und Mandeln, den sie, die Eingeweihten, unter durchtriebenem Gelächter *Urí Urá Urá* nannten. Alle beide hatten das Haus von oben bis unten durchforscht, und sie als einzige wußten, daß es unter den Pferdeställen einen kleinen Keller voll holländischer Flaschen gab und daß in einer unbenutzten Bodenkammer über den Dienstbotenzimmern zwölf verstaubte Schmetterlinge unter einer zerbrochenen Glasscheibe ihre Flügel verloren hatten.

XI

Als Marcial die Gewohnheit annahm, Dinge kaputtzumachen, vergaß er Melchior und freundete sich mit den Hunden an. Es gab mehrere im Haus: den großen Gefleckten, den Vorstehhund, der die Zitzen fast am Boden schleifte, den Windhund, der zum Spielen zu alt war, den Wolligen, den die anderen zu bestimmten Zeiten verfolgten und die Zimmermädchen deshalb einsperren mußten.

Marcial mochte am liebsten Canelo, weil er Schuhe aus den Zimmern holte und die Rosen im Patio ausgrub. Immer war er schwarz von Kohle oder mit roter Erde überstaubt, fraß den anderen das Futter weg, heulte ohne Ursache und vergrub am Fuß des Brunnens gestohlene Knochen. Von Zeit zu Zeit leerte er auch ein frisch gelegtes Ei, nachdem er die Henne mit einer brüsken Hebelbewegung seiner Schnauze in die Luft geschleudert hatte. Alle gaben Canelo Fußtritte. Aber Marcial wurde krank, wenn sie ihn wegbrachten. Und jedesmal kehrte der Hund triumphierend und schweifwedelnd zurück, obwohl man ihn weit oberhalb der Casa de la Beneficencia ausgesetzt hatte, und nahm aufs neue einen Platz ein, den die übrigen Hunde trotz ihres Geschicks zur Jagd oder ihrer Wachsamkeit niemals einnahmen.

Canelo und Marcial pißten gemeinsam. Manchmal wählten sie dazu den Perserteppich im Salon, um in seine Wolle die Formen gelblicher Wolken einzuzeichnen, die sich langsam verbreiteten. Das brachte zwar Rutenschläge als Strafe ein. Aber die Schläge taten nicht so weh, wie die Erwachsenen glaubten. Sie erwiesen sich hingegen als ein wunderbarer Vorwand, Heulkonzerte zu veranstalten und das Mitleid der Nachbarn zu wekken. Wenn die Schielende unter dem Vordach seinen Vater einen Barbaren nannte, sah Marcial Canelo lachend in die Augen. Sie weinten noch ein bißchen, um sich ein Keks zu verdienen, und alles war vergessen. Alle beide aßen sie Erde, wälzten sich in der Sonne, tranken aus dem Fischteich, suchten Schatten und Duft der Basiliumstauden auf. In den Stunden der großen Hitze füllten sich die feuchten Beete mit allerlei Volk. Da kam die graue Gans mit dem Hängebeutel zwischen den schwarzen Beinen, der alte Hahn mit dem federlosen Steiß, die Eidechse, die Urí Urá sagte und dabei eine rosa Krawatte aus dem Hals zog. Die traurige Ringelnatter, die in der Stadt ohne Frauen aufgewachsen war. Die Maus, die ihr Loch mit einem Carey-Samen verschloß. Eines Tages zeigten sie Marcial den Hund.

»Wau, wau«, sagte er.

Er sprach seine eigene Sprache. Schon griff er mit der Hand nach Dingen, die außerhalb seiner Reichweite lagen.

XII

Hunger, Durst, Schmerz, Kälte. Kaum hatte Marcial seine Wahrnehmung auf diese Urrealitäten reduziert, verzichtete er auf das Verstandeslicht, das ihm schon beigegeben war. Er wußte nicht, wie er hieß. Als die Taufe rückgängig gemacht war, wollte er vom Riechen, vom Hören und selbst vom Sehen nichts mehr wissen. Seine Hände streiften über lustvolle Dinge. Er war ein ganz und gar fühlendes und tastendes Wesen. Er nahm das Universum durch die Poren auf. Dann schloß er die Augen, die bloß nebelhafte Riesen wahrnahmen, und drang in einen warmen, feuchten, mit Dunkelheit erfüllten Körper ein, der starb. Als dieser Körper fühlte, wie er sich seiner Substanz einfügte, glitt er ins Leben hinüber.

Jetzt aber lief die Zeit schneller und verkürzte die letzten Stunden. Die Minuten klangen wie das Glissando der Karten unter dem Daumen des Spielers.

In einem Wirbel von Federn kehrten die Vögel in das Ei zurück. Die Fische gerannen zu Laich und hinterließen ein Geflock von Schuppen auf dem Grund des Teiches. Die Palmen klappten die Blätter ein und verschwanden wie geschlossene Fächer in der Erde. Die Sprossen verschluckten ihre Triebe, und der Boden zog alles ein, was ihm gehörte. Der Donner hallte in den Gängen. Aus den Wildlederhandschuhen sproßte Haar. Die Wollumhänge trennten sich auf und bauschten das Vlies ferner Schafe. Die Schränke, die Sekretäre, die Betten, die Kruzifixe, die Tische, die Jalousien flogen in die Nacht hinaus auf der Suche nach ihren alten Wurzeln am Fuß der Wälder. Eine wer weiß wo ankernde Brigg beförderte eilig den Marmor der Fußböden und des Brunnens nach Italien zurück. Die Waffensammlung, die Werkzeuge, die Schlüssel, die Kupferkessel, die

Zäume in den Pferdeställen bildeten, schmelzend, einen Metallfluß, den offene Rinnen in die Erde leiteten. Alles verwandelte sich und kehrte in seinen ersten Zustand zurück. Die Erde wurde zu Erde und ließ anstelle des Hauses ein Stück ödes Land zurück.

XIII

Als die Arbeiter am Morgen des nächsten Tages kamen, um mit dem Abbruch fortzufahren, fanden sie die Arbeit getan. Jemand hatte die Ceres-Statue fortgeschafft, die tags zuvor an einen Antiquar verkauft worden war. Die Männer beschwerten sich beim Syndikat, dann setzten sie sich auf Bänke im Stadtgarten. Einer von ihnen erzählte die reichlich verworrene Geschichte einer Marquesa de Capellanías, die eines Mainachmittags zwischen den *malangas* des Almendares ertrunken war. Aber niemand schenkte der Erzählung Beachtung, weil die Sonne von Osten nach Westen zog und die Stunden, die rechts der Uhr wachsen, durch Trägheit länger gemacht werden müssen, denn sie sind es, die am sichersten zum Tod führen.

Der Nacht gleich

»So schritt er hin, der Nacht gleich«
Ilias I, 47

Das Meer grünte zwischen den von der Nacht noch beschatteten Vorgebirgen auf, als das Muschelhorn des Wächters die fünfzig schwarzen Schiffe ankündigte, die König Agamemnon zu uns entsandt hatte. Sobald sie das Zeichen vernahmen, begannen die seit so vielen Tagen in den Kuhfladen auf der Tenne Harrenden das Getreide an den Strand zu tragen, wo wir schon die Rollen vorbereitet hatten, die dazu dienen sollten, die Schiffe bis unter die Festungsmauern zu ziehen. Als die Kiele auf Sand liefen, entstand da und dort ein Handgemenge mit den Ruderern, denn so oft war den Mykenern gesagt worden, daß es uns an jeglichem Verstand für Arbeiten der Seefahrt gebreche, daß sie versuchten, uns mit ihren Ruderstangen zu vertreiben. Auch hatte sich der Strand mit Kindern gefüllt, die zwischen den Beinen der Soldaten herumliefen, die Landemanöver behinderten und an Bord der Schiffe kletterten, um Nüsse unter den Sitzen der Ruderer zu stehlen. Die in der Morgenfrühe klaren Wellen brachen sich unter den Rufen, den Beschimpfungen, dem von Faustschlägen begleiteten Zank, ohne daß die Dorfältesten in diesem Tumult ihre Begrüßungsrede halten konnten. Da ich mir von unserer Begegnung mit denen, die gekommen waren, uns in den Krieg zu führen, etwas Feierliches,

Festlicheres erwartet hatte, zog ich mich enttäuscht auf den Feigenbaum zurück, auf dessen dickem Ast ich gern saß, rittlings, die Knie leicht an das Holz gedrückt, weil er an die Flanken einer Frau erinnerte.

Je höher aber die Schiffe aus dem Wasser an die jetzt schon sonnenbeschienenen Berge gezogen wurden, desto mehr verblaßte in mir der erste schlechte Eindruck, der zweifellos auf die wartend durchwachte Nacht zurückzuführen war und wohl auch auf die Zechgelage am Vortag mit den eben erst an der Küste eingetroffenen jungen Leuten aus dem Landesinneren, die sich morgen kurz nach Tagesanbruch mit uns einschiffen sollten. Während ich die Reihen der mit Krügen, schwarzen Weinschläuchen und Körben beladenen Leute beobachtete, die schon zu den Schiffen unterwegs waren, stieg unter lebhaftem Stolz das Bewußtsein von der Überlegenheit des Kriegers in mir auf. Dieses Öl, dieser harzige Wein, dieses Getreide vor allem, aus dem unter der Asche die Fladen würden gebacken werden zur Nachtzeit, wenn wir im Schutz der wasserumspülten Kiele den Schlaf suchen müßten in einer geheimnisvollen, unbekannten Bucht, unterwegs zur großen Schiffsburg – dieses Getreide, geworfelt auch mit meiner Schaufel, wurde nun für mich aufgeladen, ohne daß ich die schwellenden Muskeln rühren mußte, diese Arme, erstarkt vom Schwingen der Hacke aus Eschenholz bei Arbeiten, wie sie sich ziemten für solche, die nichts anderes kannten, als die Erde zu riechen: Menschen zwar, weil ihr Blick über den Schweiß ihrer Tiere hinweg auf sie fiel, lebten sie auch jätend, pflügend und scharrend über sie gebückt wie alles, was diese Erde abweidete. Nie würden sie unter diesen Wolken ausschreiten, die immer um diese Stunde das Grün der fernen Inseln beschatteten, von der das herb duftende Silphium gebracht wurde. Nie würden sie die von breiten Straßen durchzogene Stadt der Trojaner kennenlernen, die wir nun umzingeln, angreifen und schleifen würden. Tag um Tag hatten die Sendboten des Königs von Mykenä uns vom Übermut des Priamus berichtet, von dem Elend, das unserem Volk aus der Anmaßung seiner Untertanen zu erwachsen drohe, die über unsere männlichen Sitten spotteten; zornbebend erfuhren wir, wie Ilion uns, die Achaier mit lang wallendem Haupthaar, denen kein anderes Volk an Tapferkeit gleichkommt, herausgefordert hatte. Und wir brachen in Wutgeschrei aus, ballten die Fäuste, hoben die Handflächen zum Eidschwur, schleuderten unsere Schilde gegen die Wände, als wir vom Raub Helenas aus Sparta erfuhren. Schreiend berichteten uns die Sendboten von ihrer wunderbaren Schönheit, ihrem Wuchs und anbetungswürdigem Gang, zählten uns einzeln die Grausamkeiten auf, die sie in ihrer schmählichen Gefangenschaft zu erdulden hatte, und dabei floß der Wein aus den Schläuchen in unsere Helme. Noch in derselben Nacht, als die Empörung im Volk brodelte, kündigten sie uns die Abfahrt der fünfzig Schiffe an. Da wurden die Feuer in den Bronzengießereien entzündet, und alte Frauen brachten Holz von den Bergen. Und nachdem die Tage verflossen waren, betrachtete ich jetzt die zu meinen Füßen aufgereihten Schiffe mit ihren kraftvollen Bugen, ihren zwischen den Bordwänden wie das Geschlecht zwischen den Schenkeln des Mannes ruhenden Masten und fühlte mich ein wenig Herr dieser Hölzer, die durch ein wunderbares, den hiesigen unbekanntes Zusammenfügen sich in Meeresrosse verwandelt hatten, um uns dorthin zu tragen, wo sich in bezeugter Größe das gewaltigste Ereignis aller Zeiten zutrug. Und mir, dem Sohn eines Sattlers und Enkel eines Stierbeschneiders, fiel das Los zu, an diese Stätte zu gehen, wo Taten vollbracht wurden, deren Abglanz durch die Erzählungen der Seeleute bis zu uns gedrungen war. Mir würde die Ehre beschieden sein, die Mauern von Troja zu erblicken, hochberühmten Heerführern zu gehorchen und mit meinem Schwung und meiner Kraft an der Befreiung Helenas aus Sparta mitzuwirken: ehrenvolle Pflicht des Mannes, höchste Bewährung in einem Krieg, der uns Wohlergehen, Glück und Stolz für alle Zeiten verleihen würde. Ich atmete tief die Brise ein, die vom Olivenhang herabwehte, und dachte, daß es schön wäre, in einem so gerechten Kampf für die Sache des Rechts zu sterben. Die Vorstellung, von einer feindlichen Lanze durchbohrt zu werden, ließ mich aber auch an den Schmerz meiner Mutter denken und an den vielleicht tieferen dessen, der die Nachricht trockenen Auges würde aufnehmen müssen, weil er das Oberhaupt des Hauses war. Ich stieg langsam den Hirtenpfad ins Dorf hinunter. Drei Zicklein tummelten sich im Duft der Kamillen. Am Strand wurde noch immer Getreide geladen.

II

Mit zirpenden Vihuelen und Kastagnettengeklapper wurde die bevorstehende Abfahrt der Schiffe allenthalben gefeiert. Die Matrosen der *Gallarda*, taumelnd wie in Trance, vergnügten sich abwechselnd mit Tanzen und mit dem Gesang abgedroschener Lieder, wie dem vom erneuerten Mädchen, bei welchem die Hände die jeweils vom Reim verlangten und von der Stimme ausgesparten Dinge berühren mußten. Das Einladen von Wein, Öl und Getreide mit Hilfe der indianischen Diener des Veedor, die ungeduldig auf ihre Rückkehr in die ferne Heimat warteten, war noch im Gange. Auf dem Weg zum Hafen trieb ein Mann, der künftig unser Kaplan sein würde, zwei mit den Bälgen und Pfeifen einer Holzorgel beladene Lasttiere vor sich her. Jedesmal, wenn ich Leuten von der Flotte begegnete, gab es lärmende Umarmungen unter schallenden Ausrufen, Gelächter und weidlichem Bramarbasieren, um die Frauen an die Fenster zu locken. Wir waren wie Männer einer anderen Rasse, dazu geschaffen, Unternehmungen zu vollbringen, wie weder der Bäcker noch der Schafhirt sie je erleben würden, noch der Händler, der im Patio bei den Kupplerinnen mit Nonnenfransen geschmückte Hemden aus Holland feilbot. Auf dem Marktplatz schmetterten die Bläser des Statthalters *folías* aus den sonnenbeglänzten Trompeten, ließen die burgundischen Trommler die Kalbfelle dazu dröhnen und brüllte aus ihrem Drachenschlund, als ob sie beißen wollte, eine Posaune.

Mein Vater stand in seinem Laden, in dem es nach Tierhäuten und Korduanleder roch, und trieb eine Ahle in einen Steigbügel, lustlos wie einer, der im stillen auf etwas wartet. Als er mich sah, schloß er mich gelassen-traurig in die Arme, in Gedanken vielleicht an den schrecklichen Tod von Cristobalillo, dem Gefährten meiner Jugendstreiche, der in Boca del Dragón von den Pfeilen der Indianer durchbohrt worden war. Aber er wußte, daß alle heutzutage verrückt darauf waren, sich nach Westindien einzuschiffen, obwohl bereits manche klugen Männer sagten, dies sei ein allgemeiner Irrtum der Vielen und ein besonderes Heilmittel der Wenigen. Er erging sich ein wenig im Lob der Vorzüge des Handwerks, der Ehre – einer nicht geringeren als der in gefahrvollen Unternehmungen erworbenen –, bei Fronleichnamsprozessionen die Fahne der Sattler zu tragen; er gab den sicheren Kochtopf, die gefüllte Truhe, das friedliche Alter zu bedenken. Aber da er vielleicht bemerkt hatte, daß das Fest in der Stadt zunahm und daß mir der Sinn nicht nach wohlabgewogenen Vernunftgründen stand, führte er mich sanft an die Tür zum Zimmer meiner Mutter. Dies war der Augenblick, den ich am meisten fürchtete, und ich mußte meine Tränen bezwingen, als ich die Weinende sah, die wir von meiner Abreise erst in Kenntnis gesetzt hatten, als alle bereits wußten, daß ich in den Registern des Handelsgerichts eingeschrieben war. Ich dankte ihr für das um meiner baldigen Rückkehr willen der Jungfrau der Seeleute abgelegte Versprechen und versprach selber alles, was sie versprochen haben wollte, vor allem, keinen unzüchtigen Umgang mit den Frauen jener Länder zu pflegen, die der Teufel in – angeblich und erlogenermaßen paradiesischer – Nacktheit herumspringen ließ, um unbedachte, wo nicht vom Anblick all diesen liederlichen Fleisches verdorbene Christen desto besser zu verwirren und vom rechten Weg abzubringen. Danach begann meine Mutter, die recht gut wußte, daß es nutzlos war, jemanden mit Bitten zu bestürmen, der schon träumte von dem, was hinter den Bergen ist, mich mit schmerzlicher Stimme über die Sicherheit der Schiffe und die Kundigkeit der Lotsen zu befragen. Ich übertrieb die Stärke und Seetüchtigkeit der *Gallarda*, und ihr Lotse, sagte ich, sei ein altgedienter Westindienfahrer, ein Gefährte von Nuño García. Und um sie von ihren Zweifeln abzulenken, erzählte ich ihr von den Wundern dieser neuen Welt, wo die Klaue des Großen Tiers und der Bezoarstein alle Krankheiten heilten und im Land der Omeguas eine Stadt existiere, ganz aus Gold erbaut und so groß, daß ein tüchtiger Fußgänger eine Nacht und zwei Tage brauchte, um sie zu durchwandern, und bestimmt würden wir sie aufsuchen, es sei denn, wir machten unser Glück in noch unbekannten Gegenden mit vielen reichen Dörfern, die es zu unterwerfen galt. Aber meine Mutter schüttelte sanft den Kopf und sprach von den Lügen und Prahlereien der Indianer, von Amazonen und Menschenfressern, von den Stürmen an den Bermudas und von vergifteten Lanzen, die jeden, den sie treffen, in ein Standbild verwandelt zurücklassen. Da ich sah, daß sie allen verheißungsvollen Reden unselige Wahrheiten entgegensetzte, sprach ich von den erhabenen Zielen, führte ihr das Elend so vieler armer, des Kreuzeszeichens unkundiger Götzenanbeter vor Augen. Millionen Seelen würden wir für unsere heilige Religion gewinnen und damit das Gebot Jesu Christi und seiner Apostel erfüllen. Wir waren Soldaten Gottes und Soldaten des Königs in einem, und als Lohn für diese getauften und der Aufsicht von Christen unterstellten, durch unser Werk von ihrem barbarischen Aberglauben befreiten Indianer würde unser Volk unerschütterliche Größe erlangen, die uns Glück und Reichtum und Macht über die Königreiche Europas verschaffen würde. Durch meine Worte besänftigt, hängte meine Mutter mir ein Skapulier um und nahm mir auch noch das Versprechen ab, daß ich zum Schlafen stets die von ihr selbst aus Wolle gestrickten Schuhe anlegte. Und da nun die Glocken der Kathedrale läuteten, suchte sie ihren gestickten Schal hervor, den sie nur bei großen Gelegenheiten umlegte. Auf dem Weg zum Gotteshause bemerkte ich, daß trotz allem der Stolz auf einen Sohn, der für die Flotte des Statthalters eingeschrieben war, meinen Eltern eine neue Stattlichkeit verlieh. Sie grüßten nach allen Seiten und gebärdenreicher als gewöhnlich. Denn es ist eben immer angenehm, einen tüchtigen Mann als Sohn zu haben, der um einer großen und gerechten Sache willen in den Kampf zieht. Ich blickte zum Hafen. Noch immer wurde Getreide in die Schiffe gebracht.

III

Ich nannte sie meine Verlobte, obwohl noch niemand etwas von unserer Liebe wußte. Als ich in der Nähe der Schiffe ihren Vater sah, dachte ich, daß sie allein sein würde, und ging die traurige, windgepeitschte und von grünem Wasser besprühte Mole und das Geländer mit den vom Salpeter grün gewordenen Ketten und Eisenringen entlang, die zum letzten Haus mit den stets geschlossenen Fenstern führten. Kaum erklang der von Grünspan überzogene Türklopfer, als die Tür geöffnet wurde, und unter einem Windstoß und Gischtfetzen, die er mitriß, trat ich in das Zimmer, wo wegen des Nebels bereits die Lampen angezündet waren. Meine Verlobte setzte sich neben mich auf einen tiefen, mit altem Brokat bezogenen Sessel und lehnte so ergeben traurig ihren Kopf an meine Schulter, daß ich es nicht wagte, ihre grauen Augen zu befragen, die ich liebte, weil sie immer mit dem Ausdruck der Verwunderung unsichtbare Dinge zu erblicken schienen. Die merkwürdigen Gegenstände im Wohnzimmer erhielten jetzt eine neue Bedeutung für mich. Etwas schien mich mit dem Astrolabium, dem Kompaß und der Windrose zu verbinden; etwas auch mit dem an den Deckenbalken aufgehängten Sägefisch und mit den Karten von Mercator und Ortellius, die zwischen mehreren von Bären, Hunden und Schützen bevölkerten Himmelskarten zu Seiten des Kamins ausgebreitet waren. Meine Verlobte erhob die Stimme über den Wind, der unter der Tür hindurchpfiff, um mich nach dem Stand der Vorbereitungen zu fragen. Erleichtert, von etwas sprechen zu können, das nicht uns beide betraf, erzählte ich ihr von den Sulpizianern und Benediktinern, die sich mit uns einschiffen würden, und pries die Güte und Frömmigkeit der Adligen und der Siedler und wie gut sie ausgewählt worden seien von denen, die im Namen des Königs von Frankreich von diesen fernen Ländern Besitz ergriffen hatten. Ich berichtete ihr alles, was ich über den gewaltigen Colbert wußte, den mit hundertjährigen, von silbrigen Moossträhnen überwachsenen Bäumen gesäumten Fluß, dessen rote Wasser unter einem Himmel, weiß von Reihern, majestätisch dahinflossen. Wir nahmen Lebensmittel für sechs Wochen mit. Die Raumdecks der *Belle* und der *Aimable* waren voll mit Getreide. Wir fuhren aus, um eine große zivilisatorische Aufgabe in diesen riesigen Urwaldgebieten zu erfüllen, die sich vom heißen Golf von Mexico bis in die Gegend von Chicagúa erstreckten. Wir würden die Völker, die dort lebten, in neuen Kunstfertigkeiten unterrichten. Als ich meine Verlobte ganz von meiner Erzählung gefesselt glaubte, sah ich plötzlich, wie sie sich mit überraschender Entschlossenheit vor mir aufrichtete und behauptete, nichts an der Unternehmung, derentwegen seit dem frühen Morgen alle Glocken der Stadt läuteten, sei rühmlich. Die Augen brennend vom Weinen, habe sie vergangene Nacht etwas über diese Welt jenseits des Meeres wissen wollen, in die ich jetzt aufbrechen würde, und habe in Montaignes Essais, im Kapitel über die Kutschen, nachgelesen, was sich darin auf Amerika bezog. So hatte sie erfahren, wie niederträchtig die Spanier vorgegangen waren, wie sie sich mit dem Pferd und den Kanonen für Götter ausgegeben hatten. Flammend vor jugendlicher Empörung zeigte sie mir die Stelle, wo der Skeptiker aus Bordeaux schrieb, wir hätten uns »die Unwissenheit und Unerfahrenheit der Indianer zunutze gemacht, um sie desto leichter dem Verrat, der Geilheit, dem Geiz und aller Art Unmenschlichkeit und Grausamkeit nach dem Beispiel und Muster unserer Sitten gefügig zu machen.« Das junge Mädchen, das fromm ein goldenes Kreuz im Ausschnitt trug, war von dem niederträchtigen Buch so verblendet, daß es einem Manne recht gab, der gottlos behauptete, die Wilden in der Neuen Welt hätten keinen Anlaß, ihre Religion gegen die unsere einzutauschen, da sie sich so lange nutzbringend ihrer eigenen bedient hätten. Ich begriff, daß ich in derartigen Irrtümern nichts anderes sehen durfte als den Groll eines verliebten und mit sehr wirksamen Zaubern begabten Mädchens dem Manne gegenüber, der ihr eine lange Wartezeit ohne anderes Motiv auferlegte als das gewagte Unterfangen, bei einem aufsehenerregenden Unternehmen rasch sein Glück zu machen. Aber obgleich ich begriff, daß dies so war, fühlte ich mich tief verletzt durch die Geringschätzung meiner Tapferkeit, den Mangel an Achtung vor einem Abenteuer, das meinem Namen Glanz verleihen und vielleicht dazu führen würde, daß die Kunde einer von mir vollbrachten Ruhmestat, etwa die Befriedung einer Gegend, mir einen vom König verliehenen Titel eintrüge – sollten dabei auch ein paar Indianer mehr oder weniger von meiner Hand umkommen. Nichts Großes entstand kampflos, selbst das Wort unseres heiligen Glaubens fand mit Blut Eingang. Nun aber sprach Eifersucht aus dem häßlichen Bild, das sie mir von Santo Domingo entwarf, der Insel, auf der wir Zwischenstation machen würden und die meine Verlobte mit entzückend unpassenden Worten als »ein Paradies der verdammten Frauen« bezeichnete. Es war offenkundig, daß sie trotz ihrer Reinheit wußte, welche Klasse von Frauen es waren, die da von Zeit zu Zeit, von Bütteln bewacht, unter dem Johlen und den schmutzigen Wörtern der Matrosen von einer nahe gelegenen Mole aus nach Cap Français eingeschifft wurden. Irgend jemand, vielleicht eine Magd, mochte ihr gesagt haben, daß sich die Gesundheit des Mannes nicht gut mit gewissen Enthaltsamkeiten verträgt, und so ahnte sie, daß diese geheimnisvolle, wie im Garten Eden nackte Welt und die entnervende Hitze weit größere Gefahren bargen als Überschwemmungen, Stürme und die Bisse von Wasserdrachen, von denen es in den Flüssen Amerikas nur so wimmelte. Zuletzt geriet ich in Harnisch über diesen eigensinnigen Streit in einem solchen Augenblick an Stelle des zärtlichen Abschieds, den ich mir erhofft hatte. Ich fing an, über den Kleinmut der Frauen zu schelten, ihre Unfähigkeit zum Heroismus, ihre Windel- und Nähzeug-Philosophie, als starke Schläge mit dem Türklopfer die unzeitige Rückkehr ihres Vaters ankündigten. Ich sprang durch ein Hinterfenster aus dem Haus, ohne daß irgend jemand auf dem Markt meine Eskapade bemerkt hätte, denn Fußgänger, Fischer und Betrunkene – zu dieser Stunde des Tages schon zahlreich – hatten sich um einen Tisch zusammengedrängt, auf dem mit lauter Stimme jemand sprach, den ich zuerst für einen Ausschreier des Elixiers von Orvieto hielt, der sich dann aber als ein Mönch herausstellte, der für die Befreiung der Heiligen Stätten warb. Vor längerer Zeit hatte ich selbst mich für den von Fulcus von Neuilly gepredigten Kreuzzug anwerben lassen. Ich zuckte die Schultern und setzte meinen Weg fort. Im rechten Augenblick hatte ein bösartiges Fieber – von dem ich mit Gottes Hilfe und den Salben meiner Mutter wieder genesen war – mich befallen und am Tag der Abreise zitternd im Bett zurückgehalten. Das Unternehmen war, wie jedermann weiß, als ein Krieg unter Christen zu Ende gegangen. Die Kreuzzüge hatten an Ansehen verloren. Und ich überdies hatte an andere Dinge zu denken.

Der Wind hatte sich gelegt. Noch verärgert über den törichten Streit mit meiner Verlobten, ging ich zum Hafen, um die Schiffe anzusehen. Alle standen sie Seite an Seite und mit offenen Luken an der Mole festgemacht und nahmen tausende von Säcken Mehl in die wie Harlekins bunt bemalten Flanken auf. Unter den Rufen der Stauer, den Pfiffen der Oberwerkmeister, den Signalen, die durch den Nebel dröhnten und Schwenkungen von Kränen auslösten, gingen die Infanterieregimenter langsam über die Laufstege. An Deck häuften sich unförmige Geräte, bedrohliche Mechaniken unter wasserdichten Tüchtern. Bisweilen drehte ein Aluminiumflügel langsam über Bord und tauchte in die Dunkelheit eines Raumdecks. Die Generalspferde schwebten, wie Wagnersche Schlachtrosse, über die Dächer der Geschäfte.

Von einer Eisentreppe herab betrachtete ich die letzten Vorbereitungen und hatte plötzlich das beklemmende Gefühl, daß nur noch wenige – kaum dreizehn – Stunden fehlten, bis auch ich mit allen meinen Waffen zu diesen Schiffen würde gehen müssen. Da dachte ich an die Frau; an die Tage der Enthaltsamkeit, die mir bevorstanden; dachte, wie traurig es wäre, zu sterben, ohne noch einmal meine Lust der Wärme eines anderen Körpers gegeben zu haben. Voll Ungeduld und noch unmutig, nicht einmal einen Kuß von meiner Verlobten erhalten zu haben, ging ich mit langen Schritten in das Hotel der Tänzerinnen. Christopher, der sehr betrunken war, hatte sich mit der seinen schon eingeschlossen. Meine Freundin umarmte mich unter Lachen und Weinen und versicherte mir, daß sie stolz auf mich sei, daß ich in der Uniform hübsch aussähe und daß eine Kartenlegerin ihr beteuert habe, mir werde bei der großen Landung nichts zustoßen. Mehrere Male nannte sie mich einen *Helden*, als ob ihr der krasse Unterschied zwischen dieser Schmeichelei und den ungerechten Worten meiner Verlobten bewußt wäre. Ich stieg auf den Söller. In der Stadt wurden die Lichter angezündet und zeichneten in leuchtenden Punkten die riesige Geometrie der Gebäude nach. Unten in den Straßen wimmelte es von Köpfen und Hüten.

Es war nicht möglich, im feinen Abendnebel von diesem hohen Stockwerk aus die Frauen von den Männern zu unterscheiden. Und dennoch: der Fortdauer dieses Gewimmels unbekannter Wesen wegen würde ich bald nach Tagesanbruch zu den Schiffen gehen. Würde den in diesen Monaten stürmischen Ozean durchpflügen, unter Eisen und Feuer an einem fernen Ufer an Land gehen, um die Grundsätze der Menschen meiner Rasse zu verteidigen. Zum letzten Mal war ein Schwert auf die Landkarte des Westens geworfen worden. Nun würden wir für immer der neuen *ordo teutonica* ein Ende setzen und sieghaft die so lange erhoffte Zukunft beschreiten, wo der Mensch mit den Menschen versöhnt sein würde. Meine Freundin, die meine edelmütigen Gedanken erraten haben mochte, legte eine bebende Hand auf meinen Kopf. Sie war nackt unter den Flügeln ihres halb geöffneten Négligés.

IV

Als ich nach Hause zurückkehrte mit den unsicheren Schritten eines Mannes, der mit dem Wein die Mattigkeit seines bis zum Überdruß an einem anderen Leib ergötzten Leibes überspielen wollte, fehlten nur noch wenige Stunden bis zum Morgengrauen. Ich hatte Hunger und Durst und war gleichzeitig verstört durch die Angst vor der bevorstehenden Abreise. Ich legte meine Waffen und mein Koppelzeug auf einen Hocker und ließ mich ins Bett fallen. Da bemerkte ich erschrokken, daß jemand unter der großen Wolldecke lag, und wollte schon nach dem Messer greifen, als ich eingefangen wurde von zwei fiebernden Armen, die sich wie die Arme eines Schiffbrüchigen um meinen Hals schlangen, während sich ein paar unsagbar weiche Beine über die meinen legten. Es verschlug mir die Sprache, als ich sah, daß es meine Verlobte war, die sich in mein Bett eingeschlichen hatte. Unter Schluchzen erzählte sie mir, wie sie sich nachts aus dem Hause gestohlen hatte, voll Angst vor Hundegebell gelaufen, dann heimlich durch den Obstgarten meines Vaters bis an das Fenster geschlichen war und danach so bange und ungeduldig auf mich gewartet hatte. Nach dem törichten Streit am Nachmittag hatte sie an die Gefahren und Leiden gedacht, die mir bevorstanden, war durchdrungen gewesen von der Ohnmacht, das vom blinden Zufall gelenkte Los des Kriegers wieder in die rechte Bahn zu bringen, diesem Gefühl, das so viele Frauen zur Selbsthingabe veranlaßt – als hätte das Opfer der so bewahrten und gehüteten Jungfräulichkeit im Augenblick der Abreise, ohne Erwartung eines Vergnügens, ja, mit dem eigenen Schmerz die Lust des anderen erkaufend, die sühnende Macht einer rituellen Ablation. Die Berührung durch einen reinen, niemals von den Händen eines Liebhabers berührten Körper hat bei aller Verkrampfung etwas einzigartig und eigentümlich Frisches: Ungeschicklichkeit, die dennoch das Richtige trifft, Unwissenheit, die unmittelbar erfaßt, sich anschmiegt und, einem dunklen Gebot folgend, die Haltungen findet, in der die Glieder sich am engsten verschränken. Unter der Umarmung meiner Verlobten, deren feines Vlies sich auf einem meiner Schenkel zu härten schien, wuchs mein Kummer darüber, daß ich mich in dem unsinnigen Bestreben, in der gegenwärtigen Ausschweifung die Ruhe künftiger

Tage zu finden, wie seit langem nicht mehr in wahren Herkulestaten erschöpft hatte. Jetzt, da mir das begehrenswerteste Einverständnis dargeboten war, lag ich beinahe fühllos unter dem ungeduldig erschauernden Körper. Ich will nicht sagen, daß meine Jugend nicht fähig gewesen wäre, sich unter dem Reiz so köstlicher Neuheit noch einmal in dieser Nacht zu entzünden. Aber der Gedanke, daß diejenige, die sich mir hingab, noch Jungfrau war, daß ihre Unberührtheit und Verschlossenheit eine langsame und gesteigerte Bemühung erforderte, verband sich in mir mit der Angst vor einem Versagen. Ich schob meine Verlobte auf die Seite, küßte sie zart auf die Schulter und ließ mich in hohlklingender Aufrichtigkeit darüber aus, wie ungeschickt es wäre, Hochzeitsfreuden in der Hast der Abreise zu verderben, über ihre Beschämung, wenn sie schwanger würde, über das traurige Los der Kinder, die ohne einen Vater aufwüchsen, der ihnen beibringt, wie man den grünen Honig aus den Bäumen holt und Kraken unter den Steinen hervorzieht. Sie hörte mich an, ihre großen hellen Augen leuchteten in der Dunkelheit, und ich wurde gewahr, daß sie, gereizt, in einer aus den Tiefen des Instinkts aufsteigenden Erbitterung den Mann verachtete, der sich bei einer solchen Gelegenheit auf Vernunft und Verstand berief, statt sie urbar zu machen und wie eine Jagdtrophäe, blutend, mit zerbissenen Brüsten, von Samen beschmutzt, aber Frau geworden in der Niederlage, auf dem Bett zurückzulassen. In diesem Augenblick brüllten die Kühe, die am Strand geopfert werden sollten, und die Muschelhörner der Wachen erschollen.

Jäh und mit einem Ausdruck der Verachtung stand meine Verlobte auf, ohne sich berühren zu lassen, und verbarg – weniger in der Geste der Schamhaftigkeit als mit der Gebärde derer, die etwas zurücknimmt, das zu verschleudern sie im Begriff gestanden war –, was plötzlich mein Begehren entflammte. Ehe ich sie erreichen konnte, sprang sie durch das Fenster. Ich sah sie laufen und zwischen den Olivenbäumen verschwinden und begriff in diesem Augenblick, daß es leichter für mich sein würde, ohne eine Schramme in die Stadt Troja einzuziehen, als die Verlorene zurückzuerobern.

Als ich in Begleitung meines Vaters zu den Schiffen hinunterging, drängte eine unerträgliche Empfindung des Ekels, einer inneren Leere, der Unzufriedenheit mit mir selbst den Stolz des Kriegers in mir zurück. Und als die Rudergänger mit ihren starken Stangen das Schiff abstießen und die Mastbäume zwischen den Reihen der Ruderer aufragten, wußte ich, daß die Stunden des Großtuns, der Ausschweifungen, der Geschenke, die dem Aufbruch der Soldaten zu den Schlachtfeldern vorangehen, zu Ende waren. Die Zeit der Girlanden und Lorbeerkränze, des in jedem Haus angebotenen Weins, des Neides der Schwächeren und der Frauengunst waren vorbei. Was jetzt kam, war der Morgenappell, der Schmutz, das verregnete Brot, der widerlich süße Geruch des Wundbrands. Ich war schon nicht mehr so sicher, durch meinen Mut Größe und Glück der Achaier mit dem lang wallenden Haupthaar zu mehren. Ein alter Soldat, der längst von Berufs wegen und ohne größere Begeisterung in den Krieg ging als ein Schafscherer in den Stall, erzählte bereits jedem, der es hören wollte, daß Helena aus Sparta sehr vergnügt in Troja lebe und daß ihre Lustschreie, wenn sie sich im Bett des Paris ergötzte, den Jungfrauen im Palast des Priamus die Schamröte in die Wangen treibe. Die ganze Geschichte von der kummervollen Gefangenschaft der von den Trojanern beleidigten und erniedrigten Ledatochter, hieß es, sei reine Kriegspropaganda, von Agamemnon mit Zustimmung des Menelaos in Umlauf gesetzt. In Wirklichkeit stünden hinter den mit so hohen Zielen getarnten Unternehmungen viele Geschäfte, die den mehr oder minder unbedeutenden Kriegern in keiner Weise zugute kommen würden. Es gehe vor allem darum, behauptete der Soldat, mehr Töpferwaren, mehr Stoffe, mehr Gefäße mit Szenen von Wagenrennen zu verkaufen, sich neue Wege zu den tauschfreudigen asiatischen Völkern zu erschließen und die trojanische Konkurrenz ein für allemal aus dem Weg zu räumen. Das mit Mehl und Menschen überladene Schiff wogte langsam dahin. Ich betrachtete lange die Häuser meines nun voll von der Sonne beschienenen Dorfes. Ich hätte weinen mögen. Ich nahm meinen Helm ab und verbarg meine Augen hinter dem aufrechten Haar des Helmbuschs, dem ich mit soviel Mühe die richtige Rundung gegeben hatte, damit er der großartigen Helmzier derer gleichsähe, die ihre Kriegsausrüstung bei den großen Stilkünstlern bestellen konnten und die gewiß in dem Schiff mit den meisten Segeln und der größten Kiellänge reisten.

Finstermette

Das Jahr sah nicht gut aus. Nur wenige wurden es gewahr. Aber die Stadt war nicht mehr die gleiche. Es war nicht erwiesen, daß die Gegenstände eine vollwertige Entsprechung an Schatten auf den Boden zeichneten. Ja, die Schatten hatten eine offensichtliche Neigung, sich von den Dingen lösen zu wollen, als ob die Dinge Schatten des Unglücks wären. Ein jähes Gewucher von Moosen schwärzte die Dächer. Unter der Bedrängnis einer neuen Feuchtigkeit blätterten in einer Nacht die Säulen an den Hauseingängen ab. Die Säulengeländer der Balkone hingegen füllten sich durch die Wirkung von Tau und Sonne mit Rissen und Sprüngen und brachten rostige Nägel an den geborstenen Brüstungen zum Vorschein. In der Atmosphäre hatte sich etwas verändert. Die Tauben in den Höfen wiegten sich, ohne zu gurren, auf ihren rosigen Füßen, wie mit dem Vorsatz, ihre Flügel lieber in den Taschen zu lassen. Die Stimme der großen Glocke der Kathedrale war um einen Ton tiefer geworden, als hätten die unerwarteten Januarregen, die Bronze mit Holz verwechselnd, sie aufgequollen. Nie zuvor hatten Holzwürmer und Termiten so lange Reisen gemacht. Die Straßenverkäufer stimmten ihre Rufe im Falsett des Vorsängers bei Totenmessen an. Niemand glaubte mehr an Süße in den wäßrigen Früchten, und die Lianen ließen ihre Zeit verstreichen, ohne auf die Bäume zu klettern. Nichts, was weiß war, gedieh. Die Atlasstoffe für Brautkleider überzogen sich mit Schimmel im hintersten Winkel der Schränke, und die Wolken warteten die Nacht ab, um aufs Meer hinauszuziehen, hinter den Segeln eines Schoners her, dem ein tödliches Unheil in Einsamkeit bestimmt war.

So standen die Dinge in Santiago, als im Pomp von Kreuzen, steifen Hemdbrüsten und Goldtressen das Begräbnis des Generals Enna begangen wurde.

II

Funkelnd im sonnenbeschienenen Firnis wandelte der Kontrabaß straßauf der Kathedrale zu, ausbalanciert auf dem Kopf des Negers. Von Zeit zu Zeit hob Panchón den rechten Arm und griff mit dem Zeigefinger nach einer spröden Saite, die mit einem feierlich ernsten Ton Antwort gab. Es hatte eine Zeit gegeben, da waren in Santiago Baßgeigensaiten ausgegangen. Damals wurde der Rhythmus des *Tripili* auf glasgeschnittenen Streifen aus dem Fell eines Zickleins markiert. Aber seit jenen Tagen hatte die *Intrepida* viele Male angelegt. Und die Saite, die da in luftiger Höhe erklang – denn Panchón war eine Art dummer Riese – war aus gutem Darm. Aus vortrefflichem, durch die Hitze um vieles lauter tönenden Darm. Deshalb schallte der Ton derart, daß Gesichter an den Fenstern erschienen und die Maultiere an den Kohlenzügen die Ohren spitzten.

Panchón kam in der Sakristei an. Er hielt den Kontrabaß schräg, damit er durch die enge Tür ging. Dort erwartete ihn schon, die Bogenbespannung einharzend, ein ungeduldiger Musiker. Ein kunsterfahrener Finger befragte die vier Saiten, und oben am Griff knarrten die Wirbel. Neugierig folgte Panchón dem Kontrabaß, der sich in kleinen Sprüngen auf seinem einzigen Bein entfernte. Es roch nach Weihrauch. Das Kirchenschiff war angefüllt mit Autoritäten und Spitzenfächern. In dem durch die Trauerbespannung bewirkten Dämmerlicht lag bleifarbener Glanz auf den schwarzen Seidenrevers. Als der Priester an den Katafalk trat, fing das ganze Orchester zu brausen an. Ein Sonnenstrahl, der sich durch ein Fenster in der Höhe eingeschlichen hatte, verharrte auf dem Messing der Trompeten. Mit den Gesten von Stockmeistern näherten die Fagotte ihre Rohre den Mündern. Ein langer Wirbel rollte in den Pauken. Die Bässe stimmten unisono eine Litanei mit Anklängen an das *Dies Irae* an. Auf einmal rasselten alle Säbel, und im Flügelrauschen von Atlasseide sanken alle Mantillas nach vorn.

Panchón trat aus der Kathedrale. Dieses prunkvolle Begräbnis war etwas Fernes und Fremdes. Zudem war er ungeduldig, die zwei Kupferreale, die er eben verdient hatte, zu vertrinken. Deshalb vielleicht fiel es ihm nicht auf, daß sein Schatten im Kirchenschiff zurückgeblieben war, sich abzeichnete über den Steinplatten mit der Inschrift: Staub. Asche. Nichts. Dort verweilte er lange, bis die Feierlichkeit beendet und in den Zylinderhüten verstaut war. Dann überquerte er den Platz und trat in das Wirtshaus ein, wo Panchón, bereits betrunken, ihn ohne Überraschung auftauchen sah. Er legte sich wie ein Vorstehhund zu seinen Füßen nieder. Er war der Schatten eines Negers. Unterwürfigkeit war er gewohnt.

III

Niemand mochte den »Schatten« von Aguëro. Niemand, weil er schlecht zu tanzen und ein trauriges Lied war, das einen Anflug von Melancholie in die schönsten Bälle brachte.

Aber, sieh an! Bald haben es alle mit dem »Schatten«. Jedenfalls schien es, als ob die Kapelle der Lackhelme nichts anderes mehr spielen könne. Das gleiche geschah mit der Kapelle der Miliz der Graubraunen. Beim Zapfenstreich, beim Truppenmarsch – stets war die gleiche klagende, wie ein altes Karussellpferd sich im Kreise drehende Melodie zu hören. Durch die ewige Wiederholung verwandelte sich der »Schatten« in seinen Schatten, denn ihn zu spielen wurde dermaßen zur faden Gewohnheit, daß sein Takt sich immer schleppender in die Länge zog, bis er am Ende an einen Trauermarsch erinnerte. Nun aber wurden die Pianos von der Krankheit befallen. Unter den Fingern der Señoritas schwängerten die gelben Tasten die Resonanzkästen mit Schatten. Einer ließ sich in eine Musikakademie einschreiben ohne andere Absicht, als den »Schatten« spielen zu können. Alte, in den Bodenkammern vergessene Spinetts, Federklaviere und von Termiten zernagte Fortepianos steckten sich aus Sympathie ebenfalls an der verwünschten Krankheit an. Auch wenn niemand zu ihnen kommen wollte, sangen die verstoßenen Instrumente mit ganz dünnen metallischen Stimmen und vereinigten das Beben ihrer Saiten mit dem Beben anderer, nahestehender Saiten. Auch die Gläser in den Schränken sangen den »Schatten«; auch die Kämme in den Spieluhren; auch die Tremulanten und Salizionale der Orgeln.

Über den Park war eine große Traurigkeit gekommen. Die Stenze und die Dämchen spazierten von Mal zu Mal langsamer und hatten keine Lust mehr, sich etwas zu sagen. Die Ophikleïdes und die Tuben skandierten mit deprofundis-Stimmen diesen Schatten, den zweihundert Klaviere in schwarzen Gehäusen in allen Stadtvierteln im Chor sangen. Es gab sogar eine Spottdrossel, die den »Schatten« von Anfang bis Ende singen lernte. Doch fand man sie tot – und es stellte sich heraus, daß ihr ein Stück Liebesapfel im Halse steckengeblieben war, gerade als der Friseur Higinio, ihr Herr, sie Doña Isabel II. schicken wollte als Beweis dafür, daß es hierzulande noch immer Wunder gab.

IV

Es kam die Zeit der Masken. Es war diesmal ein trauriger Karneval mit verkleideten Kindern, allein, in verlassenen Straßen; mit einem Faschingszug, den ein Wolkenbruch verjagte; mit Larven, die lange Gesichter verbargen; mit Inquisitionsdominos. Die jungen Damen, die auf die Bälle gingen, fanden keinen Bräutigam. Die Orchester spielten lustlos. Die Musiker der Kapellen vollführten Bewegungen wie Figuren eines mechanischen Theaters. Die Karnevalsrüssel waren aus schlechtem Papier, und die Papptrompeten kreischten so häßlich wie Pfaue. Die von ungesundem Schweiß aufgeweichten Gesichtsmasken ließen einen Geschmack nach Fischschwanz auf den Lippen zurück. Die Konfettis waren nicht rechtzeitig eingetroffen, und die falschen Nasen warteten und warteten in den Geschäften vergebens. Ein als Engel verkleidetes Kind fand sich im Spiegel so häßlich, daß es in Weinen ausbrach.

So standen die Dinge, als ein gewisser Burgos, der in den Orchestern die Trommel schlug, durch die Straßen des Viertels La Chácara lief und mit lauter Stimme die Bewohner aufforderte, eine Schwadron zu bilden. An der Ecke La Cruz sammelten sich die Freiwilligen. Panchón kam als erster und brachte seinen Schatten mit. Dann erschienen die Isidra Mineto, »das Käuzchen«, die Yuquita und Juana die Heisere. Drei dickbäuchige Kinder eröffneten den Zug. Sie wollten etwas singen, und es sollte nicht der »Schatten« sein. Da stieg plötzlich ein Lied über die Dächer auf:

Ay, ay, ay, wer wird mich nun beweinen?
Da geht sie hin, da geht sie hin, die Lola, geht sie hin!

Burgos' Schwadron ging bis ins Zentrum hinauf. Neue Sänger verstärkten sie an jeder Straßenecke. Der Ratsherr, der Syndikus der Bruderschaften, die Milizoffiziere, der Gefängnisaufseher, mehrere Mitglieder der Ökonomischen Gesellschaft der Freunde des Vaterlandes, ja selbst der Bischof von Santiago traten auf die Balkone, um den Zug vorbeigehen zu sehen. Der Musikmeister der Kathedrale markierte – er konnte sich nicht helfen – den Takt mit dem rechten Fuß. Als die Nacht anbrach, wurde eine riesige Laterne angezündet, die man selbst vom Hafen Boniato aus noch sehen konnte. Die Laterne schwankte am Rand der Dächer entlang, vor den Tavernen hielt sie an. Dann nahm sie den Weg wieder auf, um sich selbst kreisend wie die mathematische Sonne jener Illusionsmaschine, die in den Opernaufführungen mit großer Ausstattung vor vierzig Jahren eine wichtige Rolle gespielt hatte.

Innerhalb weniger Tage schwollen die Schwadronen an und vermehrten sich auf unerklärliche Weise. Am Tag des heiligen Jacobus zogen mehr als zehn Statisten aus dem Festzug im Rhythmus dieses Liedes, das den »Schatten« getötet hatte, durch die Stadt:

Ay, ay, ay, wer wird mich nun beweinen?
Da geht sie hin, da geht sie hin, die Lola, geht sie hin!

V

Am 19. August herrschte nach dem Rosenkranz und einem kalten Abendessen große Bewegung in der Vorhalle des Theaters. Der Dichter und der Musiker, in gestreiften Krawatten beide und die Jacketts bis an die Revers tadellos geschlossen, empfingen in ihrem höchst eigenen Reich. Junge Damen in Spitzen und Düften kamen, von ihren Müttern begleitet, die, kaum daß sie den Fuß vom Trittbrett genommen hatten, die Kutschen auf die Fahrbahn auf der anderen Seite schickten. Mit großem Aufwand an Peitschenknallen, ungeduldigen Gespannen, Hufeisen, blauschimmernd über den Funken, die sie aus dem Stein schlugen, strömte die Gesellschaft von Santiago zur Probe zusammen. In Schulheften brachten die Eintagsschauspielerinnen ihre Rollen mit, die sie in der für Nonnenzöglinge typischen Schrift abgeschrieben hatten. Das Mädchen, das in dem Stück *Der Eintritt in die große Welt* die Hauptrolle spielen sollte, zog in das Ankleidezimmer ein, in dem so viele berühmte Operettensängerinnen, Rivalinnen der Isabel Gamborino, Geliebte von Gutsbesitzern und Ehefrauen von Schauspielern, sich ausgekleidet hatten. Grellrote Schminke klebte noch an einem weißen Porzellanteller und ein Brocken Mastix auf dem Boden einer Tasse. An der Wand stand, mit Lippenstift geschrieben, der deftige Ausspruch eines Maultiertreibers. Das mit kanariengelber Seide bezogene Kanapee hatte Vertiefungen, wie sie nicht von einzelnen Menschen herrühren.

Der Souffleur zwängte sich in den Souffleurkasten. Die

Probe zum *Eintritt in die große Welt*, der am folgenden Tage zugunsten der Krankenhäuser aufgeführt werden sollte, begann. Weil das Parkett im Dunkeln lag, konnte niemand bemerken, daß die Lüster so seltsam, wie aus dem Takt gekommene Pendel, hin und her schwangen.

VI

Am 20. August, als eben in der Zehn-Uhr-Messe das Agnus Dei angestimmt wurde, vereinigten sich die zwei Türme der Kathedrale im rechten Winkel und warfen die Glocke auf das Kreuz über der Apsis. In einer Sekunde verzerrten sich alle Perspektiven der Stadt. Die Dachvorsprünge fielen sich mitten in der Straße gegenseitig an. Die Wände strebten in verschiedene Richtungen auseinander und ließen die Dächer in der Luft schweben, ehe sie in einem ungeheuren Windmühlenwirbel splitternder Dachbalken zerschmetterten. In Wolken von Kohlen rollten die Maultiere die abschüssige Straße hinunter, einen Huf unter dem Bauchriemen festgeklemmt und die Mähnen von den Schwanzriemen gepeitscht. Die Rosen im Park flogen auf und fielen in Rinnsale und Bäche, die über die Ufer getreten waren. Und dann dieses Schwanken der Erde, dieses Erschauern einer von Wespen gereizten Flanke, dieses Über- und Untereinander der Gehsteige, dieses Sichschließen des Offenen und Sich-öffnen des Verschlossenen. Selbst im Laufen, im Schreien, im Anrufen der

Jungfrau des Kupfers bemerkte man, daß eine Straße keinen anderen Ausweg mehr hatte als durch den Alkoven eines Mädchens aus gutem Hause oder durch das Archiv eines Notars. Beim dritten Stoß traten auch die Möbel in den Tanz ein. Über die Balkongeländer hinweg ergriffen die Schränke die Flucht und entließen aus den offenen Bäuchen ihre Eingeweide aus Bettlaken und Tischtüchern. Alles Geschirr zerbarst zur gleichen Zeit. Die Fensterscheiben zwängten sich in die Jalousien. Breite Schluchten, voll mit Kämmen, Kameen, Almanachen und Daguerreotypien, teilten die Stadt in Inseln auf, zumal das Wasser der Zisternen den zersprungenen Behältern entströmte und in Richtung Hafen seinen Lauf nahm.

Als sich das Blut im Leinen, im Atlas, im Filz auszubreiten begann, war alles zu Ende. Eine Taschenuhr, die noch an ihrer Uhrkette hing, zeigte einen Vorsprung von einer einzigen Minute vor den toten Uhren. In diesem Augenblick begriffen die Menschen, sofern sie noch auf ihren Füßen standen, daß sie ein Erdbeben erlebt hatten. Fliegen, wer weiß, woher gekommen, flogen tief über dem Boden, zahlreich.

VII

Die Schatten waren es müde, Warnungen über Warnungen gegeben zu haben. Viele schickten sich an, die Stadt zu verlassen. Einen Monat nach dem Erdbeben liefen mehrere Fußgänger zu dem zerstörten Brunnen. Eine vollkommen unbekannte Frau – wahrscheinlich eine Fremde – war gestürzt und lag, Arme und Beine wie Windmühlenflügel ausgestreckt, am Fuß der Neptunstatue. Der Delphin spie noch immer trübes Wasser und begoß damit unerwünschte, im Schutz der allgemeinen Trauer aufgewachsene Pflanzen. Der Vorfall wiederholte sich mehrere Male am Tage in verschiedenen Vierteln der Stadt. Plötzlich brach jemand an einer Ecke zusammen, mit violettem Gesicht und bläulich verfärbter Hornhaut. Bäcker fehlten zur Stunde des Backens, und viele Pferde kehrten allein in die Häuser zurück, ihre Hufeisen schlugen einen düsteren Takt.

Der angekündigte Ball wurde trotz allem gegeben. Der Ratsherr fand, daß es nicht angebracht sei, neue Unruhe all der hinzuzufügen, die den Tag bereits verdüstert hatte. Außerdem sollten die Darsteller des *Eintritts in die große Welt* wieder zusammenkommen, damit die aufgeschobene Veranstaltung zugunsten der Krankenhäuser neu geplant werden konnte. Alles hatte sehr gut begonnen. Aber beim zweiten Kontertanz stürzte ein Paar und wälzte sich auf dem Marmorboden. Der Kontrabassist fiel über die Estrade zusamt seinem schaumbedeckten Bogen und riß die Saiten mit, in die sein Fuß sich verfangen hatte. Eine unsichere Hand griff Halt suchend nach einer Troddel und bewirkte einen gewaltigen Sturz von Samt auf chinesische Vasen auf der Konsole im großen Salon.

Obwohl der Dirigent fortfuhr, den Takt des »Schattens« anzugeben, legten die Musiker ihre Instrumente in ihre Hüllen, löschten die am Rand der Notenpulte aufgestellten Kerzen und stahlen sich durch den Eingang für die Dienerschaft davon. Während Fläschchen mit Riechsalz auf den Freitreppen hin und wider gingen, riefen die Gäste mit entstellter Stimme nach ihren Kutschern. In dieser Nacht verließen viele die Stadt, um sich in die nächstgelegenen Kaffeefelder zu flüchten. Aber der Samt der Sitze barg eine bösartige Wärme. Im Himmel reiste, undeutlich, ein grünlicher, wie durch ein Efeukleid verschwommener Mond.

VIII

Bald betraten die Darsteller des *Eintritts in die große Welt* tatsächlich die große Welt. Krankenhäuser wurden mitten in den Parkanlagen eingerichtet, und es geschah nicht selten, daß ein Totkranker klagte, während der Nacht durch das rasche Wachstum eines Rosenstocks gestört worden zu sein. So zahlreich waren die Leichen, daß man den Karren eines Trödlers von den Kanarischen Inseln benützte, um sie auf den Friedhof zu bringen. Die Gewohnheit entstand, wenn er vorüberfuhr, in herausforderndem Ton zu sagen:

Da geht sie hin, da geht sie hin, die Lola, geht sie hin.

Die Cholera hatte den Durst Panchóns nicht verringert. Und schau, statt Kontrabässe, fing er nun an, Leichen auf seinem Kopf zu balancieren. Aus Gewohnheit griff er nach der Saite, ohne jedoch etwas anderes zu bewirken als dumpfes Kollern in einem Leib. Aber die in luftiger Höhe quergelegten Schatten anderer bekümmerten ihn wenig. Sie reisten durch die Luft und zeigten bei jedem Einbiegen an der Straßenecke neue Verkürzungen. Sein spärliches Studium hatte ihm die Macht verliehen, manche Anschläge entziffern zu können. Er identifizierte sie je nach der Druckerfarbe oder der Anordnung der Schrift. Sooft er auf das Plakat *Der Eintritt in die große Welt* traf, grüßte er mit dem Leichnam. Zweifellos bestand eine geheimnisvolle, aber unbestreitbare Beziehung zwischen diesem und jenem.

Panchón fing an, sich weniger sicher zu fühlen, als auch »das Käuzchen« und Juana die Heisere fielen. Als er sich an diesem Tag die Körper auflud, versuchte er, einen kürzeren Weg zu finden. Aber dann ließen die Sonnenblumen, die ihre Köpfe über die Friedhofsmauer erhoben, ihn denken, daß das Leben schön war. Mit der Zeit paßte sich ein Lied seinem Schritt an:

Ay, ay, ay, wer wird mich nun beweinen?
Da geht sie hin, da geht sie hin, die Lola, geht sie hin!

Mitte Oktober lagen die Isidra Mineto, die Yuquita, Burgos und alle übrigen von der Schwadron kreuz und quer im Massengrab. Es gab weniger Schatten in den Straßen von Santiago.

IX

Eines Morgens veränderte sich alles in der Stadt. Die Kinder spielten in den Höfen. Die *Intrepida* fuhr mit offenen Segeln in den Hafen ein. Aus den Truhen kamen weiße Kleider hervor, und die Luft wurde leichter. Die Glocken verscheuchten die letzten Aasgeier, die noch an den Ecken warteten, und die Muschelhörner sangen wieder.

Am 20. Dezember wurde in der Kathedrale der Dankgottesdienst gefeiert. Der Organist war beim Improvisieren, als er plötzlich erschrocken auf den Platz vor der Kirche hinaussah. Dort fuhr, in allen Felgen knarrend, die Lola. Hinter dem Kutscher lag, mit geschwollenen Füßen, Panchón auf einem Bündel Espartogras. Ganz allmählich änderte das Gradual die Figur. Einige bemerkten, daß die Bässe die liturgische Phrase nicht richtig begleiteten. In das Spiel der Pedale schlich sich, wenngleich in langsamer Tonart, das Thema ein: *Da geht sie hin, da geht sie hin, die Lola, geht sie hin.* Aber der Offiziant, der ein bißchen taub war, erkannte das Lied nicht. Er glaubte, die Hände wären dem Organisten ein wenig in die Lieder hinübergerutscht, die jetzt geprobt werden mußten, denn Ostern stand vor der Tür.

Die Verfolgung

(Roman)

I

Sinfonia Eroica, composta per festeggiare il sovvenire di un grand' Uomo, e dedicata a Sua Altezza Serenissima il Principe di Lobkowitz, da Luigi van Beethoven, op. 53, No. III delle Sinfonie ... Und der Knall der zuschlagenden Tür, der ihn erschrocken auffahren ließ, brach seinen kindischen Stolz, diesen Text verstanden zu haben. Die Fransen des roten Vorhangs streiften über seinen Kopf und fielen, mehrere Seiten des Buches umschlagend, an ihren Platz zurück. Aus seiner Lektüre gerissen, verband er Gedanken an Taubheit – der große Taube, die unnützen Hörrohre – mit der Empfindung, den Tumult um sich herum neu wahrzunehmen. Die Konzertbesucher, die über die Freitreppe verstreut herunterkamen, kehrten, von einem Platzregen überrascht, lachend und die Nachdrängenden zurückschiebend, die sich über nackte Schultern hinweg mit Zurufen verständigten, ins Vestibül um, aufgehalten vom Regen, der sich in den Vertiefungen des Sonnendachs fing und wie mit Kübeln über die Granitstufen ergoß. Obgleich es schon zum zweiten Mal läutete, blieben alle hier stehen, Trauben von Menschen, um den Geruch nach Feuchtigkeit, nach Platanenlaub, nach frisch gewässertem Rasen einzuatmen, der die verschwitzten Gesichter erfrischte und sich mit dem Dampf der Erde vermischte und der Baumrinden, in denen sich nach langer Dürre die Risse schlossen. Nach dem erstikkenden Abend entspannten sich die Körper, empfanden die gleiche Erleichterung wie die zwischen den Laubengängen des Parks weit offenen Pflanzen. Aus den Beeten mit der Buchsbaumumrandung stiegen die Dunstschwaden eines frisch gepflügten Feldes auf. »Gutes Wetter für das, was ich weiß«, murmelte jemand mit Blick auf eine Frau, die, das Gesicht von einem Fuchspelz verdeckt, am Gitter der Kasse lehnte und den dahinter Stehenden offenbar nicht als Mann betrachtete, da sie sich eben dem lästigen Druck eines höchst intimen Kleidungsstücks – anscheinend war es ihr gleichgültig, daß er es sah – mit sicherer, ungenierter Bewegung entwand. »Hinter Gitter wie die Affen«, sagten die Logenschließer im Spaß von dem Billetverkäufer, der im Unterschied zu allen anderen Billetverkäufern immer bis zum Schluß der Konzerte blieb, obwohl es ihm gestattet war, nach dem Kassenabschluß um Zehn zu gehen, mochte auch die Dienstvorschrift festlegen: »Eine halbe Stunde vor Beendigung der Veranstaltung.« Er wollte die mit dem Fuchs demütigen, ihr zu verstehen geben, daß er sie gesehen hatte, und so ließ er mit Kassierergeschicklichkeit eine Handvoll Münzen über die schmale Marmorplatte des Kassentischs rollen. Die Frau streckte das Gesicht aus dem Pelz, sah auf seine über das Geld gehaltenen Hände – immer sahen sie nur seine Hände an – und führte die gleiche Bewegung noch einmal aus. Solche

Schamlosigkeit war ihm ein Beweis seiner Inexistenz für diese Frauen, die das Vestibül bevölkerten in dem Bestreben, sich da aufzuhalten, wo ein Spiegel ihnen das Bild ihrer Frisuren und Kleider zurückwarf. Die bei solcher Hitze umgelegten Pelze trieben Feuchtigkeit auf Nacken und Decolletés, und um sich die Last vom Halse zu schaffen, ließen die Frauen sie herabfallen, so daß sie zwischen Ellenbogen und Ellenbogen baumelten wie üppige Jagdgehänge. Der Blick floh das unerreichbare Nahe. Jenseits des zur Schau gestellten Fleisches war der Park, waren die jetzt dem Platzregen überlassenen Säulen, und hinter dem Park und den in die Nacht getauchten Portalen das herrschaftliche Haus *del Mirador* – ehemals eine Villa zwischen Pinien und Zypressen –, heute flankiert von dem häßlichen modernen Gebäude, wo er zuhöchst unter den Kaminen eine Dienstbotenkammer bewohnte, deren Giebelfenster sich als zusätzliches geometrisches Element den Rhomben, Kreisen und Dreiecken einer abstrakten Dekoration einfügte. In dem Herrschaftshaus, dessen altes Gemäuer, mochten auch Ziervasen und Balkongeländer abblättern, wenigstens das Ansehen eines Stils bewahrt hatte, wurde offenbar eine Totenwache ausgerichtet, denn die – wegen zuviel Sonne oder zuviel Schatten – stets menschenleere Dachterrasse war bis zum ersten Donnerschlag von Schatten überschwärmt gewesen. Liebevoll betrachtete er von unten das verwahrloste, in der Pflegelosigkeit aus Armut verkommende Haus. Es war den schlecht beleuchteten Wohnhäusern seiner Heimat so ähnlich, in denen die zwischen abblätternden Wänden und verhangenen Vogelkäfigen für einen Toten angezündeten Kerzen eine Wirkung erzielten wie die Prunkbeleuchtung eines Tabernakels, so daß sich der Hausrat neben dem glänzenden Silberblech der Kandelaber nur desto ärmlicher ausnahm. Für eine Totenwache wurde unter den Dächern mit den Wassernasen Gepränge aufgeboten, wurden Silber und Bronze hergeschafft, kamen feierliche Würdenträger in Trauerkleidern, wurden strahlende Lichter angezündet, die manchmal nur zu deutlich die Spinnennetze an den Deckenbalken oder den gelbbraunen Sand der Holzwürmer erkennen ließen. (Dann mußte jemand wie er, der ein Musikinstrument lernte, der Nachbarschaft erklären, daß Üben keinen Verstoß gegen die Trauer bedeutete, daß die wenn auch schülerhaften Versuche in »klassischer Musik« nicht unvereinbar waren mit dem Schmerz um den Tod eines Verwandten ...) *In diesen Tagen verbirgt er sein Gebrechen vor der Welt. Er ist mit seinen Dämonen allein, der verletzten Liebe, der Hoffnung und dem Schmerz.* Wenn er hier auf dem hohen Hocker vor dem zerschlissenen Damastvorhang in diesem schubladenschmalen Kassenraum saß, so war es, weil er zum Verständnis des Großen gelangen wollte, weil er bewunderte, was andere mit Türen umstellten, die seiner Armut verschlossen blieben. Angesichts dieses molligen, an den Schulterblättern wie von Daumen eingedrückten Rückens, der über dem herabhängenden Fuchspelz in Reichweite seiner Hand an den dünnen Gitterstäben lehnte, gab dieses Bewußtsein ihm seinen Stolz zurück. *»Selbst der hohe Muth, der mich oft in den schönen*

Sommertägen beseelte – er ist verschwunden«, schreibt er in seinem Testament. Was bleibt, ist Grabeskälte und der Geruch nach Nichts. In diesen lichtlosen Tagen heult Beethoven in dem einsamen Heiligenstädter Haus den Tod an ... Er hatte wieder zu lesen begonnen, ohne länger an die anderen zu denken, die im Glanz von Juwelen und gestärkter Wäsche von den Spiegeln zu den Säulen, von der Treppe zu den Lyren und Sistren der Skulpturen wandelten, während der Dirigent, die Pause ausdehnend, die Hörner das Trio aus dem Scherzo – Jagdsonaten hinter der Bühne – wiederholen ließ. »Hinter Gitter wie die Affen.« Aber er wenigstens wußte, daß der Taube eines Tages die Büste eines Mächtigen zertrümmert und diesem die Worte entgegengeschleudert hatte: *»Fürst, was Sie sind, sind Sie durch den Zufall der Geburt; was ich bin, bin ich durch mich.«* Wenn er nachts eine solche Arbeit übernahm, geschah es, um dahin zu gelangen, wohin die Schmuckbeladenen und Herausstaffierten, die immer nur seine auf der Marmorplatte des winzigen Kassenschalters sich bewegenden Hände sahen, niemals gelangen würden. Die Frau entfernte sich plötzlich vom Gitter und hob den Pelz wieder auf die Schultern. Alle beeilten sich und kehrten unter dem erhöhten Stimmengewirr letzter Gespräche in den Saal zurück, dessen Beleuchtung von oben herab erlosch. Die Musiker traten auf die Bühne, nahmen ihre auf den Stühlen zurückgelassenen Instrumente auf; die Posaunen kehrten auf ihre Gestelle zurück; die Fagotte richteten sich auf, Mittelpunkt im Stimmen der Instrumente, das von einem gellenden

Triller beherrscht wurde; die Oboen erklangen in pastoralen Fermaten, sobald die Mundstücke mit Feinschmeckermiene ausprobiert waren. Alle Türen wurden bis auf die eine geschlossen, die bis zur ersten Bewegung des Dirigenten angelehnt bleiben würde, damit Nachzügler noch auf den Zehenspitzen eintreten konnten. In diesem Augenblick wurde eine mit höchster Geschwindigkeit fahrende Ambulanz vor dem Theater so brutal gebremst, daß sie sich querstellte. »Einen Sitzplatz«, sagte eine hastige Stimme. »Irgendeinen«, fügte sie ungeduldig hinzu, während die Finger einen Geldschein durch die Gitterstäbe der Kasse schoben. – Als der Mann sah, daß die Karten schon verwahrt waren und daß nach Schlüsseln gesucht wurde, um sie herauszuholen, tauchte er, ohne abzuwarten, in die Dunkelheit des Saales. Aber nun kamen zwei andere, die nicht einmal zur Kasse gingen, sondern hineinliefen, als eben die letzte Tür geschlossen wurde, und unter den Konzertbesuchern, die ihre Plätze aufsuchten, verschwanden. »He«, rief der hinter den Gittern. »He«, aber seine Stimme ging im aufrauschenden Beifall unter. Vor ihm lag ein neuer Geldschein, den der Ungeduldige hingeworfen hatte. Er mußte ein großer Musikliebhaber sein, obwohl er nicht das Aussehen eines Ausländers hatte, da eine am Ende eines Konzerts aufgeführte Sinfonie ihm den fünffachen Preis des teuersten Sitzplatzes wert war. Seine Kleider, andererseits, arg zerknittert, wie die von Leuten, die denken. Ein Intellektueller, ein Komponist vielleicht. *Aber plötzlich vernimmt der Mann in seiner Agonie eine Antwort auf sein Flehen.*

Aus den Wäldern ringsum, wo die künftige Pastoralsinfonie unter den Oktoberregen schlummert, antwortet auf den Hilferuf des Testaments der geheimnisvolle Hörnerklang der Eroica ... Der Geldschein, der sich wie Löschpapier anfühlte, steif und warm, schien in seiner pulsierenden Hand zu schwellen. Eine Brücke schob das Kassengitter beiseite, verlief quer durch die Wände, verlängerte sich bis hin zu der, die da wartete – er konnte sie nicht anders denken als wartend – im Halbschatten ihres Eßzimmers, wo die Schmuckteller hingen, und mit den trägen, so sehr ihr eigenen Bewegungen von den Schläfen zur Brust und von den Kniekehlen zum Nacken den Spitzenfächer bewegte, zwischen dessen Stäben ein Duft nach Sandelholz ausströmte, und ihn dann wieder im Schoß ruhen ließ. Die Frau in der Pause und ihre schamlose Geste, der dunkle Pelz über der schwitzenden Haut, die Stelle um Stelle tastend die Kühle der Metallstangen suchenden Schultern hatten ihn erregt. Aber noch konnte der hastige Besucher zurückkommen und sein Teil an dem mit der Freigebigkeit eines großen Herrn auf den Marmor geworfenen Geldschein zurückverlangen. Die Biographie, die aufgeschlagen vor ihm lag, hatte ihn zudem gelehrt, Fürsten und großen Herren zu mißtrauen. Mit einer resignierten Gebärde, sehr verschieden von der, die nach der langen Vorbereitung und sehnsüchtigen Erwartung eigentlich ein Ausdruck des Jubels hätte sein müssen, lüftete er den Damastvorhang, der ihn vom Saal trennte, wo die Musiker durch die lautlose Stille in Angriffsstellung erstarrt waren. *Sinfonia Eroica, composta per festeggiare il sovvenire di un grand' Uomo.* Zwei kurze Akkorde erklangen, und unter einem Schauer von Trillern spielten die Violoncelli ein Trompetenthema. *Es gibt drei Fassungen dieses Anfangs in den von Nottebohm gesammelten Aufzeichnungen,* stand in dem Buch. Aber das Buch wurde mit einem kräftigen Schlag zugeklappt. Der Leser atmete den in das menschenleere Vestibül strömenden Geruch nach Erde, nach Blättern, nach Humus ein, der ihn an die Hinterhöfe seines Dorfes nach einem Regen erinnerte, wenn die Dauben in den Wasserträgen anzogen und sich die Enten vergnügt im trüben Wasser tummelten. So roch es auch – nach sommerlichen Regenschauern – in dem Geräteschuppen, wo er viele Male auf einem unbenützten Brutkasten gestanden und, durch ein Mauerloch spähend, dem Bad der Witwe, dieser in Trauer ohne Ende hart gewordenen Frau, zugesehen, ihren Körper betrachtet hatte, der noch so glatt war unter dem Seifenschaum, der von ihrem Leib langsam in milchigen Bahnen über die Schenkel hinab auf die Beine glitt, die von den Knien abwärts plötzlich die Beine einer alten Frau wurden. Er hatte das Geheimnis dieser straffen Brüste gekannt, dieser geschwungenen, noch immer wie für Männerarme geschaffenen Taille zwischen der zänkisch schrillen, beim Unterricht der Kinder aus der Nachbarschaft ausgeleierten Stimme und den im immer gleichen Alltagstrott fleischlos gewordenen Fesseln. Die Erinnerung an diese Frau, die ihm vor nicht allzu langer Zeit das Notenlesen beigebracht hatte, während er den Takt schlug und sich dabei das unter den immer wieder schwarz gefärbten Kleidern Verborgene aufzählte, gewann schließlich, im Verein mit den aufreizenden Vorfällen heute nacht, die Oberhand über seine Skrupel. Niemand hier konnte sich rühmen, sich mit größerer Demut als er nach wochenlangem Studium vor der aufgeschlagenen Partitur und alten, aber im Ton noch guten Schallplatten der Sinfonie genähert zu haben. Dieser erst jüngst berühmt gewordene Dirigent konnte sie nicht besser dirigieren als der hervorragende Spezialist auf der Schallplatte, derselbe, der, als Student noch, eine damals neunzigjährige Chorsängerin aus der Uraufführung der »Neunten« kennengelernt hatte. Er konnte es sich leisten, dem in diesem Konzert Gebotenen nicht zuzuhören, ohne sich deshalb am Andenken des Genies zu versündigen. »Buchstabe E«, sagte er, als er den Einsatz zu einer zarten Phrase für Flöten und erste Geigen vernahm. Und rannte in großen Sprüngen die Treppe hinunter, ließ sich ansprühen vom Regen, der von den schweren, schmiedeeisernen Straßenlaternen abprallte. Selbst der Wollgeruch seiner durchnäßten Kleider wurde ihm plötzlich zu etwas Lustvollem, Intimem, Komplizenhaftem in dem Gefühl, diesen Geldschein zu besitzen, der ihn für eine ganze Nacht zum Herrn des Hauses ohne Uhren – und der gegen alles Klopfen und Rufen verschlossenen Türen – machen würde. Und wenn sie gemeinsam erwachten und dem Gezwitscher der Kanarienvögel zuhörten, käme noch das letzte Geschäker in der Küche, die mit dem sandelholzduftenden Fächer unter den Frühstückstöpfen angefachte Glut und der Geschmack der frischen kleinen Brötchen, die frühmorgens durch den Briefkasten hereingeschoben wurden, wo die Sonne, die über die federgeschmückte Indianerin vor der gegenüberliegenden Bäckerei auf das Haus fiel, sie warmhalten würde.

(... dieses Schlagen, inwendig, wie mit Ellenbogen, das mich zersprengt; dieser gurgelnde Bauch, dieses unter eisigen Stichen aussetzende Herz; dumpfe Schläge, aus der Mitte aufsteigend, entladen sich in meinen Schläfen, in meinen Armen und Schenkeln; ich atme in Krämpfen; der Mund genügt nicht, die Nase genügt nicht; die Luft kommt in kurzen Schüben, füllt mich, staut sich, erstickt mich; strömt in trockenen Stößen aus und läßt mich ausgepreßt, eingefallen, leer zurück; dann das Aufbäumen der Knochen, das Knirschen, der Satz nach oben; über mir, an mir aufgehängt sein, bis das Herz mit einem eisigen Schlag kippt und die Rippen freigibt, um gleich darauf unter der Brust in mich hineinzuschlagen; dieses trockene Schluchzen verbeißen; dann atmen und Atmen denken; auf die eingeatmete Luft pressen; nach oben öffnen; pressen jetzt; langsamer: eins, zwei, eins, zwei, eins, zwei ... Wieder das Hämmern; es schlägt gegen die Rippen, nach unten, schlägt durch alle Adern; ich schlage, was mich trägt; der Boden schlägt mit mir; die Rückenlehne schlägt, der Sitz schlägt mit einem dumpfen Ruck bei jedem Schlag; die ganze Reihe durch muß das Schlagen zu spüren sein; gleich wird die Frau neben mir, die den Fuchs hochhebt, mich anschauen; der Mann weiter drüben wird mich anschauen; alle werden mich anschauen; wieder diese Stauung in der Brust; diesen Mundvoll Luft ausatmen, die mir die Backen bläht, die ich zurückhalte. In den Nacken getroffen, dreht der Mann vor mir sich um, blickt mich an; sieht, wie mir der Schweiß von den Haaren rinnt; ich bin aufgefallen; alle werden mich anschauen; auf der Bühne plötzlich ein Getöse, alle wenden sich dem Getöse zu. Nicht auf diesen Hals sehen; er hat Pickelnarben; der ausgerechnet mußte hier sein, der einzige im ganzen Parkett, und mir so nahe vor Augen halten, was ich nicht ansehen darf, was ein Zeichen sein kann; dem die Augen auszuweichen, höher zu schauen, tiefer zu schauen versuchen, bis sie mir übergehen und verschwimmen; die Zähne zusammenbeißen, die Fäuste ballen, den Bauch zur Ruhe bringen – den Bauch zur Ruhe bringen –, dieses Auf und Ab in den Eingeweiden anhalten, dieses Zerspringen der Nieren, das mir den Schweiß auf die Brust treibt; ein Stich und noch einer; ein Ansturm und noch einer; mich gegen mich selber pressen, gegen diesen Erdrutsch im Innern, dieses Aufwallende, mich Überschwemmende, mich Zerreißende; mich zusammenziehen über dem, was bohrt und brennt, in der Unbeweglichkeit, zu der ich verurteilt bin, hier, wo mein Kopf mit den Köpfen auf gleicher Höhe bleiben muß. Ich glaube an Gott, den Allmächtigen, den Schöpfer des Himmels und der Erde, und an Jesus Christus, seinen eingeborenen Sohn, empfangen durch den Heiligen Geist und geboren von der Jungfrau Maria, gelitten unter Pontius Pilatus, gekreuzigt, gestorben und begraben, abgestiegen zu der Hölle, am dritten Tage wieder auferstanden von den Toten . . . Ich kann nicht mehr lange kämpfen; ich zittre vor Hitze und vor Kälte; wenn ich meine Handgelenke umklammere, spüre ich sie zucken wie die frisch geschlachteten Hühner, die sie auf den Küchenboden werfen; die Beine überschlagen – noch schlimmer; als ob sich der übergeschlagene Schenkel in meinen Bauch hinein ergösse; alles sackt ab, dreht sich um, siedet, jagt Schaum auf, der in mir tobt, an den Seiten herabfällt und sich quer durch den Leib bohrt; das Kollern in meinem Bauch: die anderen werden es hören, werden sich umdrehen, wenn das Orchester leiser spielt; ich glaube an Gott, den Allmächtigen, den Schöpfer des Himmels und der Erde; ich glaube, ich glaube, ich glaube. Etwas beruhigt sich mit einem Mal. »Es geht mir besser, es geht mir besser, es geht mir besser«; etwas so lange wiederholen, sagen sie, bis man es glaubt . . . Was kochte, scheint sich zu beruhigen, zurückzugehen, irgendwo stillzuhalten; sicherlich kommt das von der Haltung; sie beibehalten, sich nicht bewegen, die Arme kreuzen; die Frau macht eine ungeduldige Geste, macht ihren Fuchs zur Grenzwehr; ihre Handtasche rutscht, fällt zu Boden; alle drehen sich um; sie bückt sich nicht, um sie aufzuheben; alle werden glauben, ich bin der, der den Lärm gemacht hat; die von vorne schauen mich an; die hinter mir schauen mich an; sicher sehen sie, daß ich gelb bin, daß meine Backen eingefallen sind; mein Bart ist in den letzten Stunden gewachsen; er sticht in meine Handflächen; ich komme ihnen sonderbar vor, diese Rockschultern, durchnäßt vom Schweiß, der mir jetzt wieder von den Haaren tropft, langsam über meine Backen, meine Nase rinnt; außerdem sind meine Kleider nicht danach, sich unter all diesem Luxus blicken zu lassen: »Verlassen Sie diesen Raum«, werden sie sagen, »Sie sind krank, Sie riechen schlecht«; wieder ein großes Getöse auf der Bühne, alle wenden sich dem Getöse zu ... Ich muß achtgeben, daß ich mich nicht bewege; alle Kraft zusammennehmen, damit ich mich nicht rühre; keine Aufmerksamkeit erregen; nur um Gottes Willen nicht auffallen; ich bin rings von Leuten umgeben, von ihren Körpern geschützt, zwischen ihren Körpern verborgen; ein Körper, unter viele Körper gemischt; immer zwischen den Körpern bleiben; nachher mit ihnen zusammen hinausgehen, langsam, durch die Tür, durch die die meisten Leute gehen; mir ein Programm vors Gesicht halten wie ein Kurzsichtiger beim Lesen; am besten, wenn viele Frauen da sind; umringt sein, eingekreist, zugedeckt ... Wie diese Instrumente mir in die Eingeweide schlagen, jetzt, wo es mir besser geht; der, der da auf seine Pauke haut: mit jedem Schlag schlägt er mir in die Brust; die Stimmen weiter oben, die aus den schwarzen Röhren kommen, gellen zu mir herüber; die Geigen, als ob sie die Saiten zersägten, reißen, knirschen in meinen Nerven; es wird immer lauter, noch lauter, tut mir weh; da, zwei dröhnende Keulenschläge; noch einer, dann alle Stimmen zusammen; aber es ist aus; jetzt klatschen ... Alle drehen sich um, schauen mich an, zischen, legen den Finger auf die Lippen; nur ich allein habe geklatscht; nur ich allein; von allen Seiten schauen sie mich an; von den Logen, aus dem Parkett; als ob das ganze Theater über mich herfallen wollte; »Dummkopf«! Auch die Frau mit dem Fuchspelz sagt »Dummkopf« zu dem Mann weiter drüben; alle wiederholen sie »Dummkopf, Dummkopf, Dummkopf!« alle reden sie über mich, alle zeigen sie mit dem Finger auf mich; ich spüre, wie ihre Finger sich in meinen Nacken bohren, in meinen Rücken; ich habe nicht gewußt, daß Klatschen hier verboten ist; sie werden den Logenschließer rufen: »Werfen Sie ihn hinaus, er ist krank, er riecht schlecht; sehen Sie nur, wie er schwitzt ...« Das Orchester spielt wieder; etwas Ernstes, Trauriges, Langsames. Und jetzt das sonderbare, unfaßliche, unerklärliche Gefühl: ich kenne das doch, was sie spielen. Ich begreife nicht, wie ich das kennen kann; ich habe nie so ein Orchester gehört, und ich verstehe nichts von Musik, der man zuhört – wie der mit den geschlossenen Augen, wie die zwei, die sich an den Händen halten –, als ob man etwas Heiligem beiwohnte; aber beinahe könnte ich die Melodie, die sie jetzt spielen, mitsummen und den Takt angeben bei diesem Anhalten, dann einen Fuß vor und noch einen, langsam, wie beim Gehen, diesem Hineingehen in etwas, wo zuerst dieser herbe Gesang vorherrscht, dann die Flöte und danach diese gewaltigen Schläge, als wäre alles zu Ende und müßte neu beginnen. »Wie schön ist dieser Trauermarsch«, sagt die Frau mit dem Fuchs zu dem Mann weiter drüben. Ich habe keine Ahnung von Trauermärschen; und ein Trauermarsch kann nicht schön sein und auch nicht angenehm; vielleicht habe ich einmal, neben der Schuhmacherei, einen gehört, als sie den schwarzen Kriegsveteranen beerdigten und die Kapelle neben der Artillerieprotze hermarschierte und der Regimentstambour rückwärts ging; und da ziehen sie sich an und machen sich schön und holen ihre Juwelen heraus, um Trauermärsche anzuhören? ... Aber jetzt erinnere ich mich, ja, ich weiß es wieder, ich weiß es. Tagelang habe ich diesen Trauermarsch gehört, ohne zu wissen, daß es ein Trauermarsch war; Tage und Tage war er neben mir und überall um mich, ging mir im Traum nach, lag mir im Ohr, wenn ich nicht schlafen konnte, war in allen meinen Ängsten zugegen; Tag für Tag flog er wie ein Schatten schlimmer Vorbedeutung über mich hin, hat auf die Luft gewirkt, die ich einatmete, auf meinen Körper gedrückt, als ich an der Mauer hinstürzte und alles Wasser erbrach, das ich getrunken hatte. Das konnte kein Zufall sein; das war im Haus nebenan gewesen, weil Gott es so wollte; nicht Menschenhände hatten diese Musik für einen Leichenzug mit gedämpften Trommeln und verschleierten Gestalten dort, so in meiner Nähe, spielen lassen; es war Gott im *Nachher*, wie im nicht angestecken Holz das Feuer ist, ehe es Feuer wird. Gott, der nicht verzeiht, der meine Gebete nicht wollte, der sich von mir abgewandt hat, als ich die Worte sprach, die ich aus dem Buch mit dem Kalatravakreuz gelernt habe; Gott war es, der mich auf die Straße geworfen und einen Hund auf den Trümmern hatte bellen lassen; Gott, der den Hals mit den schrecklichen Pickelnarben so nahe vor mein Gesicht setzte; den Hals, den man nicht ansehen darf. Und jetzt ist er verkörpert in den Instrumenten, die er mich heute Nacht, geleitet von den Donnern seines Zorns, zu hören gezwungen hat. Ich erscheine vor dem Herrn, der sich in einem Gesang offenbart, wie er sich in einem brennenden Dornbusch offenbaren konnte: wie ich, erleuchtet und geblendet, ihn wahrgenommen habe in der Glut, die die Alte an ihr Gesicht hob. Jetzt weiß ich, daß kein Sünder je so beobachtet, so sehr aufs Korn des göttlichen Blicks genommen wurde wie der, der in Gefangenschaft fiel, in die schlimmste Falle, dahin vom unerbittlichen Willen gebracht, wo eine Sprache ohne Worte ihm jetzt die jüngst vergangene Zeit als Sühnopfer auslegt. Die Rollen sind verteilt in diesem Theater, und das Ende des Spiels ist im *Nachher* festgelegt – *hoc erat in votis* –, wie die Asche im brennenden Holz ... Nicht diesen Hals ansehen; nicht hinsehen; auf einen Punkt am Boden starren; auf einen Fleck im Teppich; auf das Tamburin, das oben auf der Bühnenumrandung abgebildet ist; Gott Vater, Schöpfer des Himmels, erbarme dich meiner; ich habe dich nicht vergeblich angerufen; du weißt, daß ich deiner gedacht habe; in meinen Klagen vertraue ich noch auf dein Erbarmen, vertraue ich noch auf dein unendliches Erbarmen; ich war zu weit von dir entfernt, aber hat nicht oft eine Sekunde der Reue – die Sekunde, in der dein Namen genannt wird – genügt, um einen Wink von deiner Hand zu erwirken, der die Qualen stillt, der die Meute verwirrt? ... Der Trauermarsch hat geendet, plötzlich, wie jemand, der eine Bitte, ein Flehen entgegengenommen und mit einem einfachen Ja geantwortet hat, das alle weiteren Worte überflüssig macht. Und das war, als ich sagte, daß ich auf sein Erbarmen vertraue. Stille. Zeit der Besinnung, der Ruhe. Eine Stille, die der Dirigent, den Kopf gesenkt, die Arme herabhängend, noch ausdehnt, damit etwas von dem Abgelaufenen überdauere. Schon pochen meine Adern nicht mehr so, das Atmen schmerzt nicht mehr. Diesmal habe ich zum Glück nicht geklatscht... »Ich bin gespannt auf das...« (was?), sagt die Frau im Fuchs, ohne auch nur auf das Programm zu schauen. Ein Wort, das ich nicht richtig verstanden habe. Jetzt begreife ich, warum die in der Reihe nicht auf ihre Programme schauen; begreife, warum sie zwischen den einzelnen Stücken nicht klatschen: die Stücke müssen in einer bestimmten Ordnung gespielt werden, wie in der Messe das Credo auf das Evangelium und das Offertorium auf das Credo folgt; jetzt kommt so etwas wie ein Tanz, danach die fröhliche, hüpfende Musik, wo am Schluß Trompeten geblasen werden, so groß wie die, welche die Engel auf der Orgel der Kathedrale meiner Erstkommunion an den Mund gesetzt halten; fünfzehn, vielleicht zwanzig Minuten lang; dann werden alle klatschen, und alle Lichter werden angehen. Alle Lichter.

Das Haus war noch warm von einer Anwesenheit, an dem zerwühlten Bett und den rings umher verstreuten Kippen von Maispapier-Zigaretten waren die Spuren abzulesen. »Warte«, sagte sie und ging die Leintücher wechseln und die Kissen aufschütteln. (Die schlafenden Kanarienvögel in den Käfigen, der Geruch nach Federn, Vogelfutter, Brotkrumen . . . Der Hund, der schläfrig die Schnauze vorstreckt, gewöhnt, nicht zu bellen. Der Feuchtigkeitsfleck an der Wand, der an eine verwischte Landkarte erinnert. Oben die dunkelroten Deckenbalken, Nachahmung der Mahagoniimitation in den Provinzsalons. Der Wasserzuber, während des Regens im Patio aufgestellt für die morgige Haarwäsche. Und zur Hand die rosafarbene Karbolseife.) Und da war dieses Parfum, das er jedesmal mit Wonne wiederentdeckte, wenn er es schon vergessen hatte, weil sein Geruchssinn es automatisch mit einer Vorstellung von Nacktheit in Erwartung verband. »Konditionierter Reflex«, sagte er sich, während er wie jedesmal feststellte, daß von dem Augenblick an, wo er an die Tür klopfte, Gedanken, Empfindungen und Handlungen in ebenso unabänderlicher Ordnung aufeinander folgten, wie es das letztemal gewesen war und das nächste Mal sein würde. Das *Heute* wiederholte sich in einem Begehren ohne Datum – es konnte das gestrige, es konnte ebensogut das morgige *Heute* sein –, das mit den gleichen Worten über die Schmuckteller im Eßzimmer wiedererstand, oder wenn er sagte, wie hübsch das Kätzchen, wie es in seinem Korb schläft, mit dem Glöckchen am Hals. Immer wurde die Unterhaltung auf die gleiche Weise eröffnet: er sei in letzter Zeit nicht gekommen, weil sein Studium ihn so mit Beschlag belegte; sie gehe nie aus, sei auch nicht verliebt. Sie hatte eine Lampe gesehen, hier gleich um die Ecke, und er versprach sie ihr mitzubringen, wenn er das nächste Mal kam. (Oder es war eine Schachtel Turrón, ein gesticktes Kissen ...) Sie lachte, glaubte nicht recht an sein Anerbieten, setzte sich dann eine Weile auf seine Knie, und sobald sie aufstand, um das Licht auf dem Nachttisch anzuzünden und über das Muttergottesbild ein Tuch zu werfen, erstarb das Gespräch. Diesmal aber mußte irgend etwas vorgefallen sein. »Beinahe hättest du mich nicht angetroffen. Seit Tagen kommen sie und drohen mir; daß sie mich aus dem Viertel jagen werden, daß sie mich ins Frauengefängnis bringen werden. Und ich bin doch eine anständige Person.« Er betastete sie mit gierigen Händen, streichelte die laue Wärme ihrer Kniekehlen. »Ich bleibe die ganze Nacht«, flüsterte er ihr ins Ohr, damit das Haus abgeschlossen würde. Aber er fand sie sonderbar leblos, schlaff, ganz in ihren Gedanken befangen. »Ich gehe aber nicht ins Frauengefängnis; ich will nicht aus dem Viertel weg; hier weiß jeder, daß ich eine anständige Person bin.« Sie schien dem Vorfall etwas verstörend Schwerwiegendes beizumessen. In seiner Ungeduld, ihr Selbstgespräch zu beenden, versuchte er den Vorfall zu verharmlosen durch ein ganzes Gebärdenspiel des Achselzuckens, an die Adresse derer gerichtet, die ihr gedroht hatten. »Eine Inquisition; eine wahre Inquisition betreiben die jetzt.« Sie redete im Kreise, kam auf das Frauengefängnis zurück, den Umzug, auf die Inquisition, als sei sie unfähig, an etwas anderes zu denken. Bei jeder Wiederholung bauschten sich die Drohungen in ihren Worten auf, bis sie zu den Stationen der reinsten Höllenwanderung wurden. Sie baute sich zur einzigen Bedrohten auf, zum Opfer einer Verfolgung, zur Märtyrerin einer dunklen Machenschaft; es lag in dieser Überhöhung ihrer Leiden eine Art leidenschaftliches Verlangen, sich der erlittenen Demütigung wegen zu bemitleiden. »Jetzt wollen sie auch noch wissen, mit wem man Leben sucht.« Bei dem ungewöhnlichen Ausdruck fielen ihm plötzlich die Dächer und Tore seines Dorfes ein, das in den Felsen lag. Dort oben, wo die Drachenblutbäume im Wind knarrten, wo fleischige Blätter, schädliche Orchideen, scharfkantige und stachelige Pflanzen sich zu einem einzigen feuchten Gewirr verstrickten, das von Sonnenaufgang bis Sonnenuntergang den Tau bewahrte, pflegten nachts die Wolfshündinnen, Abkömmlinge von Hunden, die sich irgendwann, vielleicht vor Jahrhunderten, von einer sklavenhetzenden Meute abgesondert hatten, die Schnauzen zwischen den Felsenzacken hervorzustrekken. Und der Ruf aus diesen über dem geilen Fleisch aufgerichteten und die Hitze verkündenden Schnauzen war so gewaltig, daß die Hunde im Dorf winselnd die Köpfe hoben, ohne sich doch über die Grenze des Hofs hinauszuwagen. Da liefen die vom Warten wütenden Tiere bis an den Rand der Dörfer hinunter und verströmten ihren Geruch im Wind, damit die Hunde kamen und unter Zerren und Bissen und Steinwürfen sie aufrissen und in sie eindrangen, und flohen erst in der Frühe in ihre Höhlen im Gebirge zurück, um dort zu gebären. »Sie kommen Leben suchen«, sagten die Dorfjungen, wenn sie das Gebell der liebesdurstigen Hündinnen hörten, die ganz in der Nähe vor den ersten

Lichtern auf dem Weg hechelten und ihre Zitzen in den Staub gruben. »Sie kommen Leben suchen.« »Und jetzt«, sagte sie, »wollen sie auch noch wissen, mit wem man Leben sucht.« Er küßte sie voll Ungeduld, fand aber nicht diese Nachgiebigkeit, dieses ihr instinktive Anschmiegen des Fleisches an die Härte des Mannes. »Jetzt«, fuhr sie fort, »wollen sie wissen, wo der hingegangen ist, der hier wegging; ob er vielleicht in das Café am Markt geht und dort seinen Wein mit Ei trinkt.« Er faßte sie fest um die Mitte und sah auf das frisch gemachte Bett. »Die reinste Inquisition«, sagte sie, immer emphatischer, und legte den ganzen Nachdruck auf dieses eine Wort, das ihr nach Verhören, nach Kerkerverliesen, Ketten und Foltern für Gerechte schmekken mußte, weil sie das Ketzergericht vermutlich mit irgendeiner heidnischen Christenverfolgung verwechselte. Vielleicht hatte sie Ähnliches in einer Kollektion von Gebeten gesehen, wie die Rosenkranzverkäufer sie an den Fenstern von Klöstern und unbewohnten Häusern ausstellen. Da hingen an dem Schmiedeeisen, wie von Kerkergittern umrahmt, die schmerzensreichen Marien, von Dolchen durchbohrt, die heilige Eulalia ohne Brüste, da bot die heilige Lucia ihre Augen in einem Trinkgefäß dar, wurde die heilige Rosa von einem schwefelatmenden Hund verfolgt und verbrannte in den Flammen ihrer Begierden die Einsame Seele mit umschnürten Handgelenken in einem Höllenverlies. Geißelungen und Gliederausreißen, Vierteilungen und Verschlungenwerden von wilden Tieren waren auf den bunten Lithographien und Stichen dargestellt, dazu der

Rost des heiligen Laurentius und das Sankt-Andreas-Kreuz. Für sie mußte dieses sooft wiederholte Wort Inquisition eine fürchterliche, mysteriöse Bedeutung haben und eben deshalb die Leiden ansehnlicher machen, die ihr von den Drohenden widerfahren waren – sicherlich Polizisten auf der Suche nach Informationen über jemanden, der sie häufig besuchte. Und weil sie sich schon ohne ein Haus dachte, wo sie ihren Hund, ihre weiße Katze und ihre Kanarienvögel unterbringen konnte, weil sie sich schon den letzten Ausläufern des Hafens entlang zum Frauengefängnis unterwegs und auf der Straße, zwischen Kielen gestrandeter Schiffe, verrostetem Eisenzeug und zerklüfteten Kohlebergen die Finger der Leute auf sich gerichtet sah, mußte sie sich sauberer, reiner, viel mehr mit der eins fühlen, die alljährlich während der Karwoche das Haus gegen jede Aufforderung verschloß und, reichlich Almosen austeilend und Kerzen anzündend, von einem Altar zum anderen ging. »Eine Inquisition«, wiederholte sie und strich sich geistesabwesend über das Haar. »Kauf etwas zu trinken«, sagte er, des Gejammers überdrüssig, und gab ihr den Geldschein, der ihm die Finger wärmte. »Und bestell Brötchen zum Frühstück«, fügte er hinzu, als er sie mit einem Regenmantel über dem kurzen Rock zurückkommen sah. »Er ist falsch«, sagte sie und reichte ihm den Schein zurück. »Er ist falsch. Die Scheine, auf denen der General so verschlafen aussieht, sind falsch ...« – »Falsch?« wiederholte der Mann hilflos und betrachtete prüfend das Stück Papier, dessen schwarzgrüne Ziffern mit einemmal jegliche Macht eingebüßt hatten. »Falsch? . . .« Er kauerte sich im Sessel zusammen wie in Erwartung einer Gnade und tastete nach den spärlichen Münzen in seiner Rocktasche. Nicht umsonst hatte der hastige Konzertbesucher diesen Schein zwischen den Gitterstäben der Kasse durchgeworfen: die Gebärde der Freigebigkeit war eine Gebärde des Betrugs gewesen. »Ich hab nicht mehr«, sagte er, und seine ganze Erwartung lag in seiner Stimme. »Vielleicht ein andermal«, murmelte sie und machte eine leichte Bewegung zur Tür hin, »heute Nacht bin ich wirklich zu müde.« Er klammerte sich an die, die ihn in die Einsamkeit und zornige Enttäuschung hinausstieß, küßte den Nacken, die Arme, die Schultern eines leblosen Wesens, das ihm nun den Mund bot, solange er wollte, damit er sich desto gefügiger auf die Straße schieben ließ. »Paß auf, daß du nicht naß wirst«, rief sie noch, weil der Regen stärker geworden war. Der Mann rannte in verbissenem Lauf bis an den Unterstand am Markt, wo die Truthähne über ihrem Unrat die zerfledderten Köpfe aus den Käfigen streckten. Der Geruch nach Stall, nach Hühnern, dazwischen ein Duft nach Gemüsegarten und Geackertem versetzte ihn, während er wie unter Zwang die Augen schloß, in die Gegend der Großen Schlucht, durch deren Flußbett zwischen dem dichten Schilfbewuchs er so oft seinen Weg genommen hatte, um den unsichtbaren Mann zu spielen. Gleich vom Hause aus ging er im Flußbett, Lachen und Schlammstellen ausweichend – wahrhaftig unsichtbar – durch die ganze Gegend; er kannte die bei Sonnenuntergang verlassenen Küchen, die ersten

Fledermäuse über den Töpfen, die zum Kochen auf dem Feuer standen; schnappte heimlich im Schatten der Tiergehege geführte Gespräche auf; hörte in der Sakristei die Wiener Schaukelstühle knarren, die Klatschgeschichten der zum Rosenkranz versammelten alten Frauen, während der Palmenkletterer Lämpchen für Heilige anzündete, die keine Kirchenheilige waren, und Lotteriescheine unter die Klinge eines Messers legte, dessen Griff einen Hahnenkopf mit korallenrotem Kamm darstellte. Hinter dem Schuppen des Schmieds, dessen Lieder sich immer auf unanständige Wörter reimten, stand der Stamm, der einer Liebelei zwischen Kindern als geheimer Briefkasten diente: eine Höhle im Holz, darin die Ameisen, eine Larve oder einen Halm Haferstroh schleppend, unter den Briefumschlägen durchkrochen. Gedichte, mit dem Bleistift abgeschrieben, waren durch diese Höhle gegangen, aufgeschriebene Schwüre, die Haarlocke und auch der lange Karamellutscher in Papierstreifen, so bunt wie das Wahrzeichen eines Barbierladens und mit niedergeschlagenen Augen gekauft bei jemand, der die Wahrheit hätte erraten und über das so ernst Gemeinte spotten können. Aber mit einem Mal war das Mädchen gewachsen, schienen ihre Glieder sich zwischen einer Verabredung und der nächsten zu strecken, war sie jedesmal schmalwangiger und aufgeschossener, fast riesenhaft unter den Kleinen. Eines Tages weigerte sie sich, sich wie früher in einer Höhle am Flußbett zu verstecken, um Flöten zu machen aus den rosa Kernen eines Pinienzapfens und sie von Mund zu Mund gehen zu lassen auf der Suche nach dem besten Ton. Er war schüchtern geworden ihr gegenüber, die nun seine Welt verließ und sich bücken mußte, damit ihr Kopf nicht über die Felder aufragte, wenn sie das stehende Wasser entlanggingen. Ihre Hüften rundeten sich, die Blusen spannten ihr, und sie ließ nicht mehr zu, daß man ihr wie früher die Achseln beschnupperte, damit man nachher »Ferkel« sagen und ihr mit gekrauster Nase den Beweis liefern konnte, daß sie nach Schweiß rochen. Eines Nachmittags brachte der Karren, der immer zum Bahnhof fuhr, ein nachgebautes Piano, auf dem die ewig trauernde Witwe sie lehrte, den Alexanderwalzer nach dem Gehör zu spielen. Dann fingen die Kaffeekränzchen an, das Gedicht-Deklamieren und das Bummeln der Mädchen auf der Hauptstraße, eng um die Taille gefaßt, in vertraulichem Getuschel. Damals war es gewesen und aus Erbitterung, daß er ein glänzendes Instrument spielen lernen wollte, damit er in die Kapelle der Bezirkshauptstadt aufgenommen würde, denn bei deren Abendmusiken wurde den Klapphorn- und Klarinettesolisten applaudiert und ihre Namen waren zu größerer Berühmtheit auf dem Notenpult angeschlagen ... Das Zurückdenken an die verlorene Unschuld erbitterte ihn vollends gegen die Frau, die ihn eben aus dem Hause geworfen hatte. Da sollte einer glauben, solche Frauen könnten Freundinnen sein, wo sie doch nichts waren, als das, was sie eben waren: Dirnen mit Vornamen, Kehricht mit Nachnamen. Das Buch schnitt ihn jetzt – der Einband, scharfkantig wie ein Vorwurf – in den Arm, in dem Gestank der Truthähne, der

Perlhühner, die Köpfe wie Aasgeier aus den Drahtgittern streckten. Eine grüne mit dem Absatz zertretene Banane schickte ihren Alaungeruch in die Nacht. *Sinfonia Eroica, composta per festeggiare il sovvenire di un grand' Uomo.* Dem Zorn folgte die Beschämung. Niemals würde er etwas erreichen noch aus der Dienstbotenkammer freikommen, weg von den zum Trocknen über den Spiegel gehängten Taschentüchern, dem zerrissenen, über dem großen Zeh mit Bindfaden zusammengebundenen Strumpf, solange das Bild einer Prostituierten genügte, ihn vom Wahren und Erhabenen abzulenken. Er öffnete den Band, dessen Seiten sich im Licht einer Neonlaterne bläulich färbten. *»Nach diesem großartigen Scherzo mit seinen Wirbeln und seinen Waffen, das Finale: Gesang der Freude und der Freiheit, mit seinen Festen und Tänzen, seinen jubelnden Märschen und seinem Lachen und dem reichen Rankenwerk seiner Variationen. Aber inmitten der Freude tritt noch einmal der Tod auf . . .* Noch war Zeit, etwas davon zu hören. Er hielt ein Mietauto an, und als er im Theater ankam, erklangen hinter dem roten Vorhang eben die ersten Takte des Schlußsatzes. Der Türschließer, der keine Konzertbesucher mehr abzufertigen hatte, saß auf dem Hocker und döste über der Kassenschublade. »Dauert es noch lange?« fragte er, verwundert, ihn zurückkommen zu sehen. »Ungefähr neun Minuten«, antwortete er und fügte, um mit seinem Wissen zu prunken, hinzu: »Gut dirigiert, darf das Werk nicht länger als sechsundvierzig Minuten dauern.« Als er aufblickte, sah er wieder, schattenhaft durch den Regen hindurch, das alte, verfallene Herrenhaus *del Mirador*, wo die Leute von der Totenwache sich abermals in dem Raum mit den brennenden Kerzen zusammenpferchen mußten. Er dachte an die Alte, die dort wohnte: er hatte sie, auf seinem Bett stehend, durch das Dachfenster beobachtet, hatte amüsiert zugesehen, wie sie mit einer grünen Kindergießkanne ihre Pflanzen begoß, vor zwei Wochen – genau zwei Wochen –, an seinem Geburtstag, als er sich mit dem kleinen, von seinem Vater überwiesenen Geldbetrag die stark abgespielten, aber im Ton noch guten Schallplatten der *Sinfonia Eroica* zum Geschenk gemacht hatte. Es hatte ihn gerührt, wie die Alte im weißen Kopftuch sich über ihre Blumentöpfe und Tiegel mit Rosmarin und Minze bückte. So waren die Negerinnen in seinem Dorf zwischen den Felsen, wenn sie ihre Begonien, sobald die Schatten länger wurden, stehenließen, um zum Abendgebet zu gehen, während im Wald die Wolfshündinnen ihr Geheul anstimmten in dem Verlangen, Leben zu suchen bei den hechelnden und verschreckten Wachhunden. Der Gedanke kam ihm, es könnte die Alte sein, die gestorben war. Aber nein: diese Negerinnen wurden hundert Jahre alt. Manche von ihnen waren noch mit Fußeisen an den Fesseln im Raumdeck eines Sklavenschiffes hergekommen. Wenn sie ihn auszahlten, wollte er sie besuchen gehen, obwohl er sie nicht kannte, und ihr ein paar von diesen altmodischen Kuchen bringen, die ein Gitarre spielender Konditor neben der Engelskirche verkaufte, auf dessen Tabletts über dem spitzenbesetzten Tortenpapier Zuckerguß-Kuchen, Heiligenknochen, Streuselschnitten, Meringen und Kapuziner auslagen, verziert mit grün und rot schillernden kandierten Früchten und gefüllt mit sämigen Füllungen, Granatäpfeln, die nach Minze, Granaten und Absinth schmeckten. Er mußte sie heute Nacht am Leben wissen, brauchte diese Gewißheit als einen Reinigungsritus. Als er sich vor zwei Wochen die Platten der Eroica gekauft hatte, um sich auf die Aufführung im Konzertsaal vorzubereiten, war ihm dieser Akt eines Bach würdig erschienen, der zu Fuß bis nach Lübeck gegangen war, um den Meister Buxtehude zu hören. Und als die große Nacht gekommen war, hatte er das erhabene Werk fahrenlassen um einer heißen Dirne willen. Er mußte die Alte heute Nacht am Leben wissen. Es war ihm ein solches Bedürfnis, daß er, sobald der Schlußsatz zu Ende war, zum Haus *del Mirador* laufen würde, um sich zu vergewissern, daß nicht sie es war, die dort aufgebahrt lag.

II

Aber dies hast du in deinem Herzen
verborgen, ich weiß, daß dir
dieses im Sinn war.

Hiob, 10, 13

Die Alte hatte sich, plötzlich verfallen, in ihr schmales eisernes Bett unter den Palmsonntagszweigen verkrochen und mit der fügsam-ergebenen Bewegung eines kranken Tiers gegen die Wand gekehrt. Am Ende jener langen Nacht, in der der Schutzbefohlene bei ihr gewacht hatte, ohne den Arzt rufen zu können – und schon gar nicht den seit langem verstorbenen Arzt, nach dem sie im Dunkeln, wenn ihr weinerliches Schnaufen in Rede überging, verlangte –, hatte die eigentliche Gefangenschaft begonnen. Bis dahin hatte er bei allem, was tagsüber kam und bei Nacht eintrat, nur im zweiten Zimmer zu bleiben und auf die Warnzeichen der Wendeltreppe zu horchen brauchen, wo die Schritte, allmählich lauter werdend, auf den Holzbohlen hallten. Es gab die Zeitschriften, die sich die Alte von der Modistin im Erdgeschoß auslieh; er profitierte von dem überreifen Obst, das der Straßenverkäufer billiger ausrief; sogar das Verlangen nach Kaffee und Likör, um den man glasweise schicken konnte, ließ sich bei sparsamem Gebrauch der letzten Geldstücke befriedigen – denn der in der Gürtelschnalle zusammengefaltete Geldschein durfte nicht eher gewechselt werden, als bis von der Geschäftsstelle Bescheid kam. Aber nachdem jetzt ein junger Arzt in aller Eile ein Rezept gekritzelt hatte – es waren viele Stufen für ein so geringfügiges Honorar –, brachten sie der Alten so gut wie nichts zu essen. Wenn man unter Essen versteht, was unter dem Zahn kracht, worin ein Löffel stehen bleibt, was sich zerlegen und schneiden und tüchtig kauen läßt, etwas Herzhaftes, Kräftiges, wie ein wachsender, schon fast unerträglicher Hunger es dem Geist des Hungrigen eingibt, der sein Mund geworden ist. Irgendwann kam die Nichte und brachte eine Flasche Milch oder einen kleinen, in Zeitungspapier eingeschlagenen Topf Fleischbrühe. Deshalb hatte er sich in den Aussichtsturm flüchten und die Tür, die zur Dachterrasse führte, hinter sich versperren müssen. Seit Leute heraufkamen, um die Alte zu besuchen, hatten viele versucht, diese Tür zu öffnen, um den Geruch nach Krankheit aus diesem schmalen Raum mit den von der Sonne aufgeheizten Fliesen zu vertreiben. »Sie weiß selber nicht, wo sie den Schlüssel hingetan hat«, sagte eine Männerstimme, jedesmal die selbe, und dann rüttelte es mehrmals an dem Türflügel, den er mit Pflöcken und gegen den Boden gestemmten Latten abgestützt hatte. Und so hatte er schon zwei Tage, ohne etwas zu essen, in seinem Versteck verbracht: in diesen vier hohen, entfärbten und durchwärmten Wänden, zwischen der Westminsteruhr ohne Pendel und Zeiger und dem Koffer mit den verrosteten Schlössern, auf dessen Deckel noch das Papier klebte, auf das er eines Tages eigenhändig mit dem in Tusche getauchten Rasierpinsel in dicken Lettern POR

EXPRESO geschrieben hatte. In ständiger Furcht, jemand könnte das wacklige Bettgestell ächzen hören, lag er Stunden und Stunden, die Pistole immer in Reichweite der Hand, auf dem Boden dieses verwahrlosten Belvedere eines heruntergekommenen Herrenhauses, ausgestreckt auf dem grauen, wie Grabsteine verwitterten Marmor, der sich im Vergleich zu den heißen Fliesen der Dachterrasse, auf die der zu niedrigen Brüstung wegen kein Schatten fiel, etwas von ursprünglicher Frische bewahrte. Wenigstens die Nächte waren jetzt nicht mehr so schrecklich wie die ersten, diese langsamen, endlosen Nächte, die er, auf dem Bauch unter dem offenen Fenster liegend, damit verbracht hatte, seinen Schlaf zu überwachen und sich selbst wieder aufzuwecken, sooft ihm die Augen zufielen, weil Schlaf und Tod in seiner Angst eins wurden. Die offenen Augen bewiesen ihm die Wirklichkeit eines Sterns oder des kreisenden Scheinwerfers des Leuchtturms, aber sie weiteten sich auch angstvoll, wenn plötzlich ein Insekt hinter der Tür zu rascheln begann, ein im Bettgestell nachgebender Draht ihm ins Ohr dröhnte, weil er sich unruhig herumwarf, oder wenn der Bodenwind den Ruß in den Ecken der Dachterrasse aufkehrte. Alles, was verstohlen, sonderbar, überraschend klang, war in diesen ersten Nächten eine ständige qualvolle Sühne gewesen. Aber kurz vor Tagesanbruch, wenn der Scheinwerfer des Leuchtturms müde zu werden schien, im Kreise zu blinken, kam eine Art Vergebung von oben auf ihn herab. Er hörte auf, sich zu überwachen, und schloß mit dem ersten Aufschimmern des Meeres die Lider, einer Möglichkeit hingegeben, die ihre gültigen Schrecken nicht verloren hatte, ihm aber merkwürdig entrückt, ja fast erstrebenswert vorkam, wäre doch im Nicht-mehr-Erwachen alles gelöst und die Furcht vor allen körperlichen Leiden gewichen. Denn physischer Schmerz war ihm etwas Unannehmbares. So unannehmbar, daß er sich eben deshalb, weil er Schmerz nicht ertrug – und nicht nur das Stechende eines wirklichen Schmerzes, sondern selbst die Vorstellung von diesem Stechenden –, jetzt in dieser grauenhaften Lage befand und das Ergebnis abwarten mußte, zu dem die Geschäftsstelle kommen würde. Aus diesen ersten Nächten war ihm die Gewohnheit geblieben, erst früh morgens einzuschlafen, da er ja auch den Tag über im Aussichtsturm bleiben mußte, um zu vermeiden, daß er vom höheren Flachdach des modernen Gebäudes aus gesehen wurde, diesem Treffplatz der Wäscherinnen und Tummelplatz der Kinder – die Kinder waren die größte Gefahr –, das der seit langem in Mietwohnungen umgewandelten Kolonialvilla eine breite, fensterlose Wand zukehrte, mit sinnlosen Malereien in Rot, Grün und Schwarz bemalt, die ihn an Signalscheiben und Warnzeichen einer Eisenbahn erinnerten, mochten auch in der Universität ein paar – von seiner Bande verachtete – Studenten behaupten, diese Hieroglyphen heroischen Ausmaßes entsprächen einem neuen Konzept von Dekoration. Wenn es Nacht wurde, die Alte mit der Näherin von unten den Rosenkranz gebetet und sich danach mit ostentativem Gähnen verabschiedet hatte, damit alle wüßten, sie werde nun zu

Bett gehen, schlich er zur Tür, räumte die Stützen zur Seite und fand im zweiten Zimmer, was die Alte ihm an Geschmortem oder dick und kräftig Eingekochtem hatte auftischen können, dazu die Morgenzeitungen, die er gierig nach irgendeiner Nachricht durchforschte, die vielleicht mit seinem Schicksal in Zusammenhang stand. Oft war die interessanteste Seite nur noch die Umrandung von Schultern und Ärmeln, als Schnittmuster ausgerädert für die Schülerinnen der »Akademie für Zuschneiden und Nähen« – so nannte die Näherin das Zimmer mit den Schneiderpuppen und den rotsamtenen stacheligen Nadelkissen –, wo sie anderen beibrachte, wie einfache Röcke und Blusen gemacht werden. Aber auch was im Übriggebliebenen über die Ereignisse der draußen Lebenden Auskunft gab, interessierte ihn so, daß er alles darüber vergaß und selbst unbedeutende Nachrichten – solche zum Beispiel über Leute, die auf Reisen gegangen waren – mehrmals las, bis zur Stunde, da – die Alte schlief längst – an den Kinoeingängen die Lichter erloschen, sich die Straßen leerten und das anhaltende Weinen eines Kindes ein sicheres Anzeichen für den tiefen Schlaf rings um seine Wiege war. Dann konnte er über den Straßenlaternen, die ihn im Dunkeln ließen, die ganze Dachterrasse abschreiten und hinuntersehen auf die dürftigen Arekapalmen und Blumen in den Patios, wo unter dem Torbogen einer ehemaligen Remise beim Aufflammen eines Streichholzes plötzlich eine Frau sichtbar wurde, die sich die Brust fächelte, oder ein asthmatischer, den Rauch von Arabienpapier inhalierender alter Mann.

Ein Stück weiter war der Hinterhof einer Sattlerei, wo als staubige Reliquie ein Phaeton mit seinen Kerzenlaternen aufbewahrt wurde, über dessen Wachstuchpolstern ein paar halbgegerbte Lederstücke wie Abfälle aus dem Schlachthaus lagen ... Von weiter hinten kam der Geruch nach Druckerschwärze aus einer kleinen Visitenkarten-Druckerei. Weiter vorn strömte Gestank aus den armen Küchen mit den für heute im fettigen Abwaschwasser zurückgelassenen Töpfen, und auf der anderen Seite spielte sich der träge Betrieb in der wohlhabenden Küche ab, wo zwei Lehrmädchen im Takt eines unaufhörlich geträllerten, nur halbgewußten und deshalb ohne Ende immer wieder von vorn angefangenen Liedes die abgetrockneten Messer auf den Tisch fallen ließen. Hinter der Mauer des Aussichtsturms Dekkung suchend, beugte er sich für kurze Augenblicke auf die Straße hinunter, überblickte diese Welt von Häusern, wo zwischen Kalifornischem, Gotischem und Maurischem Zwergparthenons und griechische Tempel mit bemalten Fliesen und Jalousien standen und Renaissance-Villen, von Schlingpflanzen und Bougainvilleen überwachsen, ihre Holzgesimse auf kranke Säulen stützten. Es gab ganze Straßenzüge von Säulen, Säulenalleen, Säulengänge und -wege, Säulen, a giorno beleuchtet, zahlreicher, als irgendeine Nation sie in Vorrat haben konnte und in einem Kunterbunt der Stile, wo Dorisches an den Achsen einer Fassade sich schlecht vertrug mit den Voluten und dem Akanthus von feierlich Korinthischem, das in der Mitte des Häuserblocks pompös aufragte aus den Trockenböden einer Wäscherei, an der Karyatiden mit abgeschlagenen Nasen Architrave aus Holz trugen. Da waren Kapitelle, über und über mit Pusteln bedeckt, die in der Sonne geplatzt waren; Säulenschäfte, an deren Kanellierung blasenwerfende Ölfarbe Abszesse bildete. Die abgedroschenen Motive waren unten vorherrschend: Blumenrosetten in Geländerschwellen, Zahnfriese in Reichweite der Hand, während oben die Kranzgesimse, sockelähnlich, piedestalartig, Zutaten an römischen Vasen und Graburnen zwischen die mit Schmarotzerpflanzen wie mit Nestern garnierten Telefondrähte trugen. Es gab Metopen an den Balkonen, Friese, die, von einem Spitzbogen zu einem Ochsenauge verlaufend, viermal hintereinander das in Eisenguß als Meterware verkaufte Motiv Ödipus und die Sphinx wiederholten. Von Portal zu Portal konnte man das Absterben der letzten in der Epoche verwendeten klassischen Stile verfolgen. Und wo das Portal einem Streben nach Modernität gewichen war, lehnten noch die Säulen an der Wand, in sie eingemauert, nutzlos, ohne einen Vorsprung, der zu stützen gewesen wäre, bis sie eines Tages im Zement aufgingen, der sich über den Aufgeschlürften schloß. Nichts von all dem hatte etwas mit dem wenigen zu tun, das der Schutzbefohlene auf jener Universität gelernt hatte, die für ihn jetzt in dem Koffer mit den verrotteten Schlössern beschlossen lag.

POR EXPRESO. *Abfertigung: Sancti-Spiritus.* Der ausrangierte Rasierpinsel, mit dem er diese Worte in Tusche gut lesbar geschrieben hatte, ist aus der Hand gelegt. Der Schutzbefohlene sieht sich wieder in dieser entscheidenden Epoche seines Lebens. Sieht sich geschäftig Dinge in den alten Koffer legen, den ein ausgewanderter Großvater vor vielen Jahren auf die Insel mitgebracht hatte. Die Verwandten und Freunde um ihn, die ihn gleich an den Bahnhof begleiten werden, bewegen sich an diesem Morgen schon nicht mehr in der Gegenwart. Ihre Stimmen kommen von fern; aus einem bereits aufgegebenen Gestern. Er hört nicht auf ihre Ratschläge, sondern überläßt sich lieber diesem undefinierbaren Glücksgefühl, sich bereits in einer vorahnend ausgemalten Zukunft zu sehen – sich abzulösen aus seiner wirklichen Umgebung. Am Ende der Reise wird ihn die Hauptstadt erwarten, der ganz in weißem Marmor errichtete Brunnen der *India Habana*, der auf dem mit Reißzwecken an der Wand befestigten Farbdruck aus der Zeitschrift zu sehen war: die Unterschrift erinnerte noch daran, daß ehemals ein Dichter in ihrem Schatten geträumt hatte, Heredia, den der Umstand, in einem unwissenden Dorf gleich dem hiesigen geboren zu sein, nicht daran gehindert hatte, Mitglied der Académie Française zu werden. Am Ende der Reise wird er zum erstenmal die Universität sehen, das Stadion, die Theater; er wird frei sein und vielleicht auch bald eine Geliebte haben, da doch dies letzte, in der Provinz so schwierig, dort gang und gäbe ist, wo es keine Gitter vor den Fenstern, keine Jalousien, keine klatschsüchtigen Weiber gibt. Bei diesem Gedanken legt er den brandneuen Anzug besonders achtsam zusammen, den sein Vater ihm nach den neuesten Modebildern geschneidert hatte und den er mit der im Farbton abgestimmten Krawatte und dem Einstecktuch zum erstenmal anziehen will, wenn er sich immatrikulieren geht. Danach wird er sich in ein Café setzen und einen Martini verlangen. Endlich wird er dann wissen, wie dieses Gemisch schmeckt, das mit einer Olive im Glas serviert wird. Und zuletzt wird er in das Haus einer Frau gehen, die sie Estrella rufen, denn von der hat der Stipendiat kürzlich in einem Brief wahre Wunder erzählt. Und der Vater, gerade in diesem Augenblick: an den Stipendiaten solle er sich nur ja nicht anschließen, denn der führe anscheinend ein ausschweifendes Leben und vergeude auf Festen – die nur Asche in der Seele zurücklassen – den Monatswechsel, den die Gemeinde ihm auszahlt. Und noch ferner klangen die Stimmen auf dem Bahnhof unter all den Bauern, die sich nach der Einfahrt eines unter ohrenbetäubendem Muhen und Blöken einrollenden Viehzuges von einem Bahnsteig zum andern mit Rufen verständigen. Im letzten Moment kauft der Vater noch ein paar Waben Honig als Geschenk für die Alte, die sich erboten hat, ihn in ihrer Wohnung unterzubringen – das Haus soll einen Aussichtsturm auf dem Dach haben, eine unabhängige Wohnung also, bequem für den Studenten –, und da fährt auch schon der Eilzug mit der dampfenden Lokomotive ein, und es kommt der Wirrwarr des Abschieds . . . .Und hier war er angekommen, mitten in der

Nacht, mit seinem Koffer, den er jetzt anschaut: an diesem Aussichtsturm. Die alte Amme hatte ihn ihm gezeigt, die vor Jahren schon in die Stadt gezogen war im Gefolge einer reichen Familie, der das jetzt als Miethaus eingerichtete Herrenhaus gehörte. Vom ersten Augenblick an hatte er bei dem resolut mütterlichen Ton der Negerin den Verdacht gehabt, sie werde seinem Verlangen nach Freiheit einen Riegel vorschieben, brummelnd oder mit lästigen Ermahnungen sein Kommen und Gehen überwachen und zumindest verhindern, daß er Frauen in den Aussichtsturm brachte. Deshalb hatte er vorgeschlagen, sich eine andere Unterkunft zu suchen, sobald er sein Studium in Gang gebracht hatte. Und jetzt, nachdem er monatelang die Alte vergessen hatte – ist sie es, die da seit einer Weile wimmert, oder weint das Kind der Näherin? –, nachdem er vor so langer Zeit aus der Wohnung ausgezogen war, hatte er hier neben seinem provinzlerischen Koffer, den er beim Umzug zurückgelassen hatte, weil die Dinge darin ihn damals nicht mehr interessierten, die letzte, die einzige noch mögliche Zuflucht gefunden.

Heute abend, als er den Deckel hob, wurde ihm die Universität, die er verlassen hatte, wieder gegenwärtig in dem Etui mit den Kompassen und Reißzirkeln, das ihm sein Vater geschenkt hatte; in dem Rechenstab, dem Lineal und dem Winkelmaß, in dem leeren Glas Tusche, aus dem noch Kampfergeruch aufstieg. Da war Viñolas Abhandlung über die fünf Stile und das Schulheft, in das er als Halbwüchsiger Photographien des Tempels von Paestum und der Domkuppel Brunelleschis, des »Hauses über dem Wasserfall« und eine Ansicht des Tempels von Uxmal eingeklebt hatte. Das Ungeziefer hatte sich an der Leinwand seiner ersten Federzeichnungen gemästet, und von den auf Pauspapier kopierten Kapitellen war nur noch ein gelbliches Spitzenwerk übriggeblieben, das in seiner Hand zerfiel. Dann waren da die Bücher über Architekturgeschichte, über beschreibende Geometrie, und ganz unten lag über seinem Abiturzeugnis sein Ausweis als angeschlossenes Mitglied der Partei. Die kleine Karte aufnehmend, hielt er in den Fingern, was als letzte Schranke ihn vor dem Abscheulichen hätte bewahren können. Aber er war in diesen Tagen zu sehr von all diesen auf Aktion Versessenen umringt gewesen. Er solle doch seine Zeit nicht mit Zellenversammlungen verlieren, sagten sie zu ihm, oder mit der Lektüre marxistischer Traktätchen oder den Lobpreisungen irgendeiner Kollektivfarm mit den Photos von lächelnden Traktoristinnen und Kühen mit phänomenalen Eutern, während die besten seiner Generation unter den Kugeln der Polizei der Repression zum Opfer fielen. Und eines Morgens wurde er von Studenten mitgerissen, die zu einer Manifestation lärmend die Treppen der Universität hinunterzogen. Ein Stück weiter kam es zum Zusammenstoß: Gewühl und Panik, Steine und Ziegel, die an den Gesichtern vorbeiflogen, niedergetrampelte Frauen, verletzte Köpfe, Kugeln, die sich ins Fleisch bohrten. Beim Anblick der Opfer dachte er, daß man tatsächlich in Zeiten lebte, die nach einer sofortigen Aktion verlangten und nicht nach dieser vorsichtig abwägenden und aufschubbereiten Disziplin, die Erbitterung angeblich nicht kannte. Als er in die Gruppe der Ungeduldigen übertrat, nahm das schreckliche Spiel seinen Anfang, das ihn vor wenigen Tagen auf der Suche nach einer letzten Zuflucht für einen zur Last gewordenen Körper, der versteckt werden mußte, weil er verfolgt wurde, in den Aussichtsturm zurückgeführt hatte. Während er den Geruch nach zerfressenem Papier und den Kampfergeruch der eingetrockneten Tusche einatmete, fand er in diesem Koffer so etwas wie eine nur für ihn lesbare Darstellung des Paradieses vor dem Sündenfall. Und in Augenblicken nie zuvor erreichter Klarheit begriff er, wieviel er dieser Gefangenschaft zu verdanken hatte, die ihn zwang, sich hinzusetzen und Stunden hindurch mit sich selber zu reden in dem Versuch, durch das eingehende Überdenken eines Zusammenhangs von Tatsachen sein gegenwärtiges Elend zu lindern. Es gab natürlich eine Bruchstelle, einen Übergang in die Hölle. Aber wenn er alle Einzelheiten dessen erwog, was bei diesem Übergang in die Hölle geschehen war, wenn er zugab, daß fast alles daran ein Greuel gewesen war; wenn er schwor, daß er niemals die Geste wiederholen würde, die ihn gezwungen hatte, unverwandt auf einen Hals voller Pickelnarben zu blicken – diesen Hals, der ihn weit mehr verfolgte als das im Getöse der schrecklichen Sekunde aufheulende Gesicht –, dachte er, daß es ihm noch möglich sein würde, anderswo zu leben und die Zeit der Verirrungen zu vergessen. Ein einziges Wehklagen waren die Worte, mit denen die Bedrängten, die Schuldigen, die Reuigen an den Tisch des Herrn gingen, um den Leib des Gekreuzigten und das Blut des unblutigen Opfers zu empfangen. Unter dem Kalatravakreuz auf dem Buch zur christlichen Unterweisung für Kinder, das die Alte ihm geschenkt hatte, war dieses pathetische Wehklagen in den Beichtgebeten, den Bittgebeten an die Jungfrau Maria, in den Gebeten an die Seligen zu vernehmen. Weinend und flehend wandten sich die Unwürdigen, die Gestrauchelten an die göttlichen Mittler, weil sie sich schämten, unvermittelt mit dem zu sprechen, der für drei Tage abgestiegen war in die Hölle. Die ganze Schuld lag aber nicht bei ihm allein. Sie war das Werk einer Epoche, der Ereignisse, einer Illusion von Heldentum; war Auswirkung der berauschenden Worte, mit denen er eines Abends – er, der Abiturient aus der Provinz, der sich seines schlecht geschnittenen Anzugs aus der väterlichen Schneiderwerkstatt schämte – aufgenommen worden war in den Räumen eines Gebäudes, auf dessen Fassade über den majestätischen Säulen ein HOC ERAT IN VOTIS in hoher bronzener Elzevier unter einem illustren Namen geschrieben stand ... Er sah zum Konzertsaal hinüber, dessen Kapitelle mit den eckigen Voluten ihm wie die Karikatur derjenigen vorkamen, die für ihn mit seiner heute verabscheuten Initiation verbunden waren. An jenen erwies sich die von dieser Stadt den Stilen auferlegte Strafe: sie verkamen in der Hitze und überzogen sich mit Aussatz, während sie ihre Astragale dazu hergaben, Aushängeschildern von Färbereien, Barbierläden und Limonadedielen als Stützen zu dienen, wenn nicht gar Gebackenes im Schatten von Säulen brutzelte zwischen Verkaufsständen mit Pasteten, Eismaschinen oder Tamarindenwasser. »Ich werde etwas darüber schreiben«, sagte er sich, ohne je etwas geschrieben zu haben – aus dem bloßen Drang, sich erhabene Ziele zu setzen. Die endlosen Saufereien der letzten Monate lagen hinter ihm, die Exzesse, zu denen alle, die viel wagen und viel herausfordern sich eingeladen glauben, und so fand er den ersten hellen Streifen am Ende des Tunnels. Er wußte nicht, wohin es ihn verschlagen würde, da der Hochgestellte den geeigneten Kurs zu seinem Besten festlegen würde. Nie würde er das Architekturstudium beenden, das er gleich zu Beginn des ersten Kurses aufgegeben hatte. Aber er nahm von vornherein die härtesten Aufgaben, die schlechtesten Löhne, die Sonne im Kreuz, das Öl im Gesicht, das schlechte Bett und den Suppennapf bereitwillig als Phasen einer notwendigen Sühne an. »Ich glaube an Gott, den Allmächtigen, Schöpfer des Himmels und der Erde, und an Jesus Christus, seinen eingeborenen Sohn, empfangen durch den heiligen Geist, geboren aus der Jungfrau Maria.« Immer erinnerte er sich nur erst an den Anfang des Credo. Er wollte das kleine Buch mit dem Kalatravakreuz holen, das auf dem Strohsack lag, als er plötzlich feststellte, daß sein Hunger vergangen war. Er dachte an Fisch, und Fische erschienen ihm als etwas Ekelhaftes, mit diesem glasigen, flachen Auge, das kaum ein Auge war, ein Reißnagel, eingebohrt in den Gestank der Schuppen; er dachte an Fleisch und fand es widerwärtig, formlose, Blut ausschwitzende Stücke; er dachte an Früchte und erinnerte sie als etwas Saures, Kaltes; er dachte an Brot, und das Bröslige, Schrundige der Krume stieß ihn ab. Er wollte nicht essen. Er brachte Gott seinen leeren Bauch als einen ersten Schritt zur Läuterung dar. Er fühlte sich leicht, belohnt, verstanden. Und ihm schien, daß ein scharfer, Klarheit stiftender Verstand ihn aufs engste mit den Stoffen, den Dingen, den ewigen Wirklichkeiten rings um ihn in Berührung brachte. Er verstand die Nacht, er verstand die Gestirne, er verstand das Meer, das, mild bewegt, im Widerschein des Scheinwerfers ihm jedesmal entgegenlief, wenn dessen Drehbewegung auf einer geraden Linie mit seinem Blick zusammentraf. Aber er begriff nicht in Worten, sondern in Bildern. Was verstand, war sein Körper, waren seine Poren, war der Leib gewordene Verstand. Für einen Augenblick war seine Person in der Wahrheit. Er ließ sich bäuchlings auf die Fliesen fallen, die noch die Hitze des vergangenen Tages ausströmten. Er schluchzte über soviel Klarheit zu Füßen des Aussichtsturms, der im Schatten lag.

Am vierten Tag erwachte er, spät nachmittags, mit erdigem Mund. Ein langsamer, über jeder Pore dicke Tropfen bildender Schweiß brach aus den Schatten unter seinen Augen, aus Nacken und Stirn, so daß er die Vorstellung hatte, gelb zu sein, abgemagert, von innen heraus schmutzig. Es war gut, daß kein Spiegel da war, um es festzustellen. Es wäre dadurch noch schlimmer geworden. Er richtete sich auf dem Strohsack auf, um sich von den kreisenden Mahlsteinen in seinen Schläfen zu erleichtern. Zu seiner Bestürzung war sein Geschlecht, irritiert von Schlägen aus der Brust, aus dem Bauch, schmerzhaft angeschwollen. Er merkte es bei der Berührung und stand auf und setzte sich auf den Koffer, fassungslos, daß sein Körper unter dem Hunger noch solche Energien besaß. Jenseits der abgestützten Tür, hinter dem Eßzimmer, redete die Nichte Unverständliches mit der Modistin aus dem Erdgeschoß. Sicherlich ging es der Alten besser. Mehrmals hatte sie an dem gleichen Übel gelitten und sich mit ihren Tränklein und Aufgüssen wieder auskuriert. Diesmal zog sich die Krankheit in die Länge. Also mußte er über Essen *nachdenken.* Die Gedankenklarheit der letzten Tage – die Freude, nicht zu essen – auf den Willen zu essen konzentrieren. Sich irgendeine Möglichkeit ausdenken, da er auf die Alte nicht zählen konnte, um Nahrung zu bekommen. In einem Haus, in einer Wohnung mußte sich Eßbares finden lassen, solches wenigstens, das der Mensch für gewöhnlich nicht aufs Feuer setzt. Als Kind hatte er oft gedacht, wie eine Grasbouillon, eine Blättersuppe, ein Efeusalat schmecken mochten. Die Pflanzenfresser nährten sich von Kräutern, die wahrscheinlich auch der Mensch essen konnte. Und wer hat nicht schon einmal mit Genuß an dem zarten Stengel eines Grashalms geknabbert? Er sah um sich: Holz, Lehm, Ruß. Im Altertum aßen die Leute in den belagerten Städten zuletzt zerkautes Leder. Benagten Sattelbezüge, Zaumzeug, Gürtel; Schuhe aus weichem Leder wurden gekocht. Und in einem überschwemmten Bergwerk hatten die Männer nach Tagen entdeckt, daß an den Stämmen der Grubenzimmerung noch frische Rinde war ... Auf allen Vieren, damit er die Balustrade der Dachterrasse nicht überragte, kroch er zu der Stelle, wo man in den Hof der Sattlerei hinunterschauen konnte. Jemand hatte die halbgegerbten Häute, die so viele Tage lang auf den Wachstuchbezügen des Phaetons zum Trocknen lagen, weggenommen. Verwundert wurde ihm klar, wie unsinnig es war, diese unerreichbaren Häute betrachten zu wollen, als ob ihr ferner Geruch nach Abdeckerei und Pökellake ihm hätten Linderung verschaffen können. Holz, Lehm, Ruß. »Als die Bauern durch die Bosheit des Statthalters von Spanien in der Stadt eingeschlossen waren«, hatte die Alte ihm erzählt, »wurden alle vom vielen Wassertrinken aufgeschwemmt.« Er drehte den Hahn auf und trank gierig das in den Händen aufgefangene Wasser, um sich den Bauch zu füllen. Aber dieses laue Wasser aus den in der Sonne warmgewordenen Leitungsrohren fiel schwer und kalt wie nasses Sägemehl und das Gefühl von Leere verstärkend in seine Därme. Plötzlich zog sich sein Leib so heftig zusammen, daß er sich krümmte und, auf die Hände fallend, alles erbrach, was er getrunken hatte, bis nur ein trockenes Würgen zurückblieb, das ihm jedesmal den Leib nach innen zog und ihm mit einem dumpfen Schlag im Nakken das Genick zurückriß wie einem Hund, der Gift ausschäumt. Erschöpft und am ganzen Leib von Schlägen zuckend, sank er an der Mauer nieder. Er war so durchdrungen von dem Gedanken an Essen, daß dieser

Gedanke, der einzige, den er in diesem Augenblick zu fassen vermochte, zu einem Gebot von nahezu abstrakter Natur wurde. Er dachte nicht mehr wie am ersten durchhungerten Tag an ein seinem Gaumen besonders erwünschtes Gericht, sah nicht mehr mit Kinderbegehrlichkeit im Geist die große Familienküche, wo es nach eben erst aus dem Öl geholten gebratenem Fisch duftete und die ölig grünen Bohnen, der safrangelbe Reis, der zart knusprige, zum Anbeißen bereitliegende Blätterteig eine Fülle unerreichbarer Geschmäcke in seinen vom vielen Speicheln öd gewordenen Mund legten. Nahrung war nicht mehr dieses oder jenes Gericht, sondern beliebiges, ununterschiedenes und von vornherein fraglos angenommenes Eßbares für den, der in dem Gedanken an Essen in den Hunger des Neugeborenen zurückgefallen war, das, am Fuß eines Kirchturms ausgesetzt, im Stein nach der Mutter sucht und seinen Jammer hinausschreit ... Er hörte Stimmen. Die Modistin von unten rief durch die Wendeltreppe nach der Nichte, um ihr ein Kleid anzuprobieren. Er wartete ungeduldig darauf, daß die hochhackigen Schuhe sich hallend auf den Bohlen der Stiege entfernten und die Stimmen sich in den Patio um die mit dem ersten kühlen Lufthauch hinausgezogene Nähmaschine verlagerten. Er räumte Pflöcke und Latten weg und öffnete die Tür, die ihn vier Tage lang vom übrigen Haus abgeschnitten hatte. Die Alte lag schlafend und in schweren Atemstößen leise stöhnend unter den Palmsonntagszweigen, und auf dem Stuhl neben ihr stand ein Teller voll Hafergrütze. Da der Löffel klein war, tauchte eine Hand krampfhaft in die von geschmolzenem Zucker durchfurchte Masse. Und dann säuberte die Zunge den Teller, gierig, hastig, ängstlich raubend, schob sich unter Grunzlauten in die tiefen Stellen und leckte gleich darauf auch noch das Verschüttete vom Strohgeflecht des Stuhls. Dann richtete der Körper sich auf den Knien auf, und es war wieder die Hand, die jetzt nach der Schachtel griff und die Nägel in die rohen Haferflocken grub. Danach blieb die Tür verschlossen. Der Abend kam. Langsam zog das Sandschiff auf der Höhe des Aussichtsturms an der Sonne vorüber, die den Konzertsaal in Orangerot tauchte. Unter den Lauben des Parks verfolgten brünstige Hunde eine wuschlige rote Hündin, die unter dem Ansturm der Männchen aufschrie. Aus dem Obergeschoß des modernen Gebäudes drang Musik: die gleiche wie zuvor. Aufgewühlt zuerst, dann traurig, langsam, eintönig. Für den, der mit schmerzenden und zugleich gestillten Eingeweiden auf dem Boden lag, schlaftrunken und unter Blähungen, die ihm abwechselnd Glücksgefühle und Ekel erzeugten, verschwammen die bisweilen dumpfen Klänge der Musik mit dem dumpfen Lärm aus der Visitenkarten-Druckerei. Hinter der Tür rief die Alte mit aufgebrachter Stimme, die auf besseres Befinden schließen ließ, nach der Nichte. »Sie können nicht soviel essen, Tante«, schrie die Mulattin, die in ihrem neuen Kleid zurückkam, als sie sah, daß fast keine Haferflocken mehr in der Schachtel waren. »Sie dürfen nicht soviel essen!« Und weil vor dem Haus der Soldat auf sie wartete, klapperte sie schnell auf ihren hohen Hacken die Wendeltreppe hinunter.

Das wunderbar Neue war Gott. Gott, der sich ihm in der angezündeten Zigarre der Alten offenbart hatte, am Vorabend ihrer Krankheit. Plötzlich hatte sich ihm die Bewegung, mit der sie einen brennenden Span aus dem Ofen nahm und an ihr Gesicht hob – eine Bewegung, die er in den Küchen seiner Kindheit sooft hatte vollführen sehen – in staunenerregenden und bestürzenden Zusammenhängen erhellt. Die Hand holte mit der Glut ein Feuer hervor, das aus dem Uranfänglichen kam, ein Feuer, älter als alle Materie, die von Feuer verzehrt und verwandelt wurde – Materie, die ohne eine Hand, die sie entzündete, nur ein mögliches Feuer war. Wenn aber dieses gegenwärtige Feuer ein Endzweck war, mußte dessen Verwirklichung eine Handlung vorausgehen. Und dieser einen eine andere, viele andere Handlungen, die nur von einem uranfänglichen Willen ausgehen konnten. Es mußte einen Ursprung, einen Ausgangspunkt geben, ein Initial jenes Feuers, das in Zeitaltern ohne Zahl die Gesichter der Menschen erleuchtet hatte. Und dieses erste Feuer konnte sich nicht von selbst entzündet haben ... In allem glaubte er eine ähnliche Abfolge, einen unabweisbaren Prozeß des Empfangens von Energien aus etwas anderem zu sehen und das Ineinandergreifen der Handlungen, das aber nicht unendlich sein konnte. Zwangsläufig mußten die Fäden in der Hand eines Ersten Bewegers zusammenlaufen, der, Ursache von allem, von Ewigkeit und mit höchster Wirkkraft begabt war. Der Atheismus seines Vaters erschien ihm jetzt absurd angesichts eines Bildes, das so vieles erklärte, und es wunderte ihn, daß nicht andere vor ihm daran gedacht hatten, die Existenz Gottes aus dieser erleuchtenden Idee zu beweisen, die ihm vor der Glut gekommen war. Und da, wie die Kinder aus dem modernen Gebäude gestern gesungen hatten: *Klingeling, klingeling / Morgen ist Sonntag / Die Katze hält Hochzeit / Mit dem kahlen Papagei* die Kirchen zur Messe läuteten, öffnete er das schwarz-goldene Buch mit dem Kalatravakreuz, das ihm, der in einer freimaurerischen und darwinistischen Schneiderei fern vom Katechismus aufgewachsen war, zu immer neuen Erleuchtungen verhalf. Jede Seite offenbarte ihm eine unerwartete Schönheit der Liturgie und gab ihm das jubelnde Glücksgefühl, initiiert zu werden und die Geheimnisse einer Bruderschaft zu teilen. Nie hätte er gedacht, daß das, was er so viele Male bloß für eine Altardecke gehalten hatte, das Tuch darstellen könnte, das Seinen Leib einhüllte, oder daß Albe, Zingulum und Stola drei Episoden aus dem folgenschwersten Geschehen, dem Menschen je beigewohnt haben, in Erinnerung rufen sollten. Von dem Purpurgewand, das in seiner Vorstellung die Säulen des Pilatushauses errichtete, kam er zum Kalvarienberg, wo er sinnend am Rand des Kelches verweilte, und im Betrachten – und Verstehen – des Kelches überwältigte ihn die Entdeckung des in der kostbarsten Materie immer offenen Grabes: mystische Transposition des größten aller Dramen: Finsternisse, die bis in ungeahnte Tiefen das Metall bearbeiten, Schatten, in den Glanz von Edelsteinen und Gold gehüllt; umgekehrte Alchimie, die das Glänzende für die vor Gottes Richterstuhl gerufene Menschheit zur langen Nacht der Erwartung machte. Selbst das Wasser, dessen liturgischen Sinn er nicht gekannt hatte, sprach nun durch die Hüfte des Erlösers. Manchmal hatte eine fromme Tante ihn in die Kirche mitgenommen, wenn sein Vater in der Hauptstadt war, um Stoffe einzukaufen für Kunden, die noch nach Drill und Alpaka verlangten. Er hatte sich dann jedesmal vor dem Altar mit dem barocken Schnitzwerk niedergekniet, gesetzt und wieder erhoben wie alle anderen, ohne auch nur zu ahnen, daß der Offiziant, wenn er die Gewänder für sein Amt anlegte, nichts Geringeres als den Sohn Gottes in der Passion darstellte. Er hatte während der Messe zu dem Gebälk an der Decke aufgeschaut, wo immer ein paar Fledermäuse schliefen, hatte sich abgelenkt mit allem, was nicht die Messe war, ohne zu wissen, daß dort in einer auf ihre wesentliche Symbolik reduzierten Handlung das Mysterium dargestellt wurde, das ihn am unmittelbarsten betraf. Und jetzt, wo er Bescheid wußte, fand er in den einfachen Bewegungen, die das Gloria, das Evangelium, das Offertorium begleiteten, die gleiche wunderbare Sublimierung des Elementaren, die in der Architektur die Jagdtrophäen in das Bukranion und den Riemen, der den Bund Holz – den ursprünglichen Säulenschaft – umschließt, in das Astragal reinster pythagoräischer Form verwandelt hatte. Eine solche Macht des Verstehens besessen zu haben, zur Auffassung solcher Wahrheiten fähig gewesen zu sein und dies in abscheulichem Mißbrauch verkannt zu haben, um statt dessen großes Aufheben von Reden zu machen, die zur Rechtfertigung des Helden-

haften wie des Verwerflichen gleichermaßen herhalten mußten! Ah, ich glaube, ich glaube, ich glaube, daß er gelitten hat unter der Macht des Pontius Pilatus, daß er gekreuzigt und begraben wurde, daß er zu der Hölle abgestiegen ist. Ich glaube, daß er aufgefahren ist in den Himmel, und zur Rechten des Vaters sitzt, des Allmächtigen Gottes. Ich glaube, daß er von dannen kommen wird, zu richten die Lebendigen und die Toten ...
Und wie eine Posaune, die zum Jüngsten Gericht ruft, schallt es jetzt wieder aus dem Obergeschoß des modernen Gebäudes herüber, wo jemand, beglückt über den kürzlichen Kauf eines billigen, mißtönenden Grammophons, immer wieder die gleiche Musik spielt und nur von Zeit zu Zeit die Nadel zurückstellt. Es hört sich wie verschiedene Stücke an, die, obgleich so verschieden, nacheinander aufgenommen wurden und immer in derselben Reihenfolge ablaufen. Zuerst etwas ganz Wirres, wo von Zeit zu Zeit Hörner blasen wie in einem Militärmarsch, der aber doch keiner ist. Dann kommt das Traurige, Langsame, Monotone. Danach ein fröhlicher Tanz, aber wieder unterbrochen von einer Art militärischem Tusch, der dann aber alles andere als militärisch ist: ähnlich wie die Signale in diesem lächerlichen Dokumentarfilm, wo französische Adlige mit ihren geweihten Meuten die Messe hörten, während Jäger in Fräcken draußen Instrumente bliesen, die wie große Messingschnecken aussahen. Und es endet immer mit der hüpfenden Musik – wie bei diesem Kinderspielzeug, bei dem zwei Püppchen durch die Gegenbewegung zweier paralleler Stangen abwechselnd mit dem Ham-

mer auf einen Holzblock schlagen. Danach kommen ein paar abgerissene Walzertakte, die in etwas Großes, Majestätisches übergehen, mit Trompeten und Blasinstrumenten wie denen, die neben der Schuhmacherei in Sancti-Spiritus zum Zapfenstreich geblasen wurden. Und zum Schluß dieses fröhliche Durcheinander, wieder mit den Jagdhörnern ... Die Nichte ging die Wendeltreppe hinunter. Er mußte die Tür öffnen und sehen, ob die Alte schlief, um an die Fleischbrühe zu kommen, die, wie schon so manches Mal, neben ihrem Bett kalt werden würde. Aber als er jetzt nach der Schüssel griff, um sie zum Mund zu führen, blieben seine Hände in der Schwebe. In dem seltsam entrunzelten Gesicht der Negerin öffneten sich zwei glasige, starre Augen und richteten sich in einem fernen, ausdruckslos eindringlichen Blick auf ihn, der die Schüssel zwischen zwei Medizinflaschen stehen ließ und nicht wagte, das Fett abzuschlürfen, das in trüben Augen über mageren Hühnerbeinen schwamm, solchen, wie sie in den Geflügelständen, am Nagel hängend, verkauft werden. Die in drei verkrümmten, grauschuppigen Zehen auslaufenden Füße eines alten Hahns, die mit ihrer faltigen Haut beinahe menschlich aussahen, lagen auf einer schlecht geschälten Kürbisscheibe. Nach kurzem Zögern tauchte er, dem starren, zu spät auf das nicht mehr bezähmbare Verlangen gerichteten Blick standhaltend, den Mund schnaubend und nagend in diese Sonntagssuppe und machte sich dann über die Schachtel »Quaker« her. Um Verzeihung zu erlangen, trat der Mann, den Mund noch bestaubt von rohen Haferflocken, ans Bett, um die Alte besser zuzudecken und zog ihr die Decke bis an den Hals hinauf. Als er an ihre Wange streifte, verkrampfte sich in plötzlichem Erschrecken sein ganzes Sein: die Wange war starr und kalt, und die an die Schläfe gelegte geschlossene Hand fiel mit der Hartnäckigkeit eines toten Gliedes an die Schläfe zurück, als er versuchte, in den kalten Adern am Handgelenk einen Pulsschlag zu finden. Auf der Wendeltreppe ertönten Schritte. Die klappernden Absätze waren die der Nichte, die mit anderen Leuten heraufkam und, kaum daß er eilig die Tür hinter sich verschlossen hatte und im Aussichtsturm angelangt war, in lautes Geschrei ausbrach. Vor Entsetzen über das Geschehene wie verstört, kniete er auf dem Boden, an den Koffer gelehnt, und legte seine ganze Aufmerksamkeit in das Gehör: dieses Hinken war die Näherin; der weiche, asthmatische Schritt war der des Geschäftsführers; dieses Anschlagen mit der Schuhspitze an jeder Stufe, der Soldat – der jetzt wieder hinunterging, um zu holen, was für die Aufbahrung und das Begräbnis nötig war. Fragen schwirrten von Fenster zu Fenster durch den Patio. Und bald kamen in ununterscheidbarem Getrappel die vom Beerdigungsinstitut mit dem Eis und den Kerzen. Und als die Angehörigen aus den abgelegenen Vierteln, Jesús del Monte, Calvario, Santa Maria del Rosario, eintrafen, die sich immer nur dann einer des anderen entsannen, wenn sie die Nachricht erhielten, daß sie um einen weniger geworden waren, begann die Totenwache. Ab und zu rüttelte einer an der geschlossenen Tür, weil er auf die Dachterrasse hinauswollte, wo sich jetzt die Schrecken der ersten Tage erneuerten. Der Türflügel war fest abgestützt, und so ließen sie rasch davon ab, ihn öffnen zu wollen. Aber bald würde diesem Widerstand die letzte Stunde geschlagen haben. Wenn sie morgen den Sarg wegbrachten, würde der Geschäftsführer – derselbe, der sich immer über den verlegten Schlüssel aufgeregt hatte – den Schlosser rufen. An dessen weltlichem Arm würde der Hauptschlüssel hängen. Und wenn sich der Hauptschlüssel im verrotteten Schloß drehen und man entdecken würde, daß die blau gestrichene Tür sich nicht im Rahmen bewegte, weil sie von der anderen Seite blockiert war, würde er sich ausliefern müssen. Nicht diesen Männern, die nichts gegen ihn ausrichten konnten, die nicht einmal die Polizei rufen würden, wenn sie erführen, daß er der Welt der Schrecklichen angehörte. Er würde sich der Freiheit ausliefern müssen – der Straße, der Menge, den Blicken –, und das bedeutete soviel, wie vor den Richterstuhl gerufen zu sein. Er würde wieder mit der Folter leben müssen, jedes Gesicht zu befragen, mit der Angst davor, zweimal hintereinander am selben Tisch zu essen, mit der unerträglichen Zwangsvorstellung, in jedem weißen Bettlaken Krankenhauskälte zu finden. Wieder müßte er das Bett verlassen, ehe er ausgeschlafen hatte, müßte im Schatten gehen und sich vor dem Echo der eigenen Schritte fürchten, wieder müßte er sich in das eigene Fleisch verkriechen und die Wärme eines anderen Körpers fliehen, weil im Patio eine reife Frucht zu Boden gefallen war oder der Wind die Fensterläden im Eßzimmer zuschlug. Als niemand mehr etwas von ihm wissen wollte, als er mit

Entsetzen aus jedem Haus gejagt worden war, hatte er sich der Alten erinnert. Sie konnte nicht vergessen, daß er einmal an ihren Brüsten gehangen, daß sie ihn auf ihren Armen getragen und mit zärtlichen Namen gerufen hatte, die ihn rührten, als sie ihm erzählt wurden. Als ihn die Alte sah, abgemagert, das Hemd zerrissen und schmutzig unter dem dunkelblauen Anzug, den er angelegt hatte, um besser mit den Schatten zu verschmelzen, zeterte sie, sie wolle kein Unglück ins Haus bringen, und wer schlecht angefangen habe, werde noch schlimmer enden. Sie habe ihm den Aussichtsturm zu einem Spottgeld vermietet, als er aus Sancti-Spiritus gekommen war, sie habe ihm zum Guten geraten wie eine zweite Mutter, und er sei fortgegangen, sicherlich, weil sie ihm nicht erlaubt hatte, schlechte Weiber in ein ehrbares, frommes Haus zu bringen ... Aber er sah so elend aus in diesem Augenblick, wie er, den Hocker mit den Beinen umklammernd, in sich zusammengesunken dasaß und in die Hände schluchzte, an denen die Fingernägel schwarz waren, daß er für sie mit einemmal wieder der wurde, der einst in ihren Armen beinahe an Keuchhusten erstickt wäre. Wie damals waren die Adern an den Schläfen, am Hals geschwollen, es waren die gleichen zuckenden Schultern, der säuerlich riechende Atem, die nach dem Schluchzen tonlos von innen aufsteigende Klage. Da war die Alte weich geworden, hatte ihn in den Aussichtsturm geführt, der so lange leergestanden hatte, damit er hier – neben seinem Koffer, in dem verwahrt lag, was ihm von der Universität geblieben war – abwarten konnte, was die Geschäftsstelle über ihn beschloß. Heilige Mutter Gottes, Du allerreinste Mutter, Du allerkeuscheste Mutter, Du mächtige Jungfrau, Du gütige Jungfrau, bitte für uns; Du geistliche Rose, Du Turm Davids, Du Morgenstern, Du Heil der Kranken, Du Königin der Märtyrer, bitte für uns ... Und sie, die meinen ersten Hunger an ihrer Brust gestillt hat, die mich an ihren weichen, fleischigen Zitzen die Wollust des Essens gelehrt hat, die den Geschmack des Fleisches auf meine Zunge gelegt hat, den ich an jungen Körpern ihres Blutes so viele Male gesucht habe, die mich genährt hat mit dem reinsten Saft ihres Leibes, die mir die Wärme ihres Schoßes, den Schutz ihrer Hände gegeben hat und mich liebkosend auf ihnen trug, die mich aufgenommen hat, als alle mir ihre Türen verschlossen – klein geworden liegt sie hier in ihrem schwarzen Sarg aus den billigsten Brettern, eingefallen das Gesicht über dem Eis, das in den schmutzigen Kübel tropft, weil ich, der ich dies nicht einmal denken durfte – zugeben, daß es mir möglich gewesen wäre –, ihre Krankenkost gefressen, ihr Korn verschlungen, die Knochen ihrer Hühner abgenagt und mit schweinischer Gier ihre Sonntagssuppe geschlürft habe. Herr, erbarme dich unser! Christus, erbarme dich unser! ... Und in dem modernen Gebäude diese traurige Musik, traurig und monoton wie das Responsorium bei einer Totenwache.

Niemand war überrascht, ihn bei der Totenwache erscheinen zu sehen, da die Alte gelegentlich in reichen Häusern in Stellung gewesen war. »Sie haben den Schlüssel zur Dachterrasse gefunden«, sagte die Nichte erfreut, als sie bemerkte, daß unvermutet ein Luftzug die Kerzenflamme bewegte. »Ich spreche Ihnen mein Beileid aus«, sagten einige zu ihm, weil sie dachten, wenn ein Weißer, noch dazu in einem dunkelblauen Anzug bei dieser Hitze, an einer Totenwache für eine Negerin teilnahm, dies sicher geschah, weil irgendeine Hintertreppenverwandtschaft ihn an die Tote band. Er betrachtete sich über den Sarg hinweg im Konsolenspiegel. Sein Gesicht war schmal, so ohne jede Spur von all dem Fett aus der Zeit, da er an allen auftragsfreien Tagen unaufhörlich trank, um die ausgeführten Aufträge zu vergessen, daß diese Veränderung an seiner Person ihm neuen Mut gab. Wieder und wieder sah er sich an, ohne eine Ähnlichkeit mit sich zu entdecken. Die martervollen Nächte hatten Furchen in seine Wangen gegraben, sein Kinn spitz gemacht und eine seltsame Starrheit in seine Augen gelegt, die wie verdüstert unter dem zu einer neuen Frisur langgewachsenen Haar hervorsahen. Er fand etwas so gänzlich Neues in seinem Aussehen, daß jemand, der an einem wenig erleuchteten Ort an ihm vorüberginge, zweifeln müßte, daß er das sei. Auch die dunkle Brille würde ihm helfen, die in letzter Zeit eine Art Berufsausrüstung für ihn geworden war. Er dankte für allen Schmerz in den Tagen der Gefangenschaft, für den Hunger der ersten Zeit und hob sie zu Dem auf, dessen Gegenwart er von

Mal zu Mal stärker empfand, als lehne Er an der Brüstung vor dem Aussichtsturm, erhaben in seiner Glorie, aber voll Erbarmen mit den Menschen. Dankbar sah er in dem Spiegel, der ihm sein neues Bild zurückwarf, daß die Angehörigen einer nach dem anderen auf die Dachterrasse hinaustraten. Sie atmeten dort den spärlichen Windhauch in einer Nacht tiefhängender Wolken, die sich am Hügel ockergelb färbten im Widerschein der strahlend erleuchteten Universität – es mochten die Scheinwerfer im Stadion oder im Säulenhof sein – und ereiferten sich über den Mangel an Respekt dieses Menschen dort oben, der, so nahe einer Toten, Platten spielte. Es war zwar keine Tanzmusik, aber Musik machte man doch immer nur aus Freude. Als sie erörterten, ob sie nicht den Soldaten hinüberschicken sollten, um sich durch ihn, der Autorität vorstellte, mehr Ernst angesichts der Aufgebahrten auszubitten, heulte eine Schiffssirene, und alle vergaßen sogleich die Musik, die vielleicht auch zu spielen aufgehört hatte. Sie redeten über Lotsen, Warnbojen und hohen Seegang und verglichen um die Wette ihre Minutenzeiger, weil jemand behauptet hatte, das Leuchtfeuer drehe sich langsamer als vorgeschrieben. Zurück von der Reise durch den Spiegel, wandte der Abgemagerte sich gegen die Tür, die jetzt mit seinen Pflöcken und Latten offengehalten wurde, denn da sie so lange verschlossen gewesen war, hatte sie jetzt einen Hang, der Gewohnheit ihrer Scharniere folgend von selber zuzufallen. Als nur noch zwei alte Frauen mit weißen Tüchern auf dem Kopf in dem Raum waren, die an den Perlen eines Rosenkranzes gemeinsam beteten, steckte er die Pistole an die Hüfte, wo er sie immer zu tragen pflegte, legte die Hand auf das Geländer und stieg langsam die Wendeltreppe hinunter, deren knarrende Laute mit der Zeit eine klare Sprache der Schritte für ihn geworden war. Er ging durch den Patio der Akademie für Zuschneiden und Nähen, wo sich die Schülerinnen, ungeachtet der toten Nachbarin, mühten, die dicke Schneiderpuppe und die magere Schneiderpuppe mit Schnittmustern aus Zeitungspapier zu bekleiden, die sie mit Nadeln feststeckten. Der Anblick der Straße, auf gleicher Ebene mit ihm, war so neu für ihn, daß er nur zögernd über die Schwelle trat. Oben war der Aussichtsturm, waren die Eckpfeiler mit den Rosetten. Unter der grellen Straßenbeleuchtung warfen die Platanen breite, gegen die Helligkeit scharf abgehobene Schatten auf die Gehsteige. Nachdem er die Brille aufgesetzt hatte, hinter deren dunklen – gegen die Sonne gedachten, bei Nacht benützten – Gläsern er sich geborgener fühlte, ging er von Schatten zu Schatten, schnelleren Schritts und das Gesicht in die Rockaufschläge steckend, sooft er einen Lichtkreis durchquerte. Alles was er an Geld hatte, war dieser neue Schein, den sie ihm in dem letzten Haus, aus dem er verjagt worden war, wie ein Almosen hingeworfen hatten an jenem Nachmittag, als eine Säule als Kugelfang ihn vor dem Tod gerettet hatte. Es war nicht genug Geld, um damit bis in die väterliche Schneiderei zu kommen. Außerdem würden alle in Sancti-Spiritus von seiner Ankunft erfahren. Der Veteran, der neben dem Obelisken der Freiheitshelden Obst verkaufte, kannte ihn; der Anisbrotverkäufer kannte ihn; die Friseure, unter deren geschwätzigen Scheren alle und jeder durchpassierten, kannten ihn. Er dachte an Essen. Aber in den Speiselokalen waren in diesen frühen Nachtstunden zu viele Leute, die umherblickten, und nichts fürchtete er jetzt, wo er sich in die Stadt geworfen hatte, mehr als einen Blick. Von Schatten zu Schatten ging er bis ans Ende der Baumreihe und trat nun in die Welt der Säulen ein. Blau und weiß gestreifte Säulen mit Kettengeländern zwischen den Schäften; eine doppelte Reihe von Portalen auf dieser Königsstraße mit dem Neptunsbrunnen und seinen Tritonen, die wie reißende Hunde aussahen und deren Rücken mit Wahlschmähschriften beklebt waren. Je nach dem Anstrich der Häuser ging er an Ockergelbem und Aschgrauem, an Grünem und Violettem entlang; er kam an dem Tor mit dem zerbrochenen Wappen und dem Portal mit den schmutzigen Füllhörnern vorbei. Schnurgerade Straßen zweigten an den Ecken ab, wo sich der Asphalt bläulichgrau färbte unter dem Licht der Laternen, die unter einem Schleier leuchtender Insekten im Wind schaukelten. Dort lag schlafend die Pfarrkirche, gipsern-gotisch und so oft übermalt, daß die Blumenrosetten zerflossen waren, während auf dem Dach Unkraut wuchs und auf dem Vordach das Gras sproßte. Gegenüber ein Stand, wo Magnete, Meteoriten und Gagathände verkauft wurden, die Kinder vor Krankheiten und Augenleiden schützen sollten. Ein Stück weiter wuchs ein Weinstock über eine verfallende Wand aus Natursteinen, daneben schlummerte im würzigem Halbschatten ein Tabaklager. Unter den Arkaden eines alten spanischen Palasts lagen Bettler, mit Zeitungen zugedeckt, zwischen Blechbüchsen und zerbrochenem Gerät in ihrem Urin und träumten schlechte Träume. Rascheren Schritts ging der Verfolgte von Säulenschaft zu Säulenschaft, angespornt von der Nähe des Marktes, wo um diese Zeit Berge von Kürbissen, grünen Bananen und gelben Maiskolben aufwuchsen neben den Drahtkäfigen, aus denen die Köpfe der Truthähne wie staubige Tulpen hervorsahen. Ein Stück weiter war der Gehsteig des zu jeder Stunde wie zu einer Abendgesellschaft erleuchteten Pfandhauses, wo Korbstühle von der Decke herabhingen über einem Wust von Pendeluhren, Kommoden und Buffets, dazwischen irgendwo, verloren, der Griff eines Kontrabasses oder ein bunt bemalter Blumentopf. Und hinter den Auslagen mit den als Bräuten oder Erstkommunikantinnen gekleideten Modepuppen, hinter dem Bestattungsinstitut mit den Bronzegerätschaften, wo der Wächter den Kopf auf einen Sarg gelegt hatte und schlief, kamen die von Fischschuppen übersäten Marmorfliesen, funkelte im Hintergrund der Frisiersalon mit den goldgerahmten Spiegeln zwischen Blechkübeln voller Galle und Eingeweiden und Schalen von Seetieren. Auf Umwegen ging er durch den Geruch nach Polenta und Rauchfleisch, nach scharfen Soßen und Fischsuppen, um das hellerleuchtete Café mit den dampfenden Perkolatoren zu umgehen, vor dessen Ausgang er in jener Nacht verhaftet worden war. Endlich gelangte er an die Ecke einer dunklen Straße mit leise lockenden Fenstern und streckte die Hand nach dem Türklopfer aus, der gegenwärtig seine einzige Möglichkeit war. Hinter der Tür antworteten, ohne Eile, die Schritte Estrellas.

»Warst du verlorengegangen?« fragte sie beim Öffnen und sah ihn mit durchtriebener Neugier an, während der Hund, gewöhnt, nicht zu bellen, ihn schläfrig beschnupperte. »Ich komme von einer Reise zurück« sagte er, um den für diese Jahreszeit unpassenden Anzug und die Knitterfalten in seinem unter dem Wasserhahn auf der Dachterrasse gewaschenen Hemd vor ihr, die erst kürzlich seine teuren und auffälligen Kleider so sehr bewundert hatte, zu rechtfertigen. »Eine Sonnenbrille«, sagte sie und nahm sie ihm mit einem Finger ab, um sie auf drollige Weise auszuprobieren. »Alles ganz schwarz! Ist das jetzt Mode?« – »Ich habe noch nicht gegessen«, antwortete er und blickte gegen die Küche, die hinter dem Granatbaum mit den hakenförmig aufgebogenen Zweigen im Dunkel lag. Der Hund hatte sich hinten im Patio hingelegt neben einer Kuhle so voller Essensreste, daß wohl in den Töpfen nichts mehr übrig war. Estrella brachte eine Flasche, in der noch ein Rest Likör war. Als er das Haus betreten hatte, war der Mann entschlossen gewesen, sich Estrella, der einzigen Person, die ihm heute nacht helfen konnte, ohne Aufschub anzuvertrauen. Jetzt ließ der rasch getrunkene Alkohol ihn die Situation in größerer Ruhe überdenken. Er war wieder versteckt. Das

Haus, das hinter ihm verschlossen worden war, barg und verbarg ihn. Es fehlten noch viele Stunden bis zum Tagesanbruch. Viel und vielversprechende Zeit lag vor ihm. Er baute von vornherein auf Estrella. Aber ehe er sprach, mußte er erst wieder jenes Klima der Intimität herstellen, das in den zwei Wochen seines Ausbleibens verlorengegangen war. Sie mochte seine langsame, stete Art, sie zu besitzen. Er faßte sie an der Hand und zog sie ans Bett. »Warte«, sagte sie, und nachdem sie sich mit einem Stück Seidenpapier den Lippenstift abgewischt und das Bild der Jungfrau mit einem Tuch verhängt hatte, löschte sie das Licht und glitt an seine Seite. Er aber war in ein Bett ohne Ende gefallen. Die weichen Polster nach all den martervollen Nächten auf dem durchgelegenen Strohsack mit Löchern, so tief, daß man eine Schulter durchstecken konnte; der Likör, der seinen Körper in etwas Knochenloses, Laues, Wachsweiches verwandelt hatte; die Erleichterung, das Gewicht der Pistole nicht mehr zu spüren, die bei den Kleidern lag; die große warme Brust an seiner Wange; die Arme der Frau, mehr einwiegend jetzt als anspornend: all dies bewirkte, daß er ohne Eile, mit gelösten Gliedern, wonnevoll in den großen Schoß möglichen Schlafs sank und sank ... Als er die Augen öffnete, brannte das Licht. Estrella, mit dem Rücken zu ihm, hatte sich eben ein Hemd übergeworfen, durch dessen Lochstickerei ein grünes Band gezogen war. Durch den Spiegel sah sie ihn mehr gleichgültig als verärgert an. »Komm«, sagte er. »Du wirst nicht können«, antwortete sie und bemalte sich die Lippen. Als er begriff, daß er sie leichter dazu würde bewegen können, sich wieder auszuziehen, als sich noch einmal die Lippen abzuschminken, setzte er sich zornig am Bettrand auf. Er konnte es nicht dulden, daß diese Frau, die er so oft in dem männlichen Stolz, ihre professionelle Fühllosigkeit zu überwinden, besessen, die er wollüstig unter seinem Körper hatte stöhnen hören, ihn, an dessen Seite sie eben noch lag, verdrossen gelangweilt ansah wie jemand, der aufgibt, was doch zu nichts führt. Jetzt öffnete sie die Türen, die auf dem kürzesten Weg auf die Straße führten, und rief die Katze, die mit einem lautlosen Satz vom Dach gesprungen kam und lauernd den Schwanz unruhig bewegte. Angesichts der Unlust der Frau, die ihn sonst immer nach der ersten Umarmung angefleht hatte, die ganze Nacht zu bleiben, brach es aus ihm heraus. Wie sollte sich sein Fleisch regen in diesem Augenblick, wo er ein einziger gewaltiger Schrei des Hungers und der Angst war? Und nun sprach er, keuchend und wie unter dem Zwang, nach so langer Zeit des Schweigens zu sprechen, bis er heiser war. Estrella schloß wieder die Türen. Auf der anderen Seite des Bettes zusammengekauert, hörte sie ihn voll Entsetzen an, und mit einemmal ging ihr in einem schrecklichen Licht die unerbittliche Verkettung der Tatsachen auf. Sie hatte die fürchterlichen Photographien auf den ersten Seiten der Zeitungen vor Augen gehabt, ohne daß sie damals in ihrer törichten Feigheit darin den Anfang von allem gesehen hätte. Jetzt erschien ihr der Mann, durch seine Worte hindurch, auf der Schwelle der Zeit der Angst, der Einsamkeit und des Hungers, in einem fernen Haus, wo eine verhutzelte Alte aufgebahrt lag, mit leeren Eingeweiden in Erwartung der gestohlenen Nahrung gestorben war. Als sie die gräßliche Tragweite dessen ermaß, was sie gesagt hatte, um sich die von der Inquisition vom Halse zu schaffen, dröhnte ihr das Wort, das sie selbst in prahlerischem Annehmen der Wirklichkeit auf sich anzuwenden pflegte, in den Ohren, als ob es in tiefen Brunnen widerhallte. Sie erinnerte sich nicht mehr, wann sie zuerst Gefallen daran gefunden hatte, sich den Männern auf die Knie zu setzen und den Schweiß und den Tabak in ihren Hemden zu riechen, weil sie sich des morgigen Tages sicher fühlte, sobald zwei harte Arme sich um ihren Leib schlossen, um sie besser festzuhalten. Sie sprach von ihrem Körper in der dritten Person, als wäre er unterhalb der Schlüsselbeine etwas Fremdes, Energiebegabtes und durch sich selbst mit den Mächten ausgestattet, die ihr die Werbung und die Freigebigkeit der Männer eintrugen. Wie durch Zauber trat diese fremde Gegenwart sogleich in Aktion und forderte lang anhaltende Bemühungen von Menschen aus ihr fremden Kreisen, deren Leben einen anderen Rhythmus und andere Ziele hatte. Was dieser studierte, was ein anderer erwartete, ein dritter erstrebte, vermochte sie sich nicht zu erklären. Sie war die Unbeweglichkeit und die Erwartung, der bekannte Ort unter all diesen aus unbekannten Wohnungen kommenden Männern, die Gestalt annahmen, sobald sie um die Ecke in ihre Gasse einbogen und sich bis zu ihrem nächsten Auftritt in der Stadt aufzulösen schienen, sobald sie gingen. Ihr Kopf spielte eine zweitrangige Rolle in dem erstaunlichen Leben ihres Körpers, den alle, in den gleichen Gebärden und Wünschen verschmelzend, in ähnlichen Worten lobten und den sie, den eigenen Sockel besteigend, als etwas sich nie Hingebendes, kaum je wirklich zu Besitzendes darstellte und sich also auch das Recht anmaßte, indifferent, kalt, herablassend zu sein, obgleich sie sich dann doch stillschweigend hingab, wenn das Aussehen eines Besuchers oder die Vorahnung seiner Künste ihr eine egoistische Hingabe lohnend erscheinen ließen, in der sich die Rollen vertauschten und der Mann den Part der *en passant* besessenen Frau spielte. Ihr Körper stand außerhalb des Begriffs Sünde. Wenn sie von ihm sprach, löste sie ihn von sich ab und personifiziert ihn am meisten, wenn sie auf den Ort, der ihm die Mitte gab, in Ausdrücken wie von einem sehr kostbaren, in einem anderen Raum des Hauses verwahrten Gegenstand anspielte. »Mit dem Kopf sündigen wir«, hatte sie in einer Predigt aufgeschnappt – nur mit halbem Ohr gehört nach der Feststellung, daß die ihr als echt geschenkte Spitzenmantille unter ein paar Weihwassertropfen schwarze Farbe ließ. Aber ihr Kopf hatte sich wenig vorzuwerfen, da er in Funktion des einzigen Amtes tätig war, das sie, korrekt in ihren Absprachen, pünktlich in ihren Verabredungen, großzügig angesichts der Notlage anderer oder der Hilfslosigkeit ihresgleichen, gegen verdienten Lohn ausüben konnte. Selbst die Nachbarinnen aus den umliegenden Häusern, in der Kirche getraute Frauen, sagten, sie sei mehr Señora als manche andere, angeblich ehrbare Frau, und stellten sie in ihren spitzzüngigen Hechelreden als Vorbild hin. Sie brüstete sich mit ihrer Offenheit und scheute sich deshalb auch nicht, sich mit dem treffendsten Wort als das zu bezeichnen, was sie war. Aber als sie nun von dieser Angst, von diesem Hunger, von dieser tödlichen Einsamkeit erfuhr, wurde ihr das Wort ein Greuel. Jetzt, da sie erfahren hatte, waren es nicht mehr nur die vier ein wenig anrüchigen Laute, die ihr auf die Lippen kamen, sondern das gemeine, mit Schwären und Steinigungen befrachtete Wort: das seit eh und je in Gefängnissen, Latrinen, Spitälern und Vomitorien heimische Schimpfwort. Ein Hinweis, gegeben, um eine kaum ernstzunehmende Drohung von sich abzuwenden – eine Drohung überdies, die, hätte sie sich erfüllt, mehr ihre Bequemlichkeit als ihre Person betroffen hätte – hatte sie zur Hure gemacht. Hure, nicht durch das Tun ihres Körpers, sondern durch das verräterische Verhalten, das anständige Leute, Frauen eines einzigen Mannes, den Frauen ihres Standes nachzusagen pflegten. Dieses Mal hatte sie mit dem Kopf gesündigt, und das durch ihre Sünde mit dem Kopf heraufbeschworene Böse war so ungeheuer, daß über der Unschuld ihres von Entsetzen geschüttelten Körpers das WORT mit Höllenstimmen gegen sie aufstand ... Als der Mann schwitzend, keuchend, sie wiederholt seiner Aufrichtigkeit versichernd, von seinen Bitten und Gebeten, von Gott als dem wunderbaren Neuen in seinem Leben berichtete, brach Estrella in Schluchzen aus. Er war es nun, der sie in den Arm nahm und neben sich bettete und, ehe er das Licht löschte, ihr mit einem Stück

Seidenpapier die Schminke von den Lippen wischte.

Estrella schminkte sich jetzt nicht wieder die Lippen. Mit einem in Alkohol getauchten Tuch rieb sie sich, ihm den Rücken kehrend, das Gesicht ab. Ohne Schminke lagen ihre Augen tiefer in den glanzlosen und – wie bei vielen, die im Rauch der Holzkohle aufgewachsen sind – ein wenig erdfarbenen Haut unter dem dichten, von Kämmen gebauschten Haar. Sie holte aus dem Schrank das schwarze Kleid, in dem sie in der Karwoche von Kirche zu Kirche ging und den Kreuzweg betete, und die schwarz gefärbten Schuhe, die für Beileidsbesuche und Totenwachen vorgesehen waren. Der Mann kaute an einem Brocken Brot, den er in kalte Soße getunkt hatte – alle anderen Reste hatte der Hund bekommen – und fühlte, nachdem er die Frau besessen hatte, eine unerwartete Ruhe. Mehr als Essen hat das mir gefehlt, dachte er. Und beschrieb ihr zum wiederholten Male in allen Einzelheiten das Haus. Die Frau kannte das weit abgelegene Viertel nicht, war höchstens das eine oder andere Mal durchgefahren, wenn sie, um ein paar seltsame Tiere zu bestaunen, im Zoo gewesen war. Überdies war ihr alles, was nicht im Umkreis der Pfarrkirche lag, so fremd, als läge es auf der anderen Seite der Bucht oder jenseits der alten Befestigungswerke. Von Vierteln wie Orfila, Nazareno, Palatino sprach sie, als wären es abgelegene Städte, in deren Straßen ein Mensch, hatte er erst einmal die Richtung verloren, sich tagelang verirren konnte. Die ihr bekannten Wege waren die zwischen Kirche und Kirche, wenn sie in der Karwoche von Altar zu Altar ging. Sie *wurde besucht;* sie selber besuchte so gut wie niemanden. Deshalb war es notwendig, ihr eine genaue Vorstellung zu geben. Von den vier Straßenecken war es die mit dem Garten hinter den hohen Gittern. Zwei Stockwerke; Vorhöfe mit Sonnendächern und Kinderschaukeln. In den Gladiolen- und Margariten-Beeten standen weiß gestrichene Statuen. Man sah sie von der Straße aus: eine Frau, in einen Schleier gehüllt, mit einem Apfel in der Hand (»Eva?« fragte sie); die andere mit Lanze und Helm wie ein Krieger (in alten Zeiten kämpften die Frauen wie Männer, hatte Großvater ihr erzählt). Und zwei Löwen zu beiden Seiten des Eingangs, jeder hatte einen schwarzen Ring im Maul. (Wie die Löwen an dem Denkmal an der Küste: das mit dem Adler auf der Säule). Man machte sich nicht (wie hier) mit dem Türklopfer bemerkbar, sondern zog an einer Kette rechts neben der Eingangstür. Man läutete nicht Sturm (wie man hier Sturm klopfte), sondern wartete nach jedem Läuten ein wenig ab (glaubte er, daß sie so wenig Manieren hatte?). Sie mußte den Brief dem Hochgestellten übergeben. Und eine Antwort ohne irgendwelche Ausflüchte verlangen. Tun, als ob sie sehr genau über die Geschäftsstelle Bescheid wisse, ihn also kompromittieren könne: höflicher, aber bestimmter Ton einer Frau, die notfalls die ganze Nacht warten würde. Sollte der andere Ungeduld zeigen: den zweideutigen, ironischen, beunruhigenden Ton anschlagen, der vermuten läßt, daß man viel weiß. Wenn sie Schwierigkeiten haben sollte, empfangen zu werden, wenn der Kammerdiener in weißer

Uniform kam und ging, sie aufforderte, morgen wiederzukommen: sagen, daß etwas Schlimmes passiert sei, ohne sich weiter darüber auszulassen. Schlechte Nachrichten öffnen Tür und Tor. Sollte der Hochgestellte ausgegangen sein: versuchen, in dem kleinen spanischen Salon zu warten (hatte sie das mit der geschnitzten Truhe und den zwei Rüstungen, ihren auf den Schwertknäufen ruhenden Eisenhandschuhen begriffen?). Und wenn man sie dort nicht bleiben ließ: draußen vor dem Gitter warten. Unter der Platane stand eine Bank, die Bittsteller kannten sie gut ... Als Estrella sich ihm zuwandte, ungeschminkt, in Trauerkleidung und ohne anderen Schmuck als ein Amulett an einer feinen Kette, mußte er sich das Lachen verbeißen, so sehr glich sie plötzlich jeder beliebigen Schülerin der Akademie für Zuschneiden und Nähen. »Du siehst aus wie eine Dame«, sagte er und gab ihr den neuen Geldschein, den er in der Gürtelschnalle stecken hatte. Und als er durch die Jalousien blickte, sah er, daß sie ein Mietauto anhielt. Es war acht Uhr. Solche Leute aßen spät. Er blieb allein zurück und fühlte sich sicher im Schutz eines Daches und Herr der Nacht, die ihn dem Ende seiner Ängste näherbrachte. Langsam zog er sich an, klopfte dabei an seinem Anzug herum in dem Versuch, ihn wieder in eine Form zu bringen. Über dem Patio ballten sich die Wolken rötlich-violett im Widerschein der Lichter der Stadt. Drüben, hinter dem Granatbaum, war das Eßzimmer mit dem leeren Speiseschrank und dem karierten Wachstuch, dort hingen die Schmuckteller an den Wänden, bemalt mit Gondeln und Schlössern, Katzen, mit dem Wollknäuel spielend, Buchten bei Neapel, Hufeisen auf Rosen. Er trank den Likör aus, der in der Flasche übriggeblieben war, und wiederholte sich noch einmal den Text des Briefes, den er in Ermangelung besseren Papiers auf einen dieser blau linierten Bogen geschrieben hatte, die einzeln und für den Fall, daß man sich bei der Adresse verschreibt, mit je zwei Umschlägen verkauft werden. Er wollte etwas tun, um die Umstände zu seinen Gunsten zu lenken, und so betete er darum, der Empfänger des Briefes möchte anwesend sein, die Überbringerin unverzüglich empfangen werden und mit einer guten, befreienden Nachricht zurückkehren. Er nahm das Buch mit dem Kalatravakreuz, das er als einen glückverheißenden Gegenstand in der Tasche trug, kniete vor einem rosenkranzgeschmückten heiligen Joseph nieder, der von einer Lampe im letzten Zimmer sanft beleuchtet war, und sprach halblaut das Gebet an den Mittler zwischen Gott und den elenden Sündern: »Mächtigster Schutzpatron und unser Fürsprecher, den Gott erwählte, wie er Moses erwählt hat, zu bewahren nicht eine hölzerne Lade, sondern die wahre Lade des Testaments, Maria, in deren gebenedeitem Leibe der höchste Gesetzgeber, Jesus Christus, Fleisch geworden ist ...« Am Ende war er im Zweifel, ob der neun oder zehn Gebete verrichtet hatte, und erlegte sich zehn weitere Gebete auf. Aber da jemand Einlaß begehrte – ein Kunde Estrellas, sicherlich –, löschte er alle Lichter und horchte, im Dunkel zusammengekauert, auf die Geräusche auf der Straße, wo sich der Lastverkehr zum Marktplatz bisweilen staute. Er schlief ein wenig, vielleicht auch nicht; aber dieses Winkelmaß, nach dem seine Hand griff, konnte nur aus einem sehr kurzen Traum kommen, den er, an die Wand gelehnt, im Stehen geträumt hatte. Hier war kein Winkelmaß. Mehrere Lastwagen fuhren vorüber. Und nach langem Warten, als Ungeduld seine Zuversicht zu trüben begann, ließen Stimmen in einem erbitterten Streit vor dem Haus ihn schlagartig hochfahren. Estrella suchte einen Mann zu beschwichtigen, der sie höhnisch zur Rede stellte – und lautstark, damit die Passanten ihn hören konnten, die er zu Zeugen aufrief. Das Türschloß klirrte und, den neuen Geldschein schwenkend, den er ihr gegeben hatte, damit sie das Auto bezahlen konnte, kam die Frau hereingerannt. »Der Chaffeur behauptet, daß er falsch ist. Ich habe kein ...« Nun schlug der Türklopfer, in den hinteren Zimmern mächtig widerhallend, gegen die Tür. »Er sagt, daß die Geldscheine, auf denen der General verschlafen aussieht, falsch sind. Ich habe kein Geld. Ich habe heute die Miete bezahlt.« Der Verfolgte untersuchte den Schein, fassungslos, hielt ihn gegen das Licht, drehte ihn um, besah ihn wieder und wieder, während der vor der Tür weiter höhnte und schrie. »Nie gebe ich Anlaß zu einem Ärgernis. Ich bin eine anständige Person«, jammerte Estrella. Ein Polizist kam langsam auf die Tür zu, die immer noch unter den Schlägen des Türklopfers dröhnte. »Geh weg, ich werde das in Ordnung bringen«, sagte die Frau und deutete auf das letzte Zimmer, wo neben dem heiligen Joseph mit den Rosenkränzen ein Fenster auf ein unbebautes Grundstück ging. Während er in die Dunkelheit zurücktrat, wurde die Tür wieder geöffnet, und verworrenes Reden war zu hören. Der Taxifahrer war den Handel eingegangen und beschwichtigt; er entschuldigte sich nun, solch einen Aufruhr gemacht zu haben, und erzählte alle möglichen Geschichten von falschem Geld, nächtens hingereicht, um desto besser betrügen zu können. Darauf folgten Getuschel und Gelächter. Und plötzlich die Stimme Estrellas, übertrieben laut, so daß sie bis auf die andere Seite des Patio zu hören war: »Ich sag dir doch, Liebling, daß wir allein sind; schau nach, wenn du willst.« Aufgestört durch die Warnung, schwang der Verfolgte ein Bein über den Fensterrahmen und sprang in die Finsternis hinaus. Er glitt aus und fiel auf einen Haufen nassen Papiers, verfaulten Obstes, Federn, Austernschalen und Marktabfällen, in denen morgen die Hunde und danach die Aasgeier wühlen würden. Er war mit einemmal so müde, daß er eine Weile zwischen den kalten Muschelschalen und Fischschuppen liegenblieb, ohne sich zum Gehen entschließen zu können. Ein Zigarettenstummel fiel auf ihn herab, den der Mann weggeworfen hatte, und Funken brannten auf seiner Hand. Es war, seltsam, eine jener wie auf dem Land in Maispapier gerollten Zigaretten, die hier fast niemand mehr rauchte. Durch den Schmerz aus seiner Trägheit gerissen, stand er auf, wußte aber nicht, wohin gehen. Er suchte nach seiner Sonnenbrille: sie war, erinnerte er sich, auf einem Korbtischchen neben Estrellas Bett liegengeblieben. Im Scheinwerfer eines Autos, das um die Ecke bog, lief sein Schatten die Wand entlang.

Am alten Brunnen – einer Tränke für Pferde und Maultiere zu Zeiten, als noch die Fuhrleute in den ersten Nachtstunden im Takt müde geschüttelter Schellen in die Stadt herunterkamen – versuchte er, die Flecken aus seinem blauen Anzug zu entfernen. Da er keinen Lappen hatte, machte er eine Handvoll Stroh in dem noch sonnenwarmen Wasser naß und rieb damit den Stoff. Aber gleich schien es ihm, daß ein paar Lastträger ihn zu sehr beobachteten. Obwohl er von solchen Leuten nichts zu befürchten hatte, ging er durch eine schmutzige Gasse davon, wo Kohlstrünke in der Abflußrinne und zertretenes Obst auf den Gittern über den Kloaken lagen. Der Weg bis zur Geschäftsstelle war selbst unter Verzicht auf jeglichen Umweg weit. Er überschlug ihn in Baumeinheiten, weil er Schatten brauchte, und in Unterholzeinheiten aus Angst vor den Anhöhen, als hätte er einen endlosen Weg in unbebautem Gelände vor sich. Er war drauf und dran, an Estrellas Tür zu klopfen, damit sie herauskam; aber er erinnerte sich, daß sie immer, wenn jemand bei ihr war, alle Lichter an der Vorderfront des Hauses löschte und auf Klopfen nicht antwortete, weil sie wußte, daß manche Männer, die vielleicht später wiederkamen, wenn sie glaubten, sie hätte nur rasch etwas im Viertel zu erledigen, Skrupel hatten, sich zwischen die noch vom letzten Kunden warmen Bettlaken zu legen. Er konnte sich auch nicht darauf verlassen, daß der Taxifahrer schnell abgefertigt sein würde: sicherlich würde er die Gegenleistung nach Kräften ausnützen und womöglich bis über Mitternacht bleiben. Also mußte er möglichst rasch *dorthin* gelangen, um zu erfahren, endlich und ein für allemal, ohne Aufschübe und Ausflüchte zu erfahren, ob morgen die Nacht enden würde, die nun schon so lange dauerte. Er verlangte nicht viel: ein Visum, ein bißchen Geld und ein paar Leute – Leute vor allem –, die im letzten Augenblick um ihn sein würden. Der, mit dem er jetzt sprechen würde, war ein Mann aus dem Regierungspalast. Er hatte ihn von einem gefürchteten Gegner befreit durch ein Buch, das, per Post zugestellt, beim Öffnen explodiert war. Er hatte sich einen besonders dicken, fest eingebundenen Band beschaffen müssen, damit man die Seiten aushöhlen konnte – *Anthologie berühmter Redner, von Demosthenes bis Castelar*, Madrider Ausgabe, Anfang des Jahrhunderts, Kalbledereinband. Genau zwischen Cicero und Gambetta war die Höllenmaschine eingebaut worden. Der Mann, der den Band hergerichtet hatte, war inzwischen wie alle übrigen gefallen, ohne zu denunzieren oder zu »singen«, wie sie das nannten. Er allein, der Überlebende, der da in einer gewundenen Gasse zwischen herabgelassenen Eisenvorhängen ging, kannte das Geheimnis dieser Postsendung. Den Einlieferungsschein des unter falschem Namen eingeschriebenen Pakets hatte er in einem sicheren Versteck aufbewahrt. Notfalls würde er den Mann aus dem Regierungspalast daran erinnern, würde ihm drohen, er werde eine Kopie davon mit einer ausführlichen schriftlichen Erklärung an die Zeitungen schicken, und ihn dadurch zwingen, unverzüglich zu handeln. »Bleib, wo du bist, und warte«, hatte er ihm ausrichten lassen. Aber die Wartezeit war längst abgelaufen, und ein seine Absichten durchkreuzender Tod hatte ihn aus dem Aussichtsturm vertrieben. Er dachte gerade, wie manches Schlimme sich für ihn schon zum Guten gewendet hatte. Vielleicht war der Tod der Alten der letzte Akt der Güte gewesen, den er ihr, die ihn eine Zeitlang mit der Milch ihrer Brüste genährt hatte, verdankte ... Mit neuem Mut beschleunigte er den Schritt in dem Gedanken, wie töricht es gewesen war, Estrella zu schicken, um zu verlangen, was er mit besserem Recht als jeder andere fordern konnte. Er betrat die breite Allee mit den doppelten Baumreihen, wo der König von Spanien in Lockenperücke und Marmorsamt Wache hielt zwischen Säulen aus einer große Epoche, die neben den orangefarben und blau verschmierten Säulen der umliegenden Portale herrscherlich wirkten: Überreste eines lange zurückliegenden Triumphs mitten unter dem falschen Glanz und der Willkür einer stilmischenden Zuckerbäcker-Architektur. Er ging an dem hohen gotischen Bogenpfeil vorüber, der sich unten über einem Laden mit Schnecken und Amuletten für Negerriten öffnete, durchquerte die Arkaden der Großen Loge, um nicht an den Sicheln der Parteizentrale vorbeizukommen, die irgendeiner Zellenversammlung wegen noch erleuchtet war. Auch der Partei hatte er bald nach seiner Ankunft aus Sancti-Spiritus abgeschworen, dachte er, während er rascher ging, und suchte sich in der Geste, mit der er sich vor einem Muttergottesbild an einem Hauseingang bekreuzigte, eine nützliche Entschuldigung. Er kam an die nüchternen Gitter des Botanischen Gartens, die mit lateinischen Namen beschilderten Beete, die von Orchideen kranken Bäume; in den Teichen blühten die Victoria regia mit weit offenen Blüten zwischen gigantischen, vom kalten Licht der Straßenlaternen gesprenkelten *malangas*. Dahinter stand, schwarz gegen rötliche Wolken abgehoben, das Gefängnis auf dem steilen Hügel über den Schanzen der alten spanischen Festung, den Gefängnissen nachgebaut, die auf Wunsch des Vorkämpfers des Christentums ein italienischer Militärarchitekt auf dieser Insel errichtet hatte, ein besonders findiger Kopf in der Kunst, Verliese, unterirdische Gänge und geheime Zellen im Stein zu verstecken. Der Flüchtling schauderte bei dem Gedanken, daß hier, nahe am vierten Wachtturm, neben den Schießscharten, aus denen jetzt nur noch Schreie drangen, vor noch nicht allzu langer Zeit das unersetzlichste seiner Glieder sich unter der drohenden Folter grausam zusammengezogen hatte. Da die Bäume hier dichter standen, suchte er ihren Schatten auf, um sich von der entsetzlichen Erinnerung zu befreien. Schwer atmend verharrte er am Fuß der Anhöhe, auf der die Universität stand und in hellem Licht Lautsprecher dröhnten. Die zu dieser Stunde ungewöhnliche Beleuchtung erinnerte ihn an die Theateraufführungen, die die Studenten der Geisteswissenschaften von Zeit zu Zeit im Säulenhof veranstalteten. Sicherlich sahen sich Hunderte von Zuschauern hier irgendeine Tragödie an, dargestellt von Studenten, die als Boten, als Wächter, als Helden verkleidet waren. Der Verfolgte ermaß in diesem Augenblick, wie kurz der Übergang aus diesem Gebäude mit den Säulenhöfen und dem HOC ERAT IN VOTIS, das er von fern unter den Allegorien der Wissenschaft lesen konnte, in die finstere Strafanstalt gewesen war, wo er schmählich ausgespuckt hatte – gesungen, wie sie das nannten –, was er von Leuten erfahren hatte, denen er in den Gängen der Universität begegnet, zu seinem Unglück begegnet war. Aus dem Lautsprecher brüllten die dramatisch übersteigerten Stimmen der Atriden, und der Chor heulte Verse, die den Flüchtling am Fuß einer von Dorngestrüpp überwucherten Anhöhe festhielten: *»Der Fluch erfüllt sich, lebendig sind die Toten, die unter der Erde ruhen, die Opfer von gestern trinken rachsüchtig das Blut ihrer Mörder ...* Der umspringende Wind verwehte, was folgte. Der Mann setzte sich auf den Rand des Gehsteigs, im Schutz einer laubreichen Platane, aus der schwarze Samenkörner auf den von Wurzeln aufgetriebenen Zement fielen. Alles war gerecht, heldenhaft, erhaben gewesen am Anfang: die Häuser, die nachts explodierten; die Würdenträger, die im Kugelregen auf der Straße zusammenbrachen; die Autos, die, wie vom Erdboden verschluckt, verschwanden; die Sprengladungen, die man zu Hause zwischen der mit Basilienkraut parfümierten Wäsche verwahrte – neben den Flugblättern, die sie in Brotkörben brachten oder in Bierkästen, in denen abgeschlagene Flaschenverschlüsse als Tarnung dienten. Es waren die Zeiten der aus der Entfernung gefällten Urteile, des Muts ohne Prahlerei, des Spiels auf Leben und Tod. Es waren die Zeiten der rätselhaften Hinrichtungen, eingeleitet von einem unerbittlich lächelnden Boten und vollzogen beim Öffnen eines Buches, beim Empfang eines Ostergeschenkes, in Seidenpapier gewickelt und verziert mit Misteln und Osterglocken. Es waren die Zeiten des Gerichts ...

(... obwohl ich mich bemüht habe, es mir zu verbergen, es totzuschweigen, ist es mir gegenwärtig, habe ich es immer vor Augen: wenn ich nach Monaten des Vergessens, das kein Vergessen war, in Gedanken wieder jenen Nachmittag durchlebte, versuchte ich mir die Bilder aus dem Kopf zu schütteln wie ein Kind, das sich in schmutzige Vorstellungen über die Körper seiner Eltern verstrickt; so viele Tage sind vergangen, aber alles besteht fort: der Geruch nach faulem Wasser unter den verblühten Narden in den Vasen aus Karneol; die unter der Abendsonne leuchtenden Fliesen an den Arkaden vor dem langen, viel zu langen Saal mit den Jalousien; die vom Dach herabdrückende Hitze; die breitgeschliffenen venezianischen Spiegel und die Spieldosenmusik der Kristallgehänge an dem Lüster, die in der Brise aneinanderklirrten wie Windfransen. Der Mönch in dem Schweizer Wetterhäuschen, der auf seinem Schemel betete, hatte die Kapuze halb über den Kopf gezogen, da ein paar Tropfen Regen gefallen waren, als wir den Saal betraten. Alle wissen wir, was hier gesagt werden wird; alle wissen wir, daß die Waffen, die hinter dem Wandschirm liegen, nicht umsonst geladen sind. Und dennoch hält man all dies für notwendig, damit man mit festen Händen ein für allemal Schluß machen kann.

Es sind die Zeiten des Gerichts. Ich höre die Vögel singen hinter den vergoldeten Stäben ihres Käfigs mit der Filigrankuppel und den Türen aus Glas, sehe die Schildkröten die Köpfe aus dem trüben Wasser des Teichs heben und langsam gähnen. Alles wird ungeheuer wichtig in diesem Augenblick ausgesetzter, noch immer ausgesetzter Zeit, als ob alles, was danach stattfinden wird, vorher geschähe. Die Jurastudenten, die als Richter fungieren werden, kommen herein, setzen sich hinter den Tisch; der Angeklagte tritt ein, eine Zigarre rauchend, deren Asche er möglichst lange zu halten sucht: zur Schau getragene Ruhe, die nicht in Einklang steht mit seiner Blässe und den fahrig bewegten Füßen. Der Ankläger – in dunkler Krawatte, während alle anderen in Hemdsärmeln dasitzen – spricht vom Attentat auf den Kanzler: seine Wege waren ausgekundschaftet, der Ort der Hinrichtung gewählt, die Standorte der Männer, die mit geöffneten oder geschlossenen Zeitungen den besten Fluchtweg anzeigen sollten, festgelegt: in derselben Nacht noch hätten die Karosserieschlosser mit ihren Lötkolben, Aerographen und Ätherfarben ein unkenntlich gemachtes Auto zurückgebracht. Da schlugen die Einfallsreichen den unterirdischen Gang vor. Und so mächtig war der Wunsch gewesen, mit einem Schlag Schluß zu machen und den Mann mit allen seinen Würdenträgern in die Luft zu jagen, daß sie anfingen, den Tunnel zu graben, von der Flußböschung bis zur Familiengruft, wo der weiße Engel mit den weit geöffneten Flügeln und den betend gefalteten Händen stand. Unter dem letzten leeren Grabgewölbe wollten sie die Sprengladung legen, und während der Grabrede sollte sie gezündet werden. Wir arbeiteten nachts, gruben uns jedesmal ein Stück tiefer in die lehmige, nach Abwässern stinkende Erde. Als die Pikkel auf den Unterbau trafen und wir wußten, daß wir unter der Friedhofsmauer angekommen waren, war der Gestank so groß, daß ein paar von uns ohnmächtig wurden und die Mediziner sie mit den Arzneien der Pharmaziestudenten wieder zu Bewußtsein bringen mußten. Einander ablösend setzten wir die schauerliche Arbeit fort, bis mit Tagesanbruch die ersten Hähne der Fischer krähten und dem Werk der Finsternis ein Ende setzten, das sich von Norden her unter Kreuzen und Kapellen auf den weißen Engel zu seinen Weg bahnte. »Verteidige dich«, rufe ich, als der Ankläger auf den Verräter zeigt, der mit seinem Reden das große Werk zunichte gemacht und uns mehrere Menschenleben gekostet hatte. »Verteidige dich«, rufen alle und wollen den Grund erfahren, den sie nicht kannten, die unerträgliche Zwangslage, das unmögliche Überraschtwordensein, damit die Waffen auf dem Bett hinter dem Wandschirm nicht angerührt und unter dem Baum mit dem dicksten Stamm die Schaufeln nicht bewegt werden müssen. Aber der Schuldbeladene zuckt nur die Achseln, nimmt noch einmal auf seine im vorhinein besiegten Schultern, was wir alle nur zu gut wissen ... Das Wort »Tod« fällt. Und nach dem Gesprochenen, dem Wort, das ein Ende setzt, das den Zusammenbruch von Erschaffenem bedeutet, tritt ein langes Schweigen ein. Ein Schweigen schon im *Nachher*. In dem, was aufgehört hat zu sein: Herzschlag und Bewegung, die schon von dem ins Hauptrad geschleuderten Eisen wissen und von der Erde, gestreut über die noch warme Unbeweglichkeit des zum Stillstand Gebrachten. Ein Körper, schon abwesend anwesend: er streift die Uhr vom Handgelenk ohne Hast, weiß er sich doch schon außer der Zeit; er zieht sie gewohnheitsmäßig mit Daumen und Zeigefinger der rechten Hand auf; legt sie auf den Tisch, einem anderen zum Erbe, und blickt zum letzten Mal auf die Uhrzeiger, auf die Stunde, die für ihn nicht mehr zu Ende gehen wird. Der gleiche Körper, den ich in den Duschräumen des Stadions so sehr bewundert hatte, wenn er, gefeiert, aus dem Jubel zurückkam, verschwitzt und schmutzig und voller Schürfwunden, mit einem Geruch nach Tier, und die Handtücher von dem behaarten Rücken fielen. Wie hatte ich mir für meinen eigenen Körper dieses Rückgrat gewünscht, das sich so geschmeidig in den Wirbeln bog, diesen zwischen den Lenden eingewölbten, unter schwarzem Haar sich verengenden Bauch; diese vom Springen gestreckten Beine, die jetzt unter das Wasser rannten, diese Brust, aus der sich überschüssige Energie in Singen und Schreien Luft machte. Und in haarsträubenden Wörtern, während er sich den Kopf einseifte und verkündete, daß er noch Lust auf Frauen, auf Musik und Schnaps hätte. Die erlauchten Geister meiner Provinz – häufige Gäste in der Schneiderei und immer mit dem Blick auf den Brunnen, in dessen Schatten Heredia meditiert hatte – mochten mir immer schreiben, daß die Muskeln dumm sind und daß nur der Geist groß ist. Ich beneidete dieses eng die virile Gestalt umspannende Fleisch, das unverändert von seinen Ausschweifungen unter uns lebte, sich am Stab hochfederte, die Hürden überflog und den Speer schleuderte wie die Helden im Altertum. Jetzt war dieser Rücken vor den Richtern so jämmerlich eingewölbt, als wollte er die letzten Herzschläge zählen. Und man muß die Hand heben und das Urteil fällen. Zwei, fünf und mehr Hände. Meine hängt schlaff herab, sucht im Fell eines an meinem Stuhl schweifwedelnden Hundes einen Vorwand, sich nicht heben zu müssen. »Verteidige dich«, sage ich noch einmal, so leise, daß niemand es hört. Und es ist mein Ellenbogen, der sich zuletzt, unter aller Erwartung, vorschiebt und die feigen Finger auf die gleiche Höhe mit so vielen anderen hebt. Alle umarmen den Verurteilten, ohne ihm ins Gesicht zu sehen. Die Henker holen ihre Waffen. Und kurz darauf kracht die Salve unter dem Baum mit dem dicksten Stamm. Verwunderung und Schrekken angesichts dessen, der da liegt: wie leicht es ist, eine Existenz auszulöschen. Alles erscheint ganz natürlich: was sich bewegte, hat aufgehört, sich zu bewegen; die Stimme verstummte unter dem Schwall Blut, das nun als eine feste Glasur das unrasierte Kinn bedeckte; alles, was gefühlt werden konnte, war gefühlt worden: die Unbeweglichkeit hat nur einen Kreislauf von Wiederholungen unterbrochen. »Es mußte sein«, sagen alle vor ihrem Gewissen und suchen ihre Rechtfertigung in der Geschichte. Und so gehen sie in die Nacht auseinander, ohne sich länger verbergen und den Schatten mißtrauen zu müssen, denn die Zeiten haben sich geändert, und jedesmal wiederholen sie lauter, *das* habe sein müssen, damit sie sauberer in die geänderten Zeiten eintreten könnten ... Die Vögel schlafen unter ihren Filigrankuppeln, die Schildkröten strecken noch immer, ohne sich zu bewegen, die Köpfe aus dem trüben Tümpel. Der Mönch im Schweizer Wetterhäuschen hat die Kapuze über den Kopf gezogen, erinnere ich mich, denn ein paar Tropfen Regen waren gefallen, aufgesogen sogleich von den ausgetrockneten Dächern. Um den Baum mit dem dicksten Stamm schwirren die Fliegen, angelockt von den Kugeln, die den Körper durchschlagen haben. Auf einem Ast ruft mit dem krächzenden Schrei eines Nachtvogels eine Kröte. Es waren die Zeiten des Gerichts ...)

... Die Zeiten des Gerichts, denn zwei, drei Jahre herrschte damals schon die Erbitterung und vollbrachte das Schreckliche am hellen Tage, richtete und fällte und entfesselte die Rachefurien, die sich unerbittlich gegen die Schwachen und die Verräter wandten. Auf das aber, was notwendig, was gerecht, was heldenhaft war, folgten die Zeiten der Beute. Sobald keine Vergeltungsmaßnahmen mehr zu fürchten waren, gingen die Unzufriedenen dazu über, das Risiko auszubeuten, trieben in bewaffneten Banden oder Kommandos Handel mit der Gewalt, erboten sich, Aufträge auszuführen und forderten ihren Preis, um zugunsten dieses oder jenes abermals die Furien am hellen Tage loszubinden. Selbst die Polizei flüchtete vor den Schrecklichen, diesen Söldnern mächtiger Schutzherren, für die Gefängnismauern immer einen Spalt hatten. Noch immer behauptete man, dies sei notwendig und gerecht; aber wenn der aus dem Aussichtsturm Vertriebene, nun selbst Verurteilte von einem Auftrag zurückgekommen war, hatte er bis zum Umfallen trinken müssen, um glauben zu können, daß notwendig und gerecht war, was er getan hatte. Ein Preis war auf vergossenes Blut gesetzt worden, mochte dieser Preis auch nach den Maßstäben der Revolution festgelegt worden sein. Als der Mann, der auf dem Gehsteig saß, sich erinnerte, welchen Gebrauch sie in jenen Tagen von diesem alles deckenden Wort gemacht hatten, verkrampfte sich ihm die Hand, die den Tod eines Menschen gefordert hatte. Jämmerlich wölbte sich nun sein Rücken unter der Furcht, den Blick der Henker in der Nacht aufleuchten zu sehen ... (Geladen sind die Waffen, irgendwo, wie auch die Waffen, die, Abzug neben Abzug, Kolben neben Kolben, Mündung neben Mündung auf dem Bett hinter dem Wandschirm lagen, geladen waren, noch ehe das Urteil gesprochen war. »Verteidige dich«, sagte ich. Sagte es und wollte doch nicht, daß meine Stimme gehört wurde. Zu mir selbst sagte ich es, um mir sagen zu können: du hast es gesagt. Manchmal frage ich mich, ob ich es überhaupt gesagt habe, ob es nicht das Echo des von anderen Gesagten war. Und dann der Weg – ohne ihn anzublicken – zu dem Baum mit dem dicksten Stamm, dessen Rinde sich abschälte – ich erinnere mich – wie die Rinde an diesem, die einen Geruch nach bitteren Mandeln in meinen Nägeln läßt. Eine Kröte hat auf einem Ast gerufen –

wie an jenem Nachmittag; wie an dem Nachmittag, da ich mich befugt glaubte, mich zur Rechten des Herrn zu setzen ...) Er empfand Abscheu, Ekel vor seinem bisher gelebten Leben; und ein brennendes Verlangen, sich zu einem Beichtstuhl zu schleppen und laut zu schreien, daß es nicht notwendig gewesen war, und all seine Schuld auszuspeien, damit sie ihm die außergewöhnlichsten, die schrecklichsten Strafen, die die Kirche kennt, auferlegten, und er gefiel sich in dem Gedanken, daß es Strafen für Greuel wie die von ihm begangenen gab. Er warf sich mit dem Gesicht nach unten zwischen die Wurzeln der Platane – so jäh, daß seine Zähne aufschlugen und sein Mund sich mit dem Geschmack seines Blutes füllte –, als er zwei Männer langsam die abfallende Straße auf die Stelle zukommen sah, wo er im Schutz der Schatten lag. »Ein Betrunkener«, sagte der Ältere und beugte sich leicht herab. »Vielleicht an einem Anfall gestorben«, meinte der andere, der nicht hinsehen wollte. »Morgen werden sie ihn schon holen.« Die beiden Passanten entfernten sich auf die Allee zu. Auch für sie war der Tod etwas Einfaches. Ein starrer Körper wird zu etwas, das man mitnehmen oder abholen kann; etwas Lästiges, weil er schwer wiegt und sich schlecht aufladen läßt, obgleich man ihn – der *Form* wegen – auch nicht auf der Straße liegen lassen kann. Er hat etwas Menschliches und erinnert durch seinen Umriß an einen Ablauf, der unter den Wurzeln, nicht über ihnen, beschlossen werden muß. »Morgen werden sie ihn schon holen«, wiederholte der Ältere, schon von fern, wie um sich der Pflicht, Meldung zu erstatten, zu entheben. Der Flüchtling stand auf und schüttelte die roten Ameisen ab, die seine Ärmel hochgekrochen waren. Ihre Bisse spornten ihn zum Gehen an. Aber gleich darauf blieb er stehen, um sich zu vergewissern, daß die Schritte, die auf dem gegenüberliegenden Gehsteig hallten, die seinen waren. Der Wind, der von Nord auf Süd gedreht hatte, wehte wieder das Gebrüll aus dem Lautsprecher herüber: Frauenchöre, aus denen die schrille Stimme einer Pharmaziestudentin herausklang, die er kannte: *Eilt in die Halle zurück, das zweite zu vollbringen, wie ihr das erste vollbracht habt.* Und ein Mann antwortete: *Fürchte nichts, wir werden den Auftrag vollenden. – Aber rasch, und auf welchem Wege du willst,* heulte, drängend, irgendeine Elektra. Die Stimme hatte recht. Er mußte sich beeilen, um möglichst bald *dort* anzukommen, auf welchem Weg immer. Es lag auch kein böses Vorzeichen in dem *Wir werden den Auftrag vollenden* der anderen Stimme ... Vor ihm öffnete sich, bis zum Meer hinunter, über das dichte, von fernen Blitzen durchzuckte Wolken tief herabhingen, eine Allee, in der mehrere Präsidenten in dicken Bronzegehröcken auf ihren Granitsockeln standen, in heroischer Größe über die Eis- und Getränkeverkäufer emporgehoben, die mit ihren Glöckchen bimmelten, als kündigten sie die heilige Wegzehrung an. Hier mußte man dicht an den Häusern gehen, denn die Palmen mit ihren die höchsten Straßenlaternen überragenden Kronen warfen keine Schatten. Der Flüchtling erreichte die dunkle Straße mit dem trübseligen Café, die grünen Holzsäulen, Replik eines verwaschenen toskanischen

Stils, und rannte mit großen Sprüngen an die Ecke, wo das Haus der Geschäftsstelle stand: ohne Wände, abgerissen bis auf die Pfeiler über dem Marmorboden, der mit Steinen, Balken und abgebröckeltem Stuck bedeckt war. Die Gitter und die Löwen mit den schwarzen Ringen im Maul waren bereits entfernt worden. Ein Laufsteg für Schubkarren führte quer durch den großen Salon nach oben und endete in einer Toilette, wo über einem Haufen formloser Mauerreste ein paar Schaufeln die Stiele wie Windmühlenflügel auseinanderstreckten. Neben dem andalusisch verschnörkelten Torgitter lag die Pomona aus dem Garten samt Sockel und Grundstein auf dem gipsüberstreuten Gras einer Rabatte. Ein Hund schlief unter der Aufschrift, die mit dem Anstreicherpinsel auf eine geborstene Bohle gemalt war:

SCHUTT ZU VERSCHENKEN.

Eine Wand des hintersten Zimmers stand noch; ein umgestürzter Schubkarren lag, wo sonst der Sekretär gestanden hatte, dessen Einlegearbeit ihn damals wegen der wippenden oder am Stab über Stiere springenden Männchen so belustigt hatte. Im übrigen war es schwierig, im Geist das Mobiliar dieses Arbeitszimmers zu rekonstruieren, auf dessen Tisch ein Tintenfaß ohne Tinte mit Bronzeadlern und eine Löschwiege in gepunztem Korduanleder gestanden hatten. Aber er brauchte nur hier zu sitzen, in diesem Winkel, den das Licht der

Straßenlaterne nicht erreichte, um sich den Augenblick des Bruchs in aller Deutlichkeit zu vergegenwärtigen. Bis zu diesem Augenblick war alles Kühnheit gewesen, Selbstvergessenheit, heiliger Zorn bei den schrecklichen Aktionen der Gruppe. Sie hatten ihm beigebracht, Nummernschilder zu fälschen, mit Dynamit umzugehen, Gewehrläufe abzusägen und sie dann mit zwei Teilen feinem und einem Teil grobem Schrot zu laden. Er kannte sich mit Kodeschlüsseln und Geheimschriften aus, bei denen das Wort SYMPHONIE, gewählt, weil kein Buchstabe zweimal darin vorkam, aus dem Alphabet genommen und seine Bestandteile in neuen, ungeordneten Reihen zusammengesetzt wurden, die eine geheime Ordnung ergaben; er verstand die Sprache der geöffneten oder geschlossenen Zeitungen; er hatte mit den anderen den Pickel in den nach Abwässern stinkenden und mit Vermodertem aus alten Särgen durchsetzten Letten geschlagen in dem unterirdischen Gang, der unter dem Friedhof der an Begräbnisprunk Armen hindurch zum Grab des Kanzlers führen sollte, damit auf dessen Begräbnis alle auf einmal in die Luft gejagt würden. »Recht geschieht dem Hund« sagte er damals mit dem Brustton der Überzeugung, sooft er einen jener hastigen Leichenzüge vorbeikommen sah, bei dem die Trauernden ängstlich zwischen den Gräbern gingen und mißtrauisch nach den Stämmen der Zypressen spähten. »Recht geschieht dem Hund«, sagte er auch vor den schwarzgeränderten Anzeigen in den Zeitungen und fand das *requiescat in pace* noch zu nachsichtig ... Und eines Tages war er an der Reihe gewesen zu schießen; es war in der breiten Allee mit den Bronze-Präsidenten gewesen. Der Verurteilte sah glücklich aus an jenem frischen Morgen, als er sich an den Hafen fahren ließ, um die Meeresbrise zu genießen. Seine Finger trommelten eine Melodie auf den grünen Wagenschlag, ein Rubin glänzte an seinem Ringfinger. Die Verfolger fuhren in der richtigen Geschwindigkeit heran, sie hoben die Waffen vom Boden des Wagens auf, ohne daß die Läufe aneinanderstießen. »Entsichere«, sagte der rechts von ihm Sitzende, weil er wußte, daß er in solchen Aufgaben noch unerfahren war. Gleich darauf war der Nacken so nah vor ihm, daß er die Pickelnarben darauf hätte zählen können. Dann sah er ein verstörtes Gesicht, zwei flehentlich aufgerissene Augen, hörte ein Aufheulen und die Detonation. Das zerschossene Auto fuhr mit dem Gerassel von Schrott gegen den Bug einer der beiden Galeeren, die das Denkmal der Seehelden flankierten, während die Verfolger durch eine Querstraße entflohen. »Recht geschieht dem Hund.« Aber in jener Nacht hatte er bis zur Betäubung trinken und halb bewußtlos in Estrellas Bett fallen müssen, um den pickelnarbigen Nacken zu vergessen, der so nah vor seiner Waffe gewesen war, fast in Reichweite der Hand. Als er bald darauf erfuhr, daß dieser Tod jemanden plötzlich begünstigte, kamen ihm Zweifel, die aber rasch wieder beschwichtigt wurden von denen, die so geschickt mit den Wörtern umgingen, die alles rechtfertigten. »Die Revolution«, sagten sie, »ist noch nicht zu Ende.« Und so wurde er von immer aktiveren Händen Stufe um Stufe weitergezogen, bis in die Bürokratie des

Schreckens. Aus der anfänglichen Wut, dem Schwur, die Gefallenen zu rächen, dem Gedanken an das HOC ERAT IN VOTIS vor den Leichen der Hingerichteten wurde ein Amt, das raschen Profit und hohen Schutz gewährte. Und eines Morgens saß er vor dem Sekretär mit der an Goya erinnernden Einlegearbeit und erklärte sich bereit, gegen Sold die Leitung bei der Zurichtung einer gewissen Redner-Anthologie zu übernehmen, die er dann per Post abschickte. Als sie ihn tags darauf vor dem Café am Marktplatz, in das er immer ging, wenn er von Estrella kam, verhafteten, begriff er, daß die Polizei aus bloßem Verdacht gegen ihn vorging, ohne ein sicheres Indiz, denn der Einlieferungsschein war gut versteckt und der Mann, der den Sprengsatz eingebaut hatte, war aus der Stadt geflohen, sobald er erfahren hatte, daß das Buch in den Händen des Empfängers explodiert war. Der Hochgestellte aber hatte das allergrößte Interesse daran, zu schweigen ... Er erinnerte sich an den Gang über die Zugbrücke; an das schwarze Fallgitter, von dem noch verrostete Ketten herabhingen; an den Weg durch Gänge und Zellen, in denen das Licht nie gelöscht wurde, damit sich die Männer, die dort auf den Betten aus Segeltuch und alten Leitungsrohren lagen, nicht wie Tiere auf dem Boden paarten. Und nach zwei Tagen ohne jeden Bescheid, ohne Essen – ohne Alkohol nach dem monatelangen Trinken – waren sie gekommen: die auf sein Gesicht gerichteten Scheinwerfer, die Fäuste mit den Ochsenziemern, die Stimmen, die sagten, sie würden ihm mit dem Zahnbohrer die Wurzeln seiner Backenzähne aufbohren; andere, die davon sprachen, ihn auf die Hoden zu schlagen. Die Vorstellung, sie könnten sein Geschlecht angreifen, schien ihm unannehmbar und außerhalb jeden Rechts und jeder Macht zu liegen. Er hatte getötet, er hatte nicht kastriert. Sie aber würden ihn jetzt um sich selbst vermindern; würden ihn austrocknen bei lebendigem Leibe, ihn der Mitte berauben, worein der Körper sein Wappen und, prunkend mit der Unfehlbarkeit einer nur ihm zu verdankenden Kraft, seinen innersten Stolz gesetzt hatte. In wenigen Minuten würde er den Weg ins Greisenalter antreten müssen, jeder künftigen Erregung, unzähligen Besitzens beraubt sein, tot für anderes Fleisch. Seine Wirklichkeit zerbrach, zerriß unter den Scheinwerfern, die wie im Operationssaal auf sein Gesicht schienen, beim Klang dieser Stimmen, die, schauerlich verstärkt durch den Widerhall im niedrigen Wehrgang, immer näher kamen, die sagten, daß sie ihn nun in seiner strotzenden Kraft versehren, ihn entmannen würden, verstümmeln, kastrieren. Die fremden Hände vor seinem verzerrten Gesicht, der Schweiß an allen seinen Gliedern trieben seine Angst vor einem Schmerz aufs äußerste, der ihn an einer anderen Stelle seines Seins weniger geschmerzt haben würde. Alles würde zusammenbrechen in diesem Tod vor dem Tode, den er in endlosen Tagen ohne Umarmung, unter der Last seines Leichnams würde erdulden müssen. Der erste Zugriff der Zange entriß ihm einen tierischen Schrei, so lang, so verzweifelt, daß die anderen ihn einen Feigling schimpften und mit einem Schlag ins Gesicht zum Schweigen brachten. Und als er zum zweitenmal das

Metall an seinem verkrampften Fleisch spürte, rief er in heiserem Röcheln, das in Gebrüll und Schluchzen überging, nach der Mutter. Und die Augen starr im Scheinwerferlicht, das seine Pupillen mit glühenden Kreisen füllte, die Hände über das gebreitet, was sein war, in einer Bewegung, als wollte er es zurückholen, es an sich ziehen und sich wieder einverleiben, begann er zu sprechen. Er sagte, was sie hören wollten; erklärte die Ausführung kürzlich begangener Attentate und stellte sich selbst, um seine Schuld abzuschwächen, als bloßen Mitläufer und Komparsen hin, als er die Namen derer aussprach, die zu dieser Stunde auf den Sofas einer Vorstadtvilla schliefen oder, die Waffen an den Rückenlehnen ihrer Stühle aufgehängt, am langen Eßzimmertisch tranken oder Karten spielten. Über alle Erwartung zufrieden mit seinen Informationen und Darlegungen, akzeptierten es seine Befrager, daß er nichts gewußt habe von der Zubereitung und dem Versand des Buches, das zwei Menschenleben gefordert hatte, und legten es als kollektive Arbeit der Gruppe zur Last. Und als der Mann, der immer noch nackt war und sein Geschlecht hielt, sagte, daß er mehr nicht wisse, schickten sie ihn in seine Zelle zurück, mit einer Zigarette als Belohnung für seine Denunziation. Und da war wieder die Gefängniszelle, die Schritte auf dem Gang, die grausame Angst, alles könnte von vorn beginnen. Am Morgen verlangte er in einem Brief an den Gefängnisvorsteher, daß der Mann im Regierungspalast von seiner Verhaftung verständigt würde. Eine halbe Stunde später wurde er auf Befehl des Sekretärs der

Geschäftsstelle in Freiheit gesetzt... Er ging über die Zugbrücke und langsam den Abhang der Festung hinunter und es verwunderte ihn, mit welcher Ergriffenheit er nach dem Durchgang durch die Hölle das Leben in den Straßen erwachen sah. Es war wie der Beginn einer Genesung; eine Rückkehr ins Land der Menschen. Er verspürte nicht einmal Hunger, noch das Verlangen, an die Mahagonitresen zu gehen, wo die morgendlichen Zecher ein paar Tropfen als Trankopfer für die Seelen der Verstorbenen vergossen, ehe sie ihren Schnaps tranken. Unter dem milden, dunstigen Licht zwitscherten die Platanen aus allen ihren Federn. Auf dem schlanken, in mattem Weiß opalisierenden Turm der Herzjesukirche schwang sich das Marmorbild der Muttergottes weit über die Kuppel der Nikolauskirche empor, wo zu dieser Stunde die Negerinnen, weißhaarig und rosenkranzbehängt, in den violetten Kleidern, den gelben Strick als Gürtel, in Erfüllung ihrer Gelübde an den Nazarener die Messe hörten. Und aufs neue erstrahlten in der Morgensonne die roten Mosaike der Kirchenkuppeln und die vergoldeten Kreuze, die Kupferdächer an den Glockentürmen der Karmeliter-, der Franziskaner-, der Mercedarierkirche, erwachte das Leben auf den flachen Dächern, wo hinter den Geländern die Wäscherinnen ihre Wäsche wuschen auf dem Hintergrund des allesumrandenden und so hohen Meeres, daß es schien, als führen die Fischerboote über die Dächer. Auf dem Weg in seine Wohnung genoß der Freigelassene die Kühle unter den Arkaden, den Geruch des Obstes auf den Waagschalen, den Duft der Kaffeeröstereien, entdeckte wie jemand, der aus dem Krankenhaus heimkehrt, das mild Geschmeidige der Butter, das Krachen des frischen Brotes, den sanften Glanz des Honigs. Er schlief bis Mittag und erwachte erst durch die Zeitungsjungen, die eine Sonderausgabe ausriefen. Die Bilder zeigten Leichen auf einem Gehsteig, den er sehr genau kannte, Blutlachen zwischen umgestürzten Möbeln, Sterbende auf Operationstischen und die Fenster – in Küche und Speisekammer –, durch die einige wenige durch einen Sprung in die Schlucht entkommen waren. Als er am Nachmittag dieses selben Tages zum Haus des Hochgestellten unterwegs war, fand er eben noch hinter einer Säule Schutz vor einer Garbe von Kugeln, abgefeuert aus einem schwarzen Auto, dessen Nummernschild unter einem Gewirr von Luftschlangen verschwand, denn es war Karneval.

Der Hund wachte auf und begann, zu dem Schatten über ihm aufblickend, zu bellen, nicht wütend, eher monoton, ein Blaffen und noch ein Blaffen, und machte dazwischen, um sich selbst kreiselnd, Jagd auf die unerreichbaren Flöhe in seinem spärlich behaarten Schwanz. Der Verfolgte erhob sich mühsam und stieg den Laufsteg für Schubkarren hinunter, betrat durch die Decke den großen Salon, wo noch die Syringen und Schellentrommeln einer pompejanischen Allegorie, schmutzig und in verblaßten Farben, zu sehen waren. Im leeren Türrahmen erwartete ihn, lustlos bellend, der Hund. »Nicht einmal einen Biß bin ich wert«, dachte der Mann und ging durch den Garten, in dem kreuz und quer die

Latten herumlagen. Bis zu den Knöcheln in den gipsbeschuppten Lehmboden einsinkend, erreichte er die Straße. Der Gedanke, noch einmal auf Baum- und Säulenwegen die Stadt zu durchqueren bis in das weit abgelegene Viertel Estrellas, erschien ihm unausführbar. Er war müde über alle Müdigkeit hinaus. Es war, als lägen seine Glieder in tiefer Betäubung und bewegten sich nur noch unter dem Antrieb einer fremden Kraft. Er schickte sich darein, den Kampf aufzugeben, jetzt und ein für allemal stillzuhalten in Erwartung des Schlimmsten. Und ging dennoch weiter, ziellos, von einem Gehsteig zum anderen, verirrt in der Straße, die er von allen Straßen am besten kannte. Er hätte sich an diesem Baum fallen lassen, wäre nicht das dumpfe Blaffen ihm hartnäckig auf den Fersen gewesen. Er entsann sich ein paar unbebauter Grundstücke, wo er sich zwischen Gestrüpp hätte verbergen und schlafen können. Aber sie lagen zu fern für seine Müdigkeit. Alles, was er an Geld besaß, war der falsche Geldschein, den Estrella ihm zurückgegeben hatte, und der würde überall abgelehnt werden und nur gefährliche Streitereien heraufbeschwören. Seine alte Wohnung wurde von *den anderen* überwacht. In den billigen Hotels mußte man im voraus bezahlen, und um in die großen zu gehen, in der Absicht, sich am nächsten Tag dünn zu machen, sah er viel zu heruntergekommen aus. Warum kannten die Menschen heute nicht mehr die alte, hilfreiche Einrichtung, »an einer geweihten Stätte Zuflucht zu suchen«, wie er in einem Buch über die Gotik gelesen hatte? O Christus! Stünden deine Häuser offen in dieser Nacht ohne Ende! Ich würde mich auf den Steinboden fallen lassen, in den Frieden des Kirchenschiffs, und winseln und mich befreien von allem, was ich in meinem Herzen verborgen habe! ... Oh, auf dem Angesicht liegen über dem kalten Stein, mit der Last des Steins auf meinem Herzen, die Wange an den kalten Stein gepreßt, die Hände ausgebreitet auf dem kalten Stein, das Fieber zu lindern, den Durst zu stillen, die brennenden Schläfen zu kühlen auf dem kalten Stein! ...

Eine Kirche wurde in der Nacht hell zwischen Feigenbäumen und Palmen, erglänzte mit allen Rosetten an ihrem weißen Glockenturm, der durch das Scheinwerferlicht aus dem Rasen noch schlanker aufragte. Die Kirchenfenster erglühten und, leuchtend, das Purpur und Grün der Hauptrosette. Und plötzlich öffneten sich die Tore am Kirchenschiff, über einen scharlachroten Teppich führte ein Weg zu dem im Kerzenlicht strahlenden Altar. Langsam näherte sich der Verfolgte dem aufgetanen Haus, betrat es durch den Spitzbogen eines Seiteneingangs und blieb überwältigt am Fuß eines weihrauchduftenden Pfeilers stehen. Die Hand tauchte in das kühle Weihwasser, trug es auf Stirne und Mund. Eine Orgel erklang leise, wie um die hohen Register zu erproben. Auf einem mit Spitzen gedeckten Altar war das Kreuz aufgerichtet, hell nachgezogen durch den Leib Christi. Der Mann war so fassungslos über die Erfüllung seiner Bitte, daß die Gebete, die er aus dem kleinen Buch gelernt hatte, nicht über seine Lippen kamen. Er schaute nur. Schaute ohne Ende auf das, was da, der Nacht seiner Angst entrückt, für ihn brannte. Von Pfeiler zu Pfeiler ging er – wie zuvor von Baum zu Baum – nach vorn, trat scheu, Schritt für Schritt, an den Tisch der Eucharistie. Mit jedem Übergang, bei jedem Seitenaltar, fiel ein Schrecken von ihm ab. Aufatmend blieb er stehen, sog die Luft ein, die nach vergossenem Wachs und nach dem Firnis eines kürzlich restaurierten Letzten Abendmahls roch. Seine Finger ruhten auf dem Geländer der Kanzel, auf dem Holz eines Beichtstuhls mit der Empfindung, etwas Kostbares zu berühren. Zum erstenmal wußte er – fühlte er –, was eine Kirche sein konnte, während er sein immer schwereloser werdendes Fleisch durch die mystische Lade zu Dem hin lenkte, der über der blumengeschmückten Altardecke blutete unter den Nägeln und der Dornenkrone ... »Sind Sie eingeladen?« fragte eine ruhige Stimme hinter ihm. »Ich bin eingeladen«, antwortete er, ohne sich umzudrehen, und hörte gleich darauf einen gedämpften Schritt sich entfernen. Aber hinter ihm schwoll ein großes Gemurmel, im Vorraum beginnend, immer lauter an, je weiter es unter den Spitzbogen vorrückte. Er stand an der Sakristei, als er das Geräusch wahrnahm, plötzlich, als wäre ihm nach einem schwindelerregenden Aufstieg in die Höhen des Universums das Gehör umgestülpt worden. Hell gekleidete Frauen traten herein, Männer in Galakleidung, Kinder mit Blumenzweigen in den Händen: Menschen, die ihn nicht ansahen, die, ein Geflimmer von Schleifen und flatternden Stoffen bewegend, ihn nicht sahen. Der Verfolgte begriff, warum die Kirchenschiffe in der Nacht beleuchtet worden waren: gleich würde die Braut kommen, Hochzeitsmärsche würden erklingen, Brautgeld würde gezahlt, Ringe angesteckt werden, und dann würde das wieder menschenleere Heiligtum in die Dunkelheit zurückkehren. Aber wenn alles zu Ende war, würde er endlich einen Menschen finden, der ihn anhörte. Dieses Haus war Zuflucht und Schutzort. Sicherlich kannte der Geistliche den Hochgestellten, dessen Haus, so nahe der Kirche, jetzt abgerissen wurde. Wenn er die grauenhafte Wahrheit gehört hatte, die aus seinem Munde kommen mußte – alles würde er sagen, wie es Ihm, dem nichts verborgen bleiben kann, gesagt werden muß –, würde der Beichtvater ihm vielleicht zum Helfer werden. Hochzeitsmusik erklang von der Orgel, und alle wandten sich dem Zug zu, der sich auf den Altar hin in Bewegung setzte. Im Halbdunkel einer Kapelle nahm der Verfolgte je nach den Bewegungen des Offizianten wie im Traum an der Zeremonie teil. Endlos erschienen ihm die rituellen Handlungen und Lesungen, mochte er sich noch sooft wiederholen, daß seine Ungeduld ein Sakrileg war und es ihm nicht zustand, über das zu befinden, was unter den Nägeln des Kreuzes geschah. Wieder erschollen in brausendem Triumph die Orgelpfeifen. Und dann zerstreute sich die Menge in Gruppen, die viel zu langsam hinausgingen. Die Lichter erloschen, Dunkelheit kehrte ins Mittelschiff zurück, während drüben, weit entfernt, die hohen Portale geschlossen wurden. Ein paar behende Silhouetten bückten sich, um den Teppich zusammenzurollen, andere nahmen den Schmuck ab und reihten die Bänke wieder auf. Als auch diese gegangen waren, trat Stille ein, eine große Stille im Schein der Kerzen, die schwach die heiligen Bilder beleuchteten: die Erscheinung Christi, Christus mit den Wundmalen und Christus mit den Aposteln auf dem Letzten Abendmahl, dessen noch frischer Firnis von Glanzlichtern funkelte ... Der Mann wartete lange, weil er es nicht wagte, in die Sakristei einzutreten, wo ein Zusperren von Schränken, ein leichtes Klirren aneinanderstoßender Gegenstände von der Anwesenheit eines Menschen zeugten. Aber mit einemmal erschien im Türrahmen die korpulente Gestalt des Pfarrers, der noch in die helle Soutane gekleidet war. »Wer ist hier?« fragte er mit energischer Stimme und griff nach einem schweren Kerzenleuchter. Der Verfolgte trat aus dem Dunkel, plötzlich bedrückt von dem Gedanken, er könnte für einen Dieb gehalten werden. Wie in dem Wunsch, sich zu erklären, streckte er das Buch mit dem Kalatravakreuz vor. Der Geistliche besah es mißtrauisch, ohne eine leichte Abwehrhaltung aufzugeben. Da versuchte einer zu ihm zu sprechen, der auf die Knie gefallen war und die Hände um das kleine schwarze Buch preßte. Aber Schluchzen erstickte seine Sätze, die keinen Sinn ergaben, sondern unaufhörlich in den Gedanken der Schuld und des Abscheus vor sich selbst zurückfielen. Verblüfft hörte der Pfarrer diese heisere Stimme, die, in Weinen und schweren Atemstößen brechend, sich finsterer Verbrechen und höllischer Vergehen anklagte, und machte nicht einmal den Versuch zu verstehen. Er kannte von

Amts wegen solche Krisen bei Leuten, die imstande waren, einen ganzen Tag lang mit ausgebreiteten Armen zu Füßen der schmerzensreichen Jungfrau zu liegen und die Dolche in ihren Wunden für sich zu fordern; oder solche, die ihre Obsessionen erzählten, als ob sie sie erlebt hätten, wieder von vorne begannen, sobald sie die Absolution erhalten hatten, und jeden Morgen in eine andere Pfarrei gingen, um immer das gleiche zu erzählen; oder auch die, die auf den Knien über den Kirchenboden rutschten, die Brust voller Skapuliere, und sich aufdrängten, die Heiligenfiguren in den Prozessionen zu tragen, mit maßlos zur Schau gestellter Inbrunst die Schultern unter den Mann aus Nazareth zu schieben. Es waren die gleichen, die, wenn sie krank wurden, zu den falschen Jungfrauen, den schwarzgesichtigen Heiligen liefen und sie mit barbarischen Namen anriefen. »Morgen«, sagte er in Gedanken an diese Pfarrkinder. »Morgen. Komm morgen zur Beichte«, und je dringender der Mann auf seiner Bitte bestand, desto schneller wiederholte er, ungeduldig und zuletzt ärgerlich, sein »morgen, morgen, morgen«. Sein Blick blieb plötzlich auf dem kleinen Buch mit dem Kalatravakreuz haften, das dem Knienden aus den Händen gefallen war: trotz des vorschriftsmäßig eingetragenen Impressums waren dies die Bücher, die zwischen rot gekleideten Püppchen, frevelhaft mit JHS gezeichneten Viehglocken und Totenköpfen mit Schnecken als Augen in den Zauberkramläden verkauft wurden. Die Gebete waren gut, aber sie wurden aufgesagt in Gedanken an die Häresien der *santeros* und mit Bitten um Dinge, um die man in einer Kirche nicht bitten durfte. Zornröte stieg dem Pfarrer ins Gesicht. Mit starker Hand zog er den noch immer Sprechenden vom Boden hoch und führte ihn, ohne locker zu lassen, durch die Sakristei mit den großen Truhen zur Hintertür, die er mit seinem breiten Körper verstellte. »Morgen«, sagte er in milderem Ton zum letzenmal. »Und denk daran, daß du nüchtern kommen mußt, nichts mehr essen darfst, wenn es zwölf geschlagen hat.« Ein mehrfaches Umdrehen des Schlüssels war hinter der Tür zu hören. Dann wurde zur Sicherheit noch ein Balken vor die Türflügel geschoben. Die Lichter an der Fassade gingen auf einmal aus, und die Kirche verschmolz wieder mit den Schatten der Feigenbäume und Palmen, die sich im plötzlich aufgekommenen, nach Regen riechenden Wind bewegten. »Nichts mehr essen, wenn es zwölf geschlagen hat.«

Abermals gehen, schwankend, stolpernd über alles – verletzt von Unebenheiten der Gehsteige, von Wurzeln, von einem Stein an einer Stelle, wo der Fuß an ihn stoßen mußte – und einen letzten Gedanken im Kopf: dort, neben dem Sarg der Alten, mußten noch die Kerzen brennen. Und bis zum Tagesanbruch würden sie dort flackern, wo man ihn schon gesehen hatte, wo sein Gesicht kein neues Gesicht sein würde. Hinaufgehen, nochmals den Verwandten die Hände drücken, wiederholen: »Ich spreche Ihnen mein Beileid aus«, und dann auf das Lager im Aussichtsturm fallen, ohne sich darum zu kümmern, daß von innen gegen die Tür geschlagen wurde. Bis nach der Beerdigung würden sie ihn nicht stören. Das Haus war nicht mehr weit, denn dies war schon die Straße, in der die Sattlerei mit dem Phaeton und die Visitenkarten-Druckerei lagen. In erneuter Anstrengung beschleunigte er den Schritt, als zwei fahrige Hände ihn von hinten an den Ellenbogen faßten. Eine bekannte Stimme erklang in seinem Nacken, der sich schon darein schickte, den Hieb zu empfangen. »Ich will einen Menschen umarmen«, sagte der Stipendiat, ließ ihn los und schwankte auf ihn zu. Und indem er, völlig betrunken, mit schräg zurückgebogenem Gesicht Bewunderung mimte: er wolle ein Denkmal errichten, sagte er, denen zum Ruhm, die in solchen Zeiten einen heroischen Geist bewahrten. »Wir brauchen Bruderschaften, mit Blut besiegelt«, schrie er, unbekümmert um die Bemühungen des anderen, ihn zum Schweigen zu bringen, und rief laut nach Todesstrafen und unerläßlichen Züchtigungen. Er verlangte, man solle ihm bei der nächsten Unternehmung eine Gelegenheit geben, und hob beide Hände in der Bewegung des Schießens. Er wollte den Verfolgten in das grelle Licht eines Eßlokals voller Leute ziehen. »Bring mir etwas zu essen«, bat der andere inständig, und blieb im Schatten einer Pinie stehen. (Es war noch Zeit, bis es zwölf Uhr schlug: er wollte mit dem Blick auf die Uhr jemandem beweisen, daß er die Regel, denen auferlegt, die sich wehklagend dem Tisch des Herrn nähern, nicht übertrat). Der Stipendiat kam mit einer Flasche Schnaps zurück; die Bitte hatte er vergessen. Zu zweit gingen sie ans Meer, das, mit dumpfen Schlägen gegen die Klippen brandend, die Straße abschloß ... Und nun saßen sie, Seite an Seite, in der alten Badeanstalt vor den zwei in den Felsen gehauenen, rechteckigen Schwimmbecken, in dem die durch einen schmalen, von Seeigeln schwarzen Korridor einströmenden Wellen erstarben. In der Holzbaracke mit dem über fehlenden Stützen eingebrochenen Dach ächzten die locker gewordenen Bretter unter dem Ansturm des Windes. Eine Phosphoreszenz leuchtete plötzlich in dem größeren Becken auf, eine treibende, fahlgrüne Bahn, und erhellte den verrotteten Grund, aus dessen Alveolen Muränen zwischen raupenrückigen Mollusken auf Beute lauernd die Köpfe hervorstreckten. »Wir müssen zu den Menschenopfern zurück«, faselte der Stipendiat, »zum Teocalli, wo der Opferpriester das frische, blutende Herz auspreßte, ehe er es zu den anderen in die Faulgrube warf. Wir müssen zurück zum heiligen Schrecken der rituellen Opferungen, zum Dolch aus Feuerstein, der sich in das lebende Fleisch bohrt und die Rippen hochhebt ...« Der Verfolgte kannte die Rhetorik des Stipendiaten noch aus der Zeit, als sie beide im selben Provinzinstitut zur Schule gegangen waren und große Pläne für die Zukunft geschmiedet hatten. »Das ist unsere Welt«, lallte er mit immer schwererer Zunge, »und zu ihren ältesten Traditionen müssen wir zurück. Wir brauchen Caudillos und Opferpriester, Adlerritter und Leopardenritter, Leute wie dich.« Mehrere Blitze erhellten in rascher Folge die jämmerliche, von Holzwürmern zerfressene, verwaschen grüne Baracke, wo beide zwischen den Wasserlachen lagen im Gestank gestrandeter Algen, verfaulter Mollusken und trüben, von den Abfällen der Stadt verunreinigten Meerwassers. »Ich habe Hunger«, stöhnte der Verfolgte, mit dem Gesicht zur Erde. »Gesegnet die Hungrigen«, sagte der Stipendiat, »in dieser Stadt der an ihrem Bauch hangenden Völler«. Und erging sich im Lob der durch Entbehrungen und frühe Prüfungen Geläuterten und verstieg sich bis zu den Ritterorden. Der andere war so erschöpft, daß er den Betrunkenen reden ließ, ohne auch nur zu versuchen, seinem Geschwafel zu folgen, und hielt sich an den letzten Trost, der ihm in seinem Elend blieb, eine Stimme neben sich zu haben, die kein Anzeichen einer Gefahr war. Der Stipendiat reichte ihm die Flasche hin. Aber der Gedanke, dieses scharfe Getränk ohne Festigkeit noch Dichte noch kaubare Härte hinunterzuschlucken und durch die Kehle rinnen zu fühlen, verursachte ihm solchen Ekel, daß er zungenschnalzend vortäuschte, sich den Mund zu füllen und die Flasche dabei mit der Hand zuhielt, damit der Geruch ihn nicht zum Brechen reizte. »Der Übermensch«, sagte der andere. »Der Übermensch ... der Wille zur Macht«. Seine Ideen waren so verworren, daß nicht einmal er selbst der Exposition seiner dunklen Theorien zu folgen vermochte, die nur noch aus Satzfetzen, zornigem Grunzen und konfusen Beschimpfungen an die Adresse nicht näher bezeichneter Leute bestanden. Der Verfolgte beschloß, sich dem Schlaf zu überlassen: war die Flasche leergetrunken, würde auch der Stipendiat schlafen, oder er würde fortgehen ohne sich zu erinnern, wo und mit wem er gewesen war. Er schnallte den Gürtel auf, öffnete den Kragen, legte die Pistole, weil sie ihn drückte, neben sich auf den Boden und streckte sich mit geschlossenen Augen auf dem Rücken aus. Sein Gehör entfernte sich von den Worten des anderen, wie ein Kind sich beim Einschlafen von den nach und nach ihm entgleitenden, sich verflüchtigenden Worten des Wiegenlieds entfernt ... Er war gerade in einen unruhigen Schlaf gefallen, da packte der andere ihn am Arm, so daß er erschrocken hochschoß. Ganz in ihrer Nähe standen, zu einer einzigen Silhouette verschmolzen, ein Mann und eine Frau. Der höhere Kopf war über den anderen gebeugt, die Arme schlossen sich immer enger in heftigem Umschlingen. Im Licht eines Blitzes schien es, als ob beide Neger wären. Das Kleid der Frau flog unter einem Duftschwall von Vetiver in hohem Bogen mit ausgebreiteten Ärmeln zu Boden. Der Mann nahm sie um die Taille, bog sie auf eine Bank nieder, und sekundenlang erhellte ein neuer Blitz einen Körper in Metamorphose, dessen von dumpfem Röhren begleitete Verspundung mehr einem grausamen Ritual als einer liebevollen Umarmung glich. Plötzlich kippten die nackten Leiber, dumpf aufprallend wie ein fallender Weinschlauch, von der Bank, ohne sich zu lösen oder zu trennen. »Die sind unsere Kraft«, schrie der Stipendiat, »die sind unsere Kraft!« Die Schatten richteten sich auf. Der Mann ging angriffslustig in die Richtung, aus der der Schrei gekommen war, während die Frau, in einen Winkel geduckt, um ihr Kleid bat. Der Verfolgte flüchtete auf die Straße, und ein Geräusch von Schlägen auf weiches Fleisch sagte ihm, daß der Stipendiat Fausthiebe erhielt, die er nicht zurückgab. Ein langer Donner dröhnte und Regen fiel. Ein lauer, dichter, rasch strömender Regen, einer von denen, die nur so obenhin fegen und kleine Staubklumpen auf der Erde zurücklassen. Unter dem Schauer lief der Flüchtling zu dem Haus mit dem Aussichtsturm. Aber dann schüttete es derart, prasselte so viel Wasser aus den überschwemmten Dachrinnen in dichtem Strahl von den Dachvorsprüngen auf die Gehsteige herab, daß er rasch, in der instinktiven Besorgnis, seinem dunkeln Anzug einen letzten Rest von Dezenz zu bewahren, in ein Café neben dem Konzertsaal sprang. Zwei Männer standen auf, als sie ihn sahen. An der Art, wie sie sich mit einem Blick verständigten, an dem langsamen Aufstehen, dem Griff an die Brusttasche erkannte der Verfolgte, daß sie sich erhoben hatten, um ihn zu erledigen. Er griff nach der Pistole, aber seine Hand verkrampfte sich über der leeren Stelle: die Waffe war dort, auf dem Boden, in der Badeanstalt liegengeblieben. Eine Ambulanz mit heulenden Sirenen kam in höchster Geschwindigkeit angefahren. Der Verurteilte warf sich in Todesangst vor sie und rannte in die Vorhalle des Konzertsaales. Der Krankenwagen, brutal gebremst, war zwischen seinem Körper und den auf der Höhe der Brusttasche angehaltenen Bewegungen zum Stehen gekommen.

III

... und die Musiker mit diesen Instrumenten, die wie große Sprungfedern aussehen, spielten ihre Musik für geweihte Hundemeuten, ihre Jägermesse, zu Ende; danach trat Stille ein, die gleiche Stille, der er in der schrecklichen Einsamkeit im Aussichtsturm so oft *gehört* hatte, damals, als selbst ein gewöhnlicher Kabelleger, wenn er zu seiner Flora aus grünen Isolatoren aufstieg und sich auf gleicher Höhe mit ihm befand, die Macht des Todesengels besaß; nach einer kleinen Pause kommt die andere, die hüpfende Musik, die etwas von diesem Spielzeug für ganz kleine Kinder hat, bei dem zwei Püppchen durch die Bewegung zweier paralleler Stangen abwechselnd ihre Hämmer auf einen Holzblock sausen lassen; gleich werden die abgerissenen Walzer kommen, das Gezwitscher der Flöten, und danach die Trompeten, Trompeten so groß wie die, welche die vergoldeten Engel an der Orgel der Kathedrale meiner Erstkommunion an den Mund halten; Minuten, nur ein paar Minuten; dann werden alle Beifall klatschen, und die Lichter werden angehen, alle Lichter; und man wird hinausgehen müssen durch eine der fünf Türen: drei in meinem Rücken, die wie eine einzige sein werden; zwei auf den Park, die wie eine einzige sein werden; sie, die beiden, werden draußen warten, rauchend und die Hände griffbereit. Hinausgehen mitten unter den Leuten; Körper um den Körper haben. Aber diese Körper werden dahin und dorthin gehen, werden, sich eilig zerstreuend, den Schutzkreis auflösen; die Frau im Fuchspelz wird nicht mehr zu sehen sein; der Mann weiter drüben wird allein durch den Park gehen, zu nichts nütze, weil er allein ist; der Mann vor ihm, dessen Nakken er nicht ansehen will, wird gehen; auch der zu seiner Linken schwer Atmende; auch der große Magere mit den zuckenden Knien; auch das junge Paar, das Hand in Hand in tiefem Ernst zuhört; und ich werde auf dem endlos langen Gehsteig allein sein, auf dem nassen, schlüpfrigen Granit, auf dem schlecht zu laufen ist; ich werde allein sein auf freiem Feld, ohne Deckung; ohne Waffe werde ich denen gegenüberstehen, die dann reichlich Zeit haben, in die Brusttasche zu greifen, zu zielen, ohne Hast abzudrücken und in einer einzigen Salve die Kammern zu leeren. Ah, das Aufheulen, der Blick dessen, der damals vor mir fuhr, den Nacken voller Pikkelnarben, ganz ähnlich dem Nacken, den ich hier vor mir haben mußte, näher noch als damals den anderen, den ich über dem abgesägten Gewehrlauf aufs Korn nahm ... Auch die draußen, die auf mich warten, hatten auf den Nacken mit den Pickelnarben geblickt – nicht hinsehen, nicht hinsehen. »Entsichere«, hatte der Lange gesagt, der nie vergaß, was in solchen Augenblicken zu tun war, und der danach die Flucht dirigiert hatte – »rechts, immer rechts«, »überhol den Lastwagen«, »links« »jetzt der Tunnel, »Vorsicht« –, ohne je auf ein Hindernis, eine Polizeistation, eine geschlossene Bahnschranke zu stoßen; der Lange, der draußen steht und darauf wartet, daß alle applaudieren und die Lichter angehen, der an der Ecke, von wo aus man sämtliche fünf Türen überblicken kann, die drei Türen im Auge hat, die wie eine einzige sind, oder die zwei Türen, die wie eine einzige sind: »entsichere«, wird er sagen, sobald der Beifall aufrauscht und die Lichter angehen und die Türhüter die roten Vorhänge an den wie Pokermarken klirrenden Ringen zurückschieben werden ... Die Logen, rot im Halbdunkel; die scharlachroten Sesselbezüge; der karminrote Samt an den Logenbrüstungen, die weinroten Teppiche; Loge wie Haus wie Alkoven wie Bett zwischen hohen Borden; mich auf den Boden über den Staubgeruch legen, die Wange in der Ecke zwischen den Tapezierernägeln, den Kopf im Dunkel, die Beine unter den Sitzen wie unter einem Dach, rot wie die Ziegel der Schneiderwerkstatt; mich wie ein Hund auf das mollig Flauschige legen, das den Boden weich macht; zurückkehren in die Hütten der Kindheit, aus Brettern, Abfällen, Karton errichtet, wo ich mich an Regentagen zwischen die nassen Hühner kauerte, wenn alles Feuchtigkeit, Rauschen und Tropfen war – wie jetzt – und ich auf Rufen keine Antwort gab, weil nicht antworten, wenn sie mich riefen, und wissen, daß sie mich suchten, wo ich nicht war, das Wohlgefühl meiner Einsamkeit im Halbdunkel erhöhte ... Sie sind schon bei den abgebrochenen Walzern, die nie zu Walzern werden, bei dem Gezwitscher der Flöten; gleich werden die Trompeten blasen, die großen Trompeten, und die Frau mit dem Fuchs langt schon nach ihrem Pelz und befreit sich von etwas, das sie unter dem Rock beengt, weil sie glaubt, alle schauen zum Orchester; und im ganzen Publikum, das wie in der Kirche dasitzt, beginnt dieses beinahe unmerkliche Auffliegen von Händen, Ärmeln, Fingern, die zum Körper zurückkehren, das sich Aufsetzen, das Überprüfen alles dessen, was man bei sich hatte – wie in der Kirche beim *ite missa est.* Ich atme tief, ruhiger, ja beruhigt; ich habe endlich gefunden, was so einfach, so einfach, was das Allereinfachste, das einzige Einfache war. Ich werde nicht hinausgehen. Sie werden applaudieren und die Lichter werden angehen, und unter den Lichtern fängt das Durcheinander an. Sie werden ihre Sachen zusammensuchen, die Pelze umhängen; sie werden die Juwelen zurechtrücken, damit sie gut sichtbar sind, werden sich über die Reihen hinweg verabschieden, »es war wundervoll«, werden sie sagen und zum Ausgang hin Gruppen und langsame Schlangen bilden. Und es wird leicht sein, sich hinter dem Vorhang einer Loge zu verstecken und abzuwarten, bis alle gegangen sind; abzuwarten, bis die Logenschließer die Logentüren schließen, sobald sie nachgesehen haben, ob nichts liegengeblieben ist. Und die zwei werden glauben, daß ich unter dem Publikum, von ihm eingeschlossen, hinausgegangen bin; sie werden glauben, daß sie unter so vielen Gesichtern mein Gesicht übersehen haben, daß mein Körper unter zu vielen anderen Körpern gesteckt hat, als daß sie ihn hätten sehen können, und dann werden sie mich draußen suchen, in dem Café, in den Laubengängen, hinter den Bäumen, den Säulen, in der Straße mit der Sattlerei und der Visitenkarten-Druckerei; womöglich werden sie denken, ich sei zur Alten in den ersten Stock hinaufgegangen, um mich unter den

Schwarzen bei der Totenwache zu verstecken; vielleicht werden sie hinaufgehen und den verhutzelten Körper in seinem schlechten Sarg aus billigen Brettern liegen sehen; vielleicht werden sie mich sogar im Aussichtsturm suchen, ohne zu ahnen, daß meine unschuldigen Dinge, das Etui mit den Kompassen, meine ersten Zeichnungen dort im Koffer liegen. Sie werden nicht auf den Gedanken kommen, daß ich hier geblieben bin. Niemand bleibt in einem Theater, wenn das Schauspiel zu Ende ist, niemand bleibt vor einer leeren Bühne sitzen, im Finstern, wo nichts gezeigt wird. Man wird die fünf Türen mit Riegeln, mit Vorhängeschlössern absperren, und ich werde mich in dieser Loge, wo sich die Leute in den hinteren Reihen bereits erheben, auf den roten Teppich legen und mich wie ein Hund zusammenrollen. Ich werde schlafen bis nach Tagesanbruch, bis in die Zehn-Uhr-Helligkeit, bis über Mittag. Schlafen: zuerst schlafen. Danach beginnt eine neue Epoche.

Nach diesem großartigen Scherzo mit seinen Wirbeln und seinen Waffen, das Finale: Gesang der Freude und der Freiheit, mit seinen Festen und Tänzen, seinen jubelnden Märschen und seinem Lachen und dem reichen Rankenwerk seiner Variationen. Aber inmitten der Freude tritt noch einmal der Tod auf, das Jenseits des Sieges. Diesmal aber drängt der Sieg ihn zurück. Und die Stimme des Todes geht im brausenden Jubel unter ... Fortissimo stiegen Geigen und Flöten im »Presto«

in die Tiefe, um sich zu beiden Seiten eines heiteren Bläserkonzerts zu öffnen. »Kann ich aufmachen?« fragte der Türschließer, als er sah, daß der Kassierer ärgerlich ein Buch zuklappte, ohne weiter auf das zu achten, was hinter dem zerschlissenen Damastvorhang erklang. Alles in dieser Nacht erbitterte ihn: die versäumte Sinfonie, der Regengeruch in seinem einzigen Anzug, die Formen jenes Körpers, dessen Wärme er noch in seinen Händen spürte, das zuckende Begehren und der Zorn, es nicht stillen zu können, die Dürftigkeit seiner obskuren Existenz – »hinter Gittern ...« – und die Trübsal, die ihn im unaufgeräumten Zimmer erwarten und seine Schlaflosigkeit noch quälender machen würde. Halblaut zankte er mit Estrella und nannte sie das, was sie war ... Ihr Gejammer über die Inquisition und das, was sie unter Drohungen ausgesagt hatte, kehrten ihm ins Gedächtnis zurück; sicherlich hatte sie jemanden verraten, jemanden, der sich auf sie verlassen und nicht bedacht hatte, daß Hure Hure bleibt und Kehricht ihr Name; sicherlich, weil sie verpfiffen hatte, hatte sie nach Entschuldigungen gesucht, indem sie sich selbst verrückt machte mit ihrem ewigen: »Ich gehe aber nicht ins Frauengefängnis, ich will nicht aus dem Viertel wegziehen; »und jetzt wollen sie auch noch wissen, mit wem man Leben sucht«. Und er hatte ihr zugehört, ohne zu begreifen, taub für alles, was nicht Erfüllung seines Wunsches gewesen war. Er schlug mit der Faust auf den Kassentisch und wiederholte unersättlich das Wort, das ihm am besten klang, seit er – ein paar fehlender Münzen wegen – aus dem Haus geworfen worden war.

Links von ihm, neben dem *Beethoven, die großen schöpferischen Perioden,* stand, in einem Rahmen aus gehälftetem Bambus, der Paragraph der staatlichen Dienstvorschrift für Veranstaltungen: *Der mit dem Kartenverkauf an das Publikum in diesem Lokal Beauftragte übernimmt rechtzeitig vor der Veranstaltung die abgestempelten Eintrittskarten zwecks Kontrolle bzw. Berichtigung etwaiger Unstimmigkeiten oder Unklarheiten und liefert den geschuldeten Erlös während seiner Arbeitszeit ab, wozu er die Kasse eine halbe Stunde vor Beendigung der Veranstaltung absperrt.* Es regnete wieder, und das Geräusch des Wassers in den Bäumen, auf den Gehsteigen, auf den Granitstufen verschmolz mit dem Beifallsgetöse im Theater. »Mach auf«, sagte der Kassierer und verschloß seine Tür. »Der Dirigent ist unter dem Hund. Er hat die Sinfonie so dirigiert, daß sie bestimmt nicht ihre sechsundvierzig Minuten gedauert hat.« Er sah zur Dachterrasse der Alten hinüber; gleich würde er sich vergewissern, daß nicht sie gestorben war. Das Publikum drängte eilig aus dem Saal, aus Furcht, der Platzregen könnte noch stärker werden, denn der Wind, der vom Meer kam, ging schlechtem Wetter voraus, und schlechtes Wetter hatte tags zuvor auch die Wetterwarte angekündigt. Die Seitentüren wurden geschlossen, und nur noch ein paar Nachzügler standen unschlüssig und diskutierten zwischen den Spiegeln und den Allegorien in der Vorhalle die Aufführung.

Da standen zwei Zuhörer, die auf ihren Sesseln in der vorletzten Reihe sitzengeblieben waren, langsam auf, gingen quer durch das menschenleere Parkett, in dem die Lichter erloschen, beugten sich über die Brüstung einer schon im Dunkeln liegenden Loge und schossen auf den Teppich. Ein paar Musiker, im Hut und die Instrumente unter dem Arm, traten auf die Bühne, weil sie glaubten, die Detonation sei eine ungewöhnliche Wirkung des Gewitters gewesen, denn im selben Augenblick rollte ein langhallender Donner über die Dächer des Theaters. »Einer weniger«, sagte der eben herbeigeholte Polizist und stieß mit dem Fuß gegen den Leichnam. »Außerdem zahlte er mit falschen Geldscheinen«, sagte der Kassierer und zeigte den Geldschein vor, auf dem der General verschlafen aussah. »Geben Sie ihn her«, sagte der Polizist, weil er sah, daß der Schein echt war. »Der kommt zu den Akten.«

Caracas, den 20. Februar 1955

Asylrecht

I

Sonntag

Da Sonntag war, kam der Staatssekretär des Regierungspräsidiums und Ministerrats gegen zehn Uhr im Palast Miramontes an, nachdem er lange in Betrachtung eines Metallbaukastens verweilt hatte, der in einem Geschäft in der Nähe ausgestellt war. Heute – zumal Sommer war – steckten die Leute in den Messen und an den Stränden. An Wochentagen konnte der Staatssekretär Angelegenheiten, die eine wohlerwogene und vertrauliche Redaktion verlangten, kaum so bearbeiten, wie es sich gehörte, wegen des unermüdlichen Aufmarschs von Botschaftern, Lametta- und Ordensträgern, hohen Beamten, ausländischen Persönlichkeiten, hohen und niedrigen Geistlichen, Statthaltern aus abgelegenen Provinzen, Bittstellern und Dauerschnorrern, die mit Verabredung oder ohne – ohne meistens, wenn es sich um Militärs handelte – vom Herrn Präsidenten in Audienz empfangen werden wollten oder, wenn es gar nicht anders ging, von seinem Vize, dessen Exekutiv-Wirksamkeit in mehr als schlechtem Ruf stand. »Ich werde mit dem Herrn Präsidenten über Ihre Angelegenheit sprechen«, sagte er mit bedeutsam sonorer Stimme. Und dann, wenn er vor dem Staatsoberhaupt stand: »General, sie haben uns ein paar Italienerinnen besorgt, erstklassig!« (Er legte die Finger der rechten Hand aneinander und ließ sie, nachdem er die Kuppen geküßt, in den Raum ausschweifen). *»Beati possidentes.«* »Ich habe unsere einheimischen Schäfchen, die du mir bei der Lola besorgst, allmählich satt«, hatte das Staatsoberhaupt einige Wochen zuvor erklärt. »Wir sind an einem Punkte angelangt, wo wir elegante, raffinierte Frauen aus Europa brauchen, die auch Konversation machen können.« Der Staatssekretär schaute auf den Innengarten des großen Hauses hinaus, das, annäherungsweise Empire und einstöckig, von den letzten Präsidenten, den konstitutionellen wie den Putschisten, nie mehr bewohnt worden war, teils wegen seiner Unbequemlichkeit und der Monumentalität der Aborte, teils wegen seiner im Fall eines Militärputschs strategisch schlechten Lage, da es sich im Schußfeld einer wenig entfernten Batterie befand. Hinter den gestutzten Buchsbaumhecken fütterte der Feldwebel Ratón eben die Schildkröte Cleopatra mit Salatblättern, die er aus einem befeuchteten Rupfensack hervorholte. »Haben Sie die Presse gesehen?« fragte der Soldat und schwenkte eine Zeitung. »Hitler hat zu seinen Soldaten gesagt: Du hast kein Herz und keine Nerven; im Krieg braucht man das nicht. Tilge in dir Erbarmen und Mitleid. Töte jeden Sowjetrussen; zögere nicht, wenn ein Greis oder eine Frau, ein kleines Mädchen oder ein kleiner Junge vor dir steht: töte sie, dadurch wirst du dem Tod entrinnen, dadurch wirst du die Zukunft deiner Familie sicherstellen und dich für alle Zeiten mit Ruhm bedecken ... Einfach umlegen, sage ich es nicht immer? die Theorien von Clauseviche!

Wie groß war dieser Preuße!« Es wunderte den Staatssekretär immer, daß Ratón einen solchen Kult mit Clausewitz trieb, den er für den Erfinder eines totalen Krieges nach Art von Science-fiction-Romanen hielt – rotglühende Apparate, die in die Städte sausten und die Häuser genau über den Bürgersteigen absägten; Kräne, die die Gebäude emporhoben und aus großer Höhe auf die Brennpunkte des Widerstands niederfallen ließen; Flammenwerfer mit tunnelgroßen Öffnungen; Panzerwagen mit dreihundert Mann Besatzung –, eines »totalen Krieges«, von dessen Erfinder er nur durch das Gerede eines anderen Feldwebels wußte, der seine Informationen seinerseits von einem Gefreiten bezog, der Adjutant eines Leutnants war, der ein Exemplar *Vom Kriege* und eines *Der Feldzug von 1815 in Frankreich* besaß und die Angewohnheit hatte, Gedanken daraus laut zu kommentieren. »Daß dieser Clauseviche sogar noch mit Napolion fertiggeworden ist!« und damit fütterte der Feldwebel wieder seine Schildkröte. Wieder einmal bedachte der Staatssekretär dieses Verlangen eines einfachen Mannes nach einem totalen Krieg, den er nie erlebt hatte, eines gefühlvollen Mannes, der Tränen vergießen konnte, wenn seiner Schildkröte etwas zustieß, der seinen ganzen Sold ausgab, um für Jungen im Viertel Bleisoldaten zu kaufen, der mit einiger Regelmäßigkeit zur Kommunion ging und in punkto Literatur die Gnade des Einen Buches besaß, des unauswechselbaren, unersetzlichen, das, Hunderte von Malen gelegen, immer wieder sein Verlangen nach Schönheit, Abenteuern, Liebe stillte, seinem unterschwelligen Willen zur Macht schmeichelte und vielleicht seinem Stand als wenig angesehenem niederem Dienstgrad das vermittelte, was sich sonst nur in den Schriften von Boetius, Epiktet und Marc Aurel findet: *Der Graf von Monte Christo.* Aber zur selben Zeit träumte Ratón von schrecklichen, vernichtenden Kriegen mit Endlösungen und nachfolgendem Völkermord. Es tat ihm in der Seele leid, daß ein Streit zwischen der eigenen und der Nachbarnation wegen einiger schlecht markierter Punkte innerhalb einer quer durch den Urwald verlaufenden, rein theoretischen und nur zum Einzeichnen in Landkarten für Schulkinder tauglichen Grenze nicht ein für allemal mit den Waffen entschieden werden sollte. »Und zwar mit den allerschlimmsten«, fügte er jedesmal hinzu, in träumerischen Gedanken an ein Arsenal, vollgefüllt mit all den wahnwitzigen Artefakten, wie sie in den von der einheimischen Presse ins Spanische übersetzten Comics der Sonntagsbeilage bei interplanetarischen Abenteuern verwendet werden.

Der Staatssekretär trat in sein Arbeitszimmer, Innenausstattung pompejanisch, wo am Fuß des Tintenfasses, unter dem Schirm und Schutz eines napoleonischen Adlers, einige leicht durchzusehende Akten auf ihn warteten. Nach beendeter Arbeit und in Erwartung des Mittagessens, das der Feldwebel Ratón ihm servieren würde, schlenderte er durch den Palast, dessen von Leuten, Türhütern und Wachposten leere Weitläufigkeit ihm ein angenehmes Gefühl des Alleinseins gab. Er durchquerte den großen Salon Louis XV mit den

Ramschladen-Gobelins und dem weißen Klavier mit Goldleisten; die unbewohnten Präsidentengemächer mit den Pseudo-Escorial-Möbeln; die Bibliothek mit ihren nie exzerpierten Mommsens, Duruys, Michelets, Cesare Cantús, Guizots; die theoretisch für die Frau Präsidentin reservierten Zimmer, ganz nach *modern-style*-Einfällen ausgestattet, farbenprächtige Najaden als Spiegel-Karyatiden, Zeichnungen à la Mucha mit vagen Anklängen an Aubrey Beardsley in den weinenden Harlekins, die mit ihren Mondschein- und Mandolinen-Ständchen einen Wandschirm schmückten, dahinter ein Waschbecken und ein Bidet versteckt waren, letzteres ein Stein des Anstoßes für die Stadt, als es vor vierzig Jahren aus Frankreich gebracht wurde in viel zu großer Heimlichkeit, als daß nicht Verdacht aufgekommen wäre. Der Audienzsaal, wo auch die Diplomaten ihre Beglaubigungsschreiben überreichten, spielte ins Mittelalterliche, mit seinen Nußbaumkonsolen, seinen Rüstungen, der Tapisserie an der Rückenlehne des Präsidentensessels, worauf ein Saint Louis im Schatten einer Eiche Recht sprach ... Als das Mittagessen aufgetragen war, trat der Staatssekretär in den Speisesaal, unter dessen zu Beginn des Jahrhunderts von einem prominenten Schüler der *Ecole des Beaux Arts* in Paris ausgeführten Gemälden mit Kentauren und Bacchantinnen auch der Veuve-Cliquot-Stil durch ein Ölgemälde in Hochformat vertreten war: darauf war eine Flasche Champagner abgebildet – mit deutlich sichtbarer Marke – die, eben entkorkt, einen Schaum von Engeln und Cherubinen in den Raum spritzte. Der Staatssekretär ließ sich auf dem Ehrenplatz der langen Tafel nieder, auf dem Stuhl des Präsidenten höchstpersönlich. Wirklich fühlte er sich an Sonntagen ein wenig als Präsident in dem Palast Miramontes. Einmal hatte er sogar eine Präsidentenschärpe umgelegt, um das erregende Gefühl der Macht zu verspüren. »Wissen Sie schon, was die Leute auf der Straße sagen? Der General Mabillán soll mit seinen Truppen in den Aufstand getreten sein. In der Stadt ist eine ungeheure Aufregung. Was uns hier fehlt, ist ein totaler Krieg. Damit auf der drüberen Seite der Grenze keiner mehr übrigbleibt, der uns verjagen will.« Aber der Staatssekretär gab keine Antwort. Er hatte ein kleines Buch mit Reproduktionen von Paul Klee aus der Tasche gezogen. Der Staatssekretär liebt über alle bildende Kunst das Werk Paul Klees.

II

Montag

Aufstehen in aller Frühe. Nie habe ich mich daran gewöhnen können. Und dann die Wiederholung der gleichen Gesten. Heute wie gestern wie vor zwanzig Jahren. Gealtert siehst du dich im Spiegel. Und die Rasierklinge. Die gleichen Handbewegungen. Die gleiche Grimasse. Die rebellischen Stellen, immer gleich rebellisch. Jetzt die Zähne. Die Schranke dieser von der Öffentlichkeit – und schon gar, wenn man Staatssekretär des Regierungspräsidiums und Ministerrats ist – erheischten Gesten zwischen dem Bett und der Straße. Zwischen dem, was das Liegen gewesen ist, und dem, was das Angezogensein sein wird. Sobald der Mensch geboren wird, geht seine Existenz mit einem Kriechen, einem Schliefen einher, einem Umsteigen in die Futterale aus unzähligen Geweben, Tuchen, Stoffen, die für immer mit der Geschichte seiner Existenz verbunden bleiben. Von der ersten Windel bis zum Festgewand, das er bei seinem Begräbnis trägt, ist sie eine Maulwurfsreise aus einem Hemd in das andere, aus einem Rock in den anderen, bis er – nun von einem anderen angezogen – in den Leichenrock fährt. Was bleibt, ist die Erinnerung an den grünen Uni aus den Tagen der Armut, der zum Schluß gelb war; ist die Erinnerung an den blauen Zweireiher, englisch, den Gefährten der ersten Erfolge; an den anderen, sportlichen, den ich anzog, als ich mich Sonja erklärte; an den grauen, den ich auszog, während sie, schon nackt, in einen Pfirsich biß. Und an alle die anderen, die wie gute Jahrgänge Wein mit Daten verbunden sind. Vom Tag, da er die Augen öffnet, bis zu dem Tag, da er sie schließt, ja noch nachdem er sie geschlossen hat, spielt der Mensch nur die Rolle eines Regenschirms mit mehreren Futteralen: Futterale, denen noch dazu die Eigenschaft zugeschrieben wird, Herkunft, Intelligenz und gesellschaftlichen Rang zu definieren. Jetzt, gehen. Zum Palast Miramontes gehen, die achtzehn Knöpfe der Kleidung tadellos zugeknöpft (zwei an den Innentaschen, sechs am Hosenschlitz, drei an der Jacke, sieben an der Weste). Heute um neun Uhr ist Ministerrat: die Forderungen des Nachbarlandes in punkto Grenze sollen erörtert werden ... Ich komme am Palast Miramontes an, als mir ein für gewöhnliche Passanten bedeutungsloser Umstand auffällt. Der Feldwebel Ratón steht im Schilderhaus der Wachen, ist bewaffnet und hat über kreuz zwei Patronengürtel umhängen. Einige Nervosität ist in den Räumen der Wachmannschaft festzustellen, deren Vorhalle gleichzeitig Eingangshalle und von der Straße aus einzusehen ist. Eben fährt der Finanzminister in seinem Jaguar vor: man hält ihm mit der gleichen Höflichkeit wie immer den Schlag auf, aber als er die Halle betritt, wird er brutal an den Schultern gepackt und unter militärische Bewachung gestellt. Mit dem Minister für öffentliche Bauten, der in seinem Cadillac vorgefahren kommt, geschieht das gleiche. Und das gleiche auch mit dem Gesundheitsminister, dem Innenminister, dem Verkehrsminister ... Ratón hat dich gesehen. Er geht auf dich zu. »Kommen Sie nicht herein, Herr Doktor? Wir haben heute Ministerrat«, und legt dir eine zu schwere Hand auf die Schulter. »Ich komme gleich«, sagst du. »Ich gehe an der Ecke Zigaretten kaufen.« »Ich hole Sie Ihnen.« »Feldwebel«, sagst du mit so autoritärer Stimme, daß Ratón eingeschüchtert wird: »Ein Soldat darf in keinem Fall den Posten verlassen, der ihm zugewiesen ist. Lesen Sie es bei Clausewitz nach, den Sie allem Anschein nach noch nicht sehr gründlich studiert haben.« Ratón bleibt verdutzt stehen, aber der Staatssekretär fühlt, daß seine Augen ihm aufmerksam folgen, als er an den offenen Tabakstand in der Ecke einer Kneipe geht. Der Feldwebel leistet sich überdies den Spaß, ihn ein warnendes Geräusch hören zu lassen: das eines mit leichter Hand angehobenen Mausers. Die Kneipe hat keinen Ausgang zur anderen Straße, sagst du dir. »Geben Sie mir ein Päckchen Chesterfield.« Ratón läßt dich nicht aus den Augen. Zeit gewinnen und die Verzögerung mit Gesten, dem Feldwebel gut sichtbar, rechtfertigen. »Geben Sie mir einen Sprudel, von diesen da.« Er ist eisgekühlt. Aber du: »Er ist nicht kalt. Geben Sie mir ein bißchen Eis.« Bänder über den Zeitungen: DIE LUFTWAFFE SCHLIESST SICH DER BEWEGUNG GENERAL MABILLÁNS AN. Und auch die Garnison im Palast, möchtest du meinen. »Noch einen Sprudel.« Eben jetzt entsteht ein großer Aufruhr unter der Wachmannschaft. Der Präsident der Republik und der Premierminister sind angekommen. Angesichts der Größe des Fanges verläßt der Feldwebel Ratón, aufgeregt, sein Schilderhäuschen und geht in den Palast. Mehrere Schüsse sind zu hören – fruchtloser Versuch des Widerstandes von seiten des Präsidenten, wie ich später erfahren sollte. Du nützt diesen Moment, um aus der Kneipe hinaus und eiligst bis an die Büros der National City Bank of New York zu gehen, die schon angefüllt ist mit Leuten, die unschuldig sind an dem, was in fünfzig Meter Entfernung geschieht. Du biegst in die Seitenstraße ein und begibst dich in das Viertel mit den alten Häusern, wo du niemanden kennst. Die einzige Lösung für dich ist, in der Botschaft irgendeines lateinamerikanischen Landes um Asyl nachzusuchen. Du denkst an die wunderschöne mexikanische in dem großen, mit Poincianabäumen bestandenen Garten. Denkst an die brasilianische mit ihrem guten Swimmingpool. Denkst an die venezolanische, die eine herrliche Bibliothek besitzt und wo es zum Frühstück Maiskuchen gibt. Aber alle liegen sie weit entfernt. Und du, der du nur hundert Meter weit vom Palast Miramontes wohnst, gingst heute mit nur ein oder zwei Pesos in der Tasche aus dem Haus. Überdies werden bald die Truppen Mabilláns die nähere Umgebung der lateinamerikanischen Botschaften besetzen, um die »Asyle« zu vereiteln. Beim Einbiegen an der Ecke der Kirche Unserer wundertätigen Jungfrau vom Hochland, die sehr berühmte Wunder vollbracht hat, bleibst du plötzlich vor einem bescheidenen dreistöckigen Gebäude stehen. Vom Balkon des mittleren Stockwerks hängt die Fahne eines lateinamerikanischen Landes herab, in deren weißem Feld das Staatswappen abgebildet ist: zwei Panther, ruhend – aber wachsam immerdar – auf den Katheten eines goldenen Dreiecks, und in dessen Mitte zwei Frauenhände, eine indianische, eine weiße (in einem Land, wo weiße Frauen Indianerinnen nicht ansprechen), die soeben die Kette der Unterdrückung gesprengt haben. Auf der anderen Seite der bescheidenen Botschaft war die Eisen- und Klempnerwarenhandlung der Gebr. Gómez. Gegenüber die Seitenfront der Filiale eines großen internationalen nordamerikanischen Warenhauses, dessen Filialen im ganzen Kontinent nur so aus dem Boden schießen. Es gibt kein Besinnen. Du gehst hinein. Steigst eine kleine Stiege hoch. Klopfst an die Tür der Botschaft, an der angeschlagen steht, daß vor elf Uhr niemand empfangen wird. Der Herr Botschafter öffnet dir im

Pyjama. »Haben Sie das Schild nicht gesehen?« Du schiebst ihn sanft zur Seite und setzt dich auf einen Sessel im vollen Licht. »Ich bleibe«, sagst du. »Ich verstehe nicht, Herr Staatssekretär, und verzeihen Sie mir, daß ich Sie nicht gleich erkannt habe ... Aber mit dem Gegenlicht des Fensters ...« »Der General Mabillán hat die Kasernen aufgeputscht. Die ganze Regierung ist verhaftet. Ich konnte entkommen. Jetzt ersuche ich um Asyl in dieser Botschaft, gemäß den auf der Panamerikanischen Konferenz in Havanna im Jahr 28 verkündeten hehren Grundsätzen.« Der Herr Botschafter läuft sogleich rot an und braust auf: »Aber das ist unmöglich, Señor, unmöglich. Diese Botschaft eines armen Landes ist sehr klein. Sie wissen besser als jeder andere, welche Hungerlöhne die Botschafter einiger unserer Länder erhalten.« »Ich habe jemand, der mir monatlich an die fünfhundert Pesos bringen wird«, sagst du. Hinter dir ertönt eine Frauenstimme: »Wir haben ein Zimmer, das ganz annehmbar ist, zumal es sich um einen einzelnen Herrn handelt. Man müßte nur ein paar *valises* herausnehmen.« Du wendest dich um. Die hübsche Botschafterin, in einen weiten Kimono gekleidet, Geschenk der Gemahlin des japanischen Konsuls, bringt dir eine Tasse Kaffee. »Ich hoffe, Sie werden sich mit uns zwei Alten nicht allzusehr langweilen.«

Die Sperrstunde begann, bis auf weiteres, um 16 Uhr. Um 20 Uhr würde der General Mabillán zur Nation sprechen. Und um 20 Uhr sprach der General Mabillán auch wirklich zur Nation, sprach von den Helden der Unabhängigkeit, von der zurückeroberten Freiheit, von künftiger sozialer Gerechtigkeit, von der Fahne, von der Armee als der Trägerin ruhmreicher Traditionen, und was dergleichen mehr ist. Auch verknüpfte er die glorreiche Bewegung dieses Tages mit den politischen Ideen der großen Männer Amerikas und anderer großer Männer und was, ebenfalls, dergleichen mehr ist. Er gab bekannt, daß der Dienstag ein ganz normaler Tag sein würde – wenngleich die Ausgangssperre ab 16 Uhr aufrechterhalten blieb. Zum Schluß verkündete er den unverzüglichen Beginn großer staatlicher Unternehmungen: Staudamm von Cambocara, Brücke über den Cozal, ein technisches Wunderwerk, Eisenbahn im Osten und Autobahn von Nueva Córdoba nach Puerto Cadenas. »Schlau sind sie«, sagst du. »Noch haben sie nicht zu regieren angefangen, und schon sind sie am Stehlen. Man bedenke nur, was allein die Eisenbahn an Provisionen für Schwellen, Gleise, Nägel, Schotter, Telegraphenstangen etc. abwerfen wird, vom rollenden Material und den Ausschreibungen für Brücken und Bahnhöfe ganz zu schweigen. Und was die Autobahn betrifft, so ist das Spiel einfach und hinterläßt keine Spuren: acht Meter breit im genehmigten Entwurf; 7,60 zur Stunde, da sie befahren wird. Bei 400 Kilometer – stellen Sie sich den Profit vor!« ... Nachts waren in der Stadt Schüsse zu hören. »Schwindel«, sagt der Herr Botschafter: »In Lateinamerika sind die Putschisten immer siegreich.« »Das Schlimme sind die Leichen, die niemals die der Leute aus dem Country Club oder den reichen Vierteln waren«, sagst du. »Die lateinamerikanischen Zeughäuser hatten nie andere Abnehmer als die Armen.«

III

Ein anderer Montag (irgendein Montag)

Ich langweile mich. Ich langweile mich. Ich langweile mich. Und bin rings umgeben von Dingen, die meiner Langeweile neue Elemente hinzufügen. Es ist nicht nur die Tatsache, eingesperrt zu sein, nicht auf einen Sprung hinaus zu können, und wäre es nur einen halben Häuserblock weit bis zum Kino (schon stehen am Eingang der Botschaft zwei Wachposten), auch nicht nur, daß mein Habitat nun auf ein schmales Zimmer beschränkt ist, mit einem Bett und einer Seifenkiste von Campbell als Nachttisch, zwischen einem Kalender der General Electric (Ansichten vom Gran Cañón des Colorado River, vom Golden Gate, von den Rocky Mountains, vom Forellenfang) und dem Kalender einer Schallplattenfirma, auf dem noch die Blätter mit Wanda Landowska, Al Jonson, Elisabeth Schwarzkopf, Louis Armstrong, David Oistrach und Art Tatum hängen. Das Schlimmste von allem ist das, was mich draußen umgibt. Die Apsis des Heiligtums der wundertätigen Jungfrau vom Hochland trifft in der absoluten Mittelsenkrechten auf das Eßzimmerfenster der Wohnung. Dieser architektonisch-natürliche Schalltrichter reinster Gotik anno 1910, tönt zu allen Tageszeiten das Latein der Gottesdienste zu mir herüber. Zuletzt konnte ich die Worte einer Abendvesper-Hymne auswendig:

Dum esset Rex in accubitu suo,
nardus mea dedit olorem suavitatis.

Und dies zusamt den Tagen und Tagen des Eingesperrtseins bewirkte, daß ich allmählich den Begriff der Zeit verlor. Ich blickte auf die Eisen- und Klempnerwarenhandlung der Gebr. Gómez (gegründet 1912, liest man auf der Fassade) und bin ganz versunken in das zeitlose Alter der Dinge, die dort verkauft werden. Denn die Geschichte der Industrie des Menschen, von der Vorgeschichte bis zu den elektrischen Glühbirnen, ist in den Artikeln, Gegenständen und Gerätschaften vergegenwärtigt, die in der Eisen- und Klempnerwarenhandlung der Gebr. Gómez angeboten werden: die Taue, Seile und Stricke des Odysseus; die Waagen und Gewichte, die von den weit zurückliegenden Zeiten künden, wo der Mensch Früchte, Fleisch oder Fische nicht länger nach dem Augenmaß oder stückweise verkaufte, sondern seine Waren nach Gewicht zu verkaufen begann und damit Gerichtshöfe und Rechtsprechung einführte; die Mörser aus porösem Stein, noch heute genau wie die von den Ureinwohnern dieser Länder benützten; die großen und kleinen Ambosse, die an so vieles denken lassen; die Sabbat-Kessel; ein paar spanische Vierkantnägel, eine halbe Spanne lang, in allem denjenigen ähnlich, die das Fleisch Christi durchbohrten; und ein paar dieser von den hiesigen Bauern bevorzugten schweren Jäthacken, in Form und runder Griffigkeit der Stiele nicht anders als die, mit denen die Bauern in den (meist auf den Monat März bezogenen) ländlichen oder bukolischen Miniaturen der Stundenbücher das Feld bestellten.

Ich ging also, mehr als überdrüssig, an das Fenster

gegenüber, das auf die Spielzeugauslage des nordamerikanischen Warenhauses schaut. Aber hier war das weit mehr als die Responsorien, Lektionen und Liturgien der Kirche, weit mehr als das Archaische der Gerätschaften der Eisen- und Klempnerwarenhandlung der Gebr. Gómez Unwandelbare, immer sich selbst Gleiche ein Donald Duck. Da stand er in seiner Menschlichkeit aus Pappmaché auf orangefarbenen Füßen und beherrschte aus einer Ecke des Schaufensters eine ganze Welt von fahrenden kleinen Eisenbahnzügen, von Puppenküchen mit Wachsfrüchten, von Schleudern und Köchern, von Laufställchen mit Rechenschiebern. Da stand er, obwohl sie ihn jeden Tag fünfzehnmal verkauften und wieder verkauften. Da die Kinder »den da«, den im Schaufenster, haben wollten, nahm eine Frauenhand ihn an seinen orangefarbenen Beinen heraus und stellte kurz darauf einen anderen Donald Duck, den gleichen, an seinen Platz. Bei diesem fortwährenden Auswechseln der einen durch die andere, identische, unbeweglich auf demselben Piedestal thronende Form mußte ich an die Ewigkeit denken. Womöglich wurde auch Gott von Zeit zu Zeit so abgelöst durch eine höhere Macht (Gottesmutter, Göttermütter? hatte nicht Goethe darüber etwas gesagt?) die über sein Fortbestehen wachte. Wenn in der Minute des Auswechselns der Thron des Herrn leerstand, dann geschahen die Eisenbahnkatastrophen, die Flugzeugabstürze, dann erlitten die Überseedampfer Schiffbruch, entbrannten Kriege, brachen Epidemien aus. Schon allein diese Hypothese brachte die abscheuliche Häresie des Marcion zu Fall, demzufolge eine böse

Welt nur von einem bösen Gott erschaffen sein konnte. Der Donald Duck des Warenhauses brachte mich auf den Trugschluß Zenos aus Elea über den Pfeil, der, immer unbeweglich und sich selbst gleich, eine fünfzehn, zwanzigmal am Tag erneuerte Bahn blitzschnell durchflog, die ihn an alle peripheren Punkte und Vororte der Stadt brachte. Auch dies war in meinen Augen ein Element der Zeitlosigkeit, ebenso wie der kleine elektrische Zug, der Tag und Nacht seine endlose Reise auf drei Metern Geleis fortsetzte und unermüdlich bei jeder Kurve ein winziges Licht aufleuchten ließ. »Ist heute Freitag?« fragte ich die Frau Botschafterin. »Montag, junger Mann, Montag.« Ich las auch keine Zeitungen. Ich kenne den General Mabillán und die Militärs, die mit ihm gleichziehen, nur zu gut. Ich höre ihn schon seinen Adjutanten fragen: »Wie war das mit den eleganten, raffinierten Frauen aus Europa, die auch Konversation machen können?« »Ich bin der Sache bereits nachgegangen, Herr General: eine Kupplerin, die beim Parque Tadeo wohnt, Hypólita heißt sie, weiß über sie Bescheid.« »Wir müssen uns ein Haus am Stadtrand besorgen, Leutnant.« Ich kehrte ans Fenster zurück, um den Donald Duck 18 anzusehen, der bald durch die heutige Nummer 19 ausgewechselt werden würde.

IV

Ein Montag, der auch ein Freitag sein kann

Der Herr Botschafter war ärgerlich, besorgt, bestürzt über die Grenzstreitigkeiten, die sich tagtäglich weiter von einer möglichen Lösung entfernten, um so mehr, als der General Mabillán in der Absicht, die öffentliche Meinung von den blutigen Folgeerscheinungen seines Militärputsches abzulenken – noch immer hörte man Schüsse in der Nacht –, alles nur mögliche unternahm, um die Nation mittels der patriotischen Aufgabe eines bevorstehenden Krieges gleichzuschalten. All die Redensarten, »Ihr seid die Söhne der Helden, die ... Möge unser Grenzland ein ruhmreiches Schlachtfeld sein ... Ehre denen, die Ehre verdient haben ... Es gibt keinen schöneren Tod als den ...« etc. etc., wurden stündlich im Radio und im Fernsehen verbreitet. Und um auch die kapitalistische Bevölkerung zu beeindrucken, unter der er noch zahlreiche Gegner hatte, kündigte der General Mabillán an, daß an dem und dem Tag – der Staatssekretär im Asyl wußte nicht, ob es der 2. oder der 11. oder der 28. dieses Monats war – eine große Gefechtsübung der Luftabwehr in der Stadt abgehalten werde. Alle Bewohner wurden mit einem kleinen Katechismus versorgt und darin belehrt, was sie zu tun hatten, damit die abstürzenden Geschosse »in ihrem natürlichen Fall« ihnen keinen Schaden zufügten. *Ist eine über dem Kopf aufgeschlagene Zeitung ein ausreichender Schutz? Nein. Ist ein aufgespannter Regenschirm ein ausreichender Schutz? Nein. Ist die Karosserie eines Autos ein ausreichender Schutz? Ja, wenngleich es sich empfiehlt, die Seitenfenster herunterzudrehen und sich möglichst in die Mitte des Wagens zu setzen. Außerdem müssen alle Automobile an dem nächstgelegenen Gehsteig geparkt und alle Lichter gelöscht werden.* Die große Nacht kam. In kompletter Felduniform, den Sturmriemen in das Doppelkinn versenkt, war General Mabillán der Chefbühnenbildner, der Großintendant des Schauspiels des Scheingefechts; er dirigierte alles von einem Hügel aus, der mit einer Luftabwehr-Batterie garniert war. Signale. Sirenen. Totale Verdunkelung. Erwartung. »Man hört schon die feindlichen Flugzeuge.« Aber durch eine der Kriegslisten, welche die Tropen sich herausnehmen, war auf den strahlend schönen Tag, als welcher der Tag X sich präsentiert hatte, ein plötzlich von allen Hügeln rings um die Stadt herabsinkender Nebel gefolgt. Die »feindlichen Flugzeuge« sahen unter sich nichts als opalisierende Schwaden. Und die Artilleristen unten sahen nichts als elefantengraue Wolken. »Alle Mann, Feuer!« brüllte der General Mabillán wütend. Und eine halbe Stunde lang herrschte das Pandämonium. Die Flugzeuge flogen hin und her, unbehelligt von den theoretischen Geschossen, die immer dorthin abgefeuert wurden, wo sie nicht waren. Zuletzt flogen sie auf ihre Flugplätze zurück. Als alles zu Ende war, kehrte der General höchst mißlaunig in den Palast Miramontes zurück. »Man soll den Meteorologen ins Gefängnis stecken«, sagte er. »In den Armen-

darf keiner Veränderung der theoretischen Grenzen. Und nach dem Fehlschlag bei der Erprobung der Luftabwehr kann unser General verkünden, daß ein Krieg nicht stattfinden wird. Er gibt die Söhne ihren Müttern zurück, die Männer ihren Familien. Und die Ehre meines Landes bleibt unangetastet.« »Diese Lösung hättest du finden müssen«, sagt die Frau Botschafterin, die mich heute abend ganz eigenartig anblickt.

V

Freitag am Montag oder Donnerstag am nächsten Dienstag

Seit Monaten – seit dem Erfolg der zur Bereinigung der Grenzstreitigkeiten vorgeschlagenen Lösung – war der Staatssekretär im Asyl eine Persönlichkeit geworden und seine Arbeit unentbehrlich für die Botschaft. Ihm war es zu verdanken, daß ein gewinnreicher Austausch von Baumwolle gegen Tabak vereinbart worden war; ihm, daß nun mit zuvor ungenutzten Dingen Handel getrieben wurde, wie etwa den in London gewebten Umhängen der Bergbauern, die zur Nationaltracht des Nachbarlandes gehören; in die hiesigen Konditoreien gelangten nun Vögel aus Kandiszucker, Lebkuchentiere, Marmeladen in irdenen Töpfchen; in den Läden sah man Gürtel, Hüte aus Haarfilz, Blusen mit viereckigem Ausschnitt, die hinter der Grenze hergestellt wurden. Damit sowie den Keramik-Kirchen, in denen Heiligenfiguren aufbewahrt werden, den in den Dörfern hergestellten Guitarren, den Geigen aus dem Dorf Petache, wo jedermann *luthier* war, entstand in diesem Land, wo es an folkloristischen Stoffen oder Gegenständen mangelte, die Illusion einer Folklore, wie sie den Ausländern behagte ... Aber das war nicht alles: seiner Untätigkeit überdrüssig in einer Zeit ohne Zeit, wo es auf das gleiche hinauslief, ob es Freitag oder Montag war, hatte der Staatssekretär im Asyl die ganze Arbeit der Botschaft übernommen. Während der Herr Botschafter seine stets erneuerten Bände Simenon las und in der Haut des Inspektors Maigret steckte, redigierte der Staatssekretär im Asyl diplomatische Noten, vertrauliche Briefe, Mitteilungen an die Kanzlei, Berichte, Memoranden etc.... »Als wären Sie der eigentliche Botschafter meines Landes«, sagte der Herr Konsul, der die Botschaft unerwartet zu besuchen pflegte ... »um herumzuschnüffeln und zu spionieren«, sagte der Herr Botschafter, der das unfromme Gesicht des Herrn Konsul nicht ausstehen konnte. Und eines Tages äußerte der Staatssekretär im Asyl den Wunsch, die Nationalität des Nachbarlandes anzunehmen. »Du bist verrückt«, sagte der Herr Botschafter zu mir. »In Ihrer außerordentlichen Verfassung steht (du nahmst den Band, blättertest, wiesest mit dem Zeigefinger auf den betreffenden Artikel), daß jeder Ausländer nach zweijährigem Aufenthalt im Lande seine Einbürgerung beantragen kann. Ich lebe hier auf dem Territorium Ihres Staates. Ich falle unter Ihre Gesetze. Wenn ich in diesem Haus ein Verbrechen beginge, könnte ich nur von den Gerichtshöfen Ihres Landes verurteilt werden.« »Aber ... hast du die Absicht, zwei Jahre lang in diesem Haus zu bleiben?« »Ein paar Monate bin ich schon hier. Und ich erinnere Sie daran, daß ein berühmter lateinamerikanischer Leader sieben Jahre lang in der Botschaft eines Bruderlandes im Asyl war. Eine längere Zimmerhaft als die des Jonas, wie ich zugebe; aber kaum geringer als die Silvio Pellicos.« »Wir werden das sehen, wenn du die zwei Jahre hinter dir hast«. »Er wird sie hinter sich bringen«, sagte die Botschafterin mit solcher Überzeugung, daß ich unwillkürlich an die Monate – wie viele Monate! – denken mußte, die ich in dieser Welt zwischen der Ewigkeit Gottes und der Ewigkeit Donald Ducks noch zu leben hatte.

Heute ist der Herr Botschafter in großer Gala früh weggegangen, um der Militärparade zum Vaterlandstag beizuwohnen. Wir frühstücken allein, die hübsche Botschafterin und ich. Danach gehen wir zu der kleinen Bibliothek, die der vorige Botschafter hinterlassen hat. »Nach Interessantem brauchst du gar nicht zu suchen«, sagt die Botschafterin. Dieser Herr wollte partout beweisen, daß die Eroberer Amerikas in diesen Ländern hier all die wunderbaren Dinge angetroffen haben, die in den Ritterromanen vorkommen. Daher seine Bibliothek (Handbewegung): *Amadis von Gallien,* ein Schlafpulver; *Palmerin von England,* noch ein Schlafpulver; *Ritter Cifar,* zwei Schlafpulver.« Ich nahm den Band *Tirant der Weiße.* »Und der da?« »Drei Schlafpulver.« »Vielleicht, weil du nie in die Welt einer Gestalt wie ›Lust meines Lebens‹ eingedrungen bist, die erst den Ritter in einem halb geöffneten Koffer versteckt und ihm dann die natürlichen Wunder einer nackten Prinzessin aufzählt und zeigt. Und sie sagt zu ihm (dabei öffnest du schnell, als Knalleffekt, das Buch):

»O Tirant, Herr! wo weilst du, der du nicht hier bist, nahe,
zu erblicken, was dir am liebsten auf dieser Welt ist, und zu berühren?
Schau, Herr Tirant! Sieh hier das prächtige Haar der Prinzessin
und die Küsse in deinem Namen, der du der beste Ritter der Welt bist.
Sieh ihre Augen, den Mund: für dich küsse ich sie. Schau hier
ihre kristallenen Brüste, die ich halte, in einer Hand jede. Sieh,
wie klein, hart, weiß und glatt! Hier, ihren Bauch koste, die Schenkel,
und den geheimen Ort. Oh, unglücklich bin ich. Und warum nicht Mann,
hier meine Tage zu enden? Wo weilst du jetzt, unbesieglicher Ritter? Warum nicht zu mir eilst du, die flehend dich anruft?
Tirant allein ist würdig, anzurühren, was ich berühre, kein anderer,
denn ein Bissen ist dies, an dem, wie gern! jeder ersticken möchte.«

Die Frau Botschafterin lachte über die Einfälle des Buches voll verborgener Reize. Lachte noch mehr bei dem Kapitel über den Traum von ›Lust meines Lebens‹, den, in dem die Prinzessin sagt: »Laß mich, Tirant, laß mich!«

An jenem Tage – ich wäre sonst leicht als Pedant erschienen – »lasen wir nicht weiter« ... Und als wir bemerkten, daß Offiziere und Soldaten, schon nicht mehr in Reih und Glied, sich über die Straßen verstreuten, weil die große Parade zum Vaterlandstag beendet war, begriffen die Liebenden, daß die Stunde gekommen war, sich wieder anzuziehen und im Salon Platz zu nehmen, um den Herrn Botschafter zu erwarten. Die Botschafterin nahm einen Taschenkalender: »Alles hängt davon ab, daß wir gut vorplanen. Der Vaterlandstag beschert uns acht Stunden Ruhe. Der Heldengedenktag sechs Stunden, weil es nach der Kranzniederlegung ein kaltes Buffet gibt. Die Hundertjahrfeier der Unabhängigkeit neun Stunden, und wir werden allein zu Mittag essen. Volkstrauertage: sechs pro Jahr, mit Festakten von reichlich vier Stunden, einschließlich Reden (ich habe mir den Ruf einer Leberkranken zugelegt, damit ich meinen Mann bei diesen Veranstaltungen nicht begleiten muß). Empfang am Neujahrstag in Miramontes: fünf Stunden, mehr oder weniger; Tag des Heeres: acht Stunden, denn zum Truppenvorbeimarsch kommt noch ein Mittagessen im Militärclub; nimm die Karnevals samt Krönung der Königin hinzu; die Diplomatenfeste, zu denen ich allerdings ab und zu gehe, um den Schein zu wahren. Aber dafür werden wir uns entschädigen mit den Einweihungen von Monumenten für irgendwelche Befreiungshelden – und Achtung! in diesem Land gibt es Befreiungshelden in Mengen – und das ist noch nicht alles: der Handkuß beim Nuntius seiner Heiligkeit; die Gedenktafeln an den Geburtshäusern großer Erzieher aus dem letzten Jahrhundert; die Einweihung von Dämmen, Stauwerken, Brücken, etc. etc. Es wird ein tägliches Fest werden.« Unterdessen kam der Herr Botschafter an, nach Luft schnappend und schwitzend, den gestärkten Kragen voller Blasen, und jammerte über die Hitze, die Unbequemlichkeit der Tribüne, die in der prallen Sonne lag. »Die nordamerikanischen Militärattachés konnten in den motorisierten Einheiten sämtliche Überbleibsel aus dem Zweiten Weltkrieg wiedererkennen.« Dazu der Staub, den die Infanterie aufwirbelt, bei dieser neuen Manie, sie im Stechschritt marschieren zu lassen.

VI

Ein beliebiger Tag

In Erfüllung der Verpflichtungen, welchen Diplomaten, die einem politischen Flüchtling Asyl gewähren, nachzukommen haben (Panamerikanische Konferenz von 1928, Artikel 2, zweite Verfügung) und wonach »der Beamte nach Gewährung des Asyls dem Minister des Auswärtigen unverzüglich Mitteilung über die

Personalien des Betreffenden zu machen hat«, hatte der Botschafter gleich zu Anfang das Angezeigte getan. Aus diesem Grund schoben nach wie vor – zur großen Beunruhigung der sehr seltenen Bittsteller, deren Angelegenheiten nicht unter die Zuständigkeit des Konsulats fielen – zwei Soldaten mit aufgepflanzten Bajonetten vor der Botschaft Wache. Deshalb schlug sich dir die Schießerei heute morgen so auf den Magen. Zwei Schritte von dir, auf dieser Straße, zwischen dem Schaufenster mit all dem Spielzeug (dem die Beschossenen noch kaum entrückt waren) und der Kirche der Jungfrau vom Hochland, schoß die Polizei auf Studenten, die mit einer Kundgebung gegen den General Mabillán protestierten wegen dessen Absicht, die Verfassung zu ändern, um sich auf diesem Wege einen achtjährigen Verbleib an der Macht zu sichern samt der Möglichkeit einer Wiederwahl, wenn das Volk aufgrund eines Plebiszits dies so bestimmte. Ich hätte bei den Studenten sein mögen, hätte schreien, Eisentrümmer, Schraubenmuttern, Steine werfen, hätte die berittene Polizei von ihren Pferden herunterwerfen mögen. Aber »gebrannt«, wie ich war, und mit meinen zwei Posten vor der Tür konnte ich nichts machen. Außerdem kannte ich alle Einzelheiten der Repression, die mit einzigartiger Grausamkeit auf die erste Gruppe festgenommener Studenten angewendet werden würde: die Gefängnisse, die so überfüllt sein würden, daß in manchen Fällen die ahnungslos glücklichen zuletzt Verhafteten in nahegelegenen Hotels untergebracht werden mußten; die Demütigungen; die von der Gestapo und vom FBI praktizierten, bereits klassischen Foltern; die Folter, die darin bestand, einen Mann zwölf Stunden lang auf einem alten Autoreifen stehen zu lassen. Und neuerdings waren die Monstren auf den Plan getreten, die Sadisten, die legalisierten Kopulierer, alle nur erdenklichen Abartigen, angeführt von dem »Sperber«, der an Zeigefingern und Daumen so lange Nägel hatte, daß er sie rasch, unter entsetzlichen Zerreißungen, einem Menschen in die Kehle drükken konnte. Ganz abgesehen von den Vergewaltigern und Kupplern, die jetzt Ausweise und Beglaubigungsschreiben erhalten hatten, damit sie in jedem Fall beweisen konnten, daß sie Agenten der Geheimen Staatspolizei geworden waren.

Jetzt bist du verliebt und hältst dir diese Liebe wie einen Fehler, wie ein Vergehen vor. Die Studenten, die in der Straße mit Maschinengewehren beschossen werden, sind, wenn auch aus einer neuen Generation, die gleichen wie die, die vor noch nicht allzu langer Zeit an deiner Hand in die weiten Gefilde der Philosophie eingedrungen waren. Die gleichen, die im Scherz sagten: »Zwei Mechanismen bewegen die Welt: das Geschlecht und der Mehrwert.« Die gleichen, die sich verwunderten, daß materialistische Philosophen ein paar vorsokratischen Texten, so kurz und verstümmelt, daß sich kaum ein klarer Gedanke aus ihnen ergab, solche Bedeutung zumaßen ... Ich schaue zum Fenster hinaus: dort liegen mehrere *von den meinen*, verwundet, ausgestreckt auf dem Boden, verlieren ihr Blut, kriechen unter den Kugeln, die noch immer in die Säulen und Pilaster einschlagen. Du gehst zur Botschafterin und schluchzt in ihren Schoß. »Grauenhaft, grauenhaft«, sagt sie. »Die Polizisten in deinem Land sind solche Barbaren.« »Und erst recht, seitdem sie nordamerikanische Ausbilder haben.« Du schluchzt. Es tut dir gut. Dann bettet dich die Botschafterin neben sich, um dich besser zu beruhigen. Ich schließe die Augen über ihrem Fleisch und es ist Nacht. Welchen Tages? Du weißt es nicht. Das Datum? Dir unbekannt. Der Monat? Es kümmert dich nicht. Das Jahr? Das einzige hier sichtbare Jahr ist das der Eisen- und Klempnerwarenhandlung, gegründet 1912. »Vielleicht kann es als Anhaltspunkt dienen«, sagst du bitter. Und jetzt die Liebe; Liebe, die kein Datum hat. Wie eine französische Sängerin sagte: Die Welt könnte untergehen, und wir merkten es nicht. In dieser Klausur, dieser Abgeschlossenheit, in dieser Zeit ohne Zeit gibt mir die Liebe eine Empfindung, ähnlich der jenes Mannes, der in einem unbekannten Haus Opium geraucht und sich beim Erwachen wie Elpenor verhalten haben soll: er stürzte sich ins Leere, weil er nicht wußte, wo er war. Trotzdem, du liebst die Botschafterin – Cecilia heißt sie. Du brauchst ihre tiefen weißen Arme. In deinem Unglück findest du bei ihr die Zärtlichkeit einer Mutter, die Besorgtheit einer Amme, die Wärme einer Geliebten. Gemeinsam mit Cecilia entwirfst du den Plan zu weitreichenden Aktionen, dazu bestimmt, den Herrn Botschafter zu beseitigen. Arsen? vielleicht. Aber ... wie es sich verschaffen, ohne aufzufallen? Zyankali? leicht anzuwenden, und zur »physischen Beseitigung« der Persönlichkeit kommt noch ein erregendes Spiel hinzu: das Gift würde in eine der Pastillen gemischt werden, die der Herr Botschafter jeden Abend für seine Verdauung nahm. Man würde die Pastillen durcheinanderschütteln wie Würfel in einem Becher. Dann brauchte man nur zu warten. Heute ist es nicht geschehen. Vielleicht wird es morgen passieren. Nur noch drei Pastillen sind übrig. Und wenn nur noch zwei übrig wären, würden wir schon alles für die Beerdigung vorbereiten. Die Bänder und Orden, die der Tote mit hinübernehmen müßte. Und wenn nur noch eine übrig wäre? Nacht unsagbarer Aufregung. Aber ... wer ging um das Zyankali? Würde es in Apotheken verkauft werden? Das Ideale wäre Curare gewesen, das keine Spuren im Organismus hinterläßt. Ein Stich mit einer in den Kräutersaft getauchten guten Nadel, und die Person fiel sogleich, ohne atmen zu können, mit gelähmten Lungen um. Aber um sich Curare zu beschaffen, das in kleinen Kürbisflaschen aufbewahrt wird, mußte man bis in das Gebiet der Guachinapas fahren, und das war eine Reise von vier Wochen, durch den Busch, mit Umsteigen aus Motorbooten in Kanus. Du weinst mit ihr über das gemeinsame Unglück, sich derart wehrlos zu fühlen. Wie glücklich wären wir am Ufer eines Sarges gewesen ... Du gehst ans Fenster. Die Schießerei hat aufgehört. Die Verwundeten oder – vielleicht – Toten sind fortgeschafft worden. In dem Spielwarenschaufenster ist die Scheibe zerborsten durch einen Schuß, der den Donald Duck mit einem kleinen schwarzen Loch in der Kartonbrust von seinem Sockel herabgestürzt hat. Da Heldengedenktag war, gab es in dem Geschäft niemand, der die Figur wieder hätte aufstellen können. Sie lag noch immer da, die weit gespreizten, orangefarbenen Beine nach oben.

VII

Auf einen Dienstag zu

Als die Jahreszeit der großen Regenfälle heranrückte, verschlechterten sich die diplomatischen Beziehungen dieses Landes mit dem Nachbarland. Die Grenzstreitigkeiten entbrannten aufs neue und mit ihnen die Gemüter. Aber jetzt bot der General Mabillán alle seine Propaganda- und Zensureinheiten und Dienststellen auf, um den kriegerischen Mut zu dämpfen. Da er ein repressives Inlandheer brauchte, um Kundgebungen und Protestmärsche aufzulösen, Streiks zu unterbinden, die Einhaltung der Sperrstunden zu überwachen, Wohnhäuser und Betriebe zu durchsuchen, in den Straßen zu patrouillieren etc. etc., hielt er es in Wahrheit nicht für angebracht, mehrere Divisionen in den Urwald an der Grenze zu schicken und dergestalt seine innere Front ohne Deckung zu lassen. Aus dem gleichen Grund hatte sich seine frühere Anmaßung gegenüber dem Nachbarland in eine Politik der Duldsamkeit und Zusammenarbeit verwandelt. »Nur keine internationalen Probleme«, sagte er. Und schon gar nicht jetzt, wo die Vereinigten Staaten große Erdölkonzessionen in dem strittigen Gebiet erworben haben. Die Situation war so verworren, daß der Herr Botschafter von seinem Außenministerium zu persönlicher Berichterstattung gerufen wurde. Es sei eine Reise von höchstens zwei Wochen. Die Frau Botschafterin packte ihm seine Koffer mit außerordentlicher Liebe und fuhr anderntags zum Flughafen, um ihn zu verabschieden, wobei sie mit Befriedigung feststellte, daß das Flugzeug ein uraltes Modell mit allen Kennzeichen baldigen Absturzes war. Es war dasjenige, das die mit der Wartung beschäftigten Techniker als »fliegenden Sarg« bezeichneten.

Am folgenden Tag kam der Konsul mich besuchen. »Sie sind bereits mein Landsmann«, sagte er, indem er mich umarmte und mir die Papiere über meine neue Staatsangehörigkeit reichte. Hinfort würde mein Wappen – ich sehe es in allen mir überreichten Dokumenten abgebildet – das mit den zwei wachsamen, auf den Katheten eines goldenen Dreiecks schlummernden Panthern sein, das vielleicht freimaurerischen Ursprungs ist, bedenkt man, daß der größte Befreiungsheld meines neuen Landes in Europa Ritter Kadosch in der Loge der Vernünftigen Ritter gewesen war. »Aber das ist noch nicht alles«, hub der Konsul in einem Ton an, der sich durch Stimmlage und Sprechrhythmus stark vom zuvor Gesagten unterschied. Er sprach langsam: »In diesen Jahren habe ich mein Außenministerium über *Ihre* Arbeit unterrichtet. Grenzstreitigkeiten, Intensivierung des einträglichen Handelsaustauschs von Produkten etc. etc. Man ist über alles unterrichtet, was Sie für unser Land getan haben, als es noch nicht das

Ihrige war. Dieser Dummkopf (er zeigte auf den Lehnsessel des Botschafters) hat nie zu etwas getaugt. Und man weiß es. Aus diesem Grund (mit bedeutsam sonorer Stimme) werden Sie an seiner Stelle zum Botschafter meines Landes ernannt.« Angesichts meiner Proteste teilte der Herr Konsul mir mit, daß in seinem Land – »Unserem Land« – die Botschafterposten im allgemeinen nicht an Berufsdiplomaten, sondern an brillante oder fähige Personen vergeben würden: an Schriftsteller, Financiers, weltgewandte Persönlichkeiten, Journalisten. Außerdem war die Verwendung Staatsangehöriger anderer Nationen des Kontinents als Diplomaten und Hochschullehrer in Amerika Tradition. Sie konnten Ausländer sein: es gab kubanische Minister in Mittelamerika; der Venezolaner Adrés Bello war Rektor der Universität von Chile gewesen. Ich erinnere an...« Ich schnitt die voraussehbare Aufzählung ab: »Aber ... niemals werden sie mir das *placet* erteilen.«

»Mabillán wünscht jetzt, wo er 1 500 000 Dollar aus der Allianz für den Fortschritt herausholen will, so sehr, sich mit unserem Land gutzustellen, daß er selbst Jack the Ripper das *placet* erteilen würde« (Lachen). »Aber der Botschafter, die Botschafterin ...?«

»Der Botschafter wurde in Wirklichkeit zurückgerufen, um als bloßer Konsulatsbeamter nach Göteborg versetzt zu werden. Was die Frau Botschafterin angeht, kann sie, *wenn sie nichts dagegen einzuwenden hat*, in der Eigenschaft als Botschaftssekretärin hierbleiben.« Das *placet* wurde ohne Verzug erteilt. Und am darauffolgenden Dienstag ging der Staatssekretär aus dem

Haus, um dem General Mabillán seine Beglaubigungsschreiben zu überreichen. Die Wachen vor der Tür, heute zum letztenmal auf Posten, präsentierten die Gewehre. Der Gehrock des Herrn Botschafters saß ihm ganz gut. Der Angströhre allerdings hatte man Zeitungspapier in das Schweißband einlegen müssen. Die butterfarbenen Handschuhe mußten, weil zu eng, wie ein Bund Spargel in der Hand getragen werden. Aber alles war heute wunderbar. Der Dienstwagen des Außenministers, die abgeschmackte Unterhaltung mit dem Protokollchef. Heute war Dienstag. Dienstag, Dienstag, Dienstag, Dienstag, der 28. Juni, ein Monat, dessen Name nach Stränden, nach weit offenen Räumen klang. In Begleitung des Protokollchefs betrat der Ex-Staatssekretär-im-Asyl den Palast Miramontes. Den flehentlichen, zerknirschten Blick des Feldwebels Ratón, der den seinen zu erhaschen suchte, erwiderte er nicht. Man erwies ihm die militärischen Ehren, und er betrat das Arbeitszimmer des Generals Mabillán. Er wurde sehr herzlich empfangen, und der General spielte die liebenswürdige Komödie, seine Beglaubigungsschreiben durchzulesen, die in allen Fällen und Ländern nahezu gleichlautend abgefaßt werden. Dann hielt er eine kleine Rede, sprach darin von der jahrhundertealten Freundschaft zwischen beiden Ländern, von ihren auch hinfort guten Beziehungen an dieser Schwelle einer Ära beiderseitiger Prosperität, von den Ruhmestaten der Vergangenheit, von dem Bruderverhältnis beider Länder, das in Zukunft noch viel brüderlicher sein würde, und was dergleichen mehr ist. Der neue Botschafter antwortete mit den gleichen Begriffen wie »Prosperität«, »Freundschaft«, »Verständigung«, »Brüder«, »unser Amerika«, »der Kontinent der Zukunft«, »der dritte Weg zur Lösung der ideologischen Konflikte dieser Epoche durch die erfahrenen Regierungen der Neuen Welt«, und all dem, was bei ähnlichen Anlässen sonst noch zu hören ist ... Zwei Gläser Champagner wurden auf das Wohlergehen beider Länder angestoßen. Und dann ein Händedruck, wobei der General dem neuen Botschafter zuflüsterte: »Ich habe keine Photographen bestellt, es wäre schwierig gewesen. Ich werde eine Pressenotiz durchgeben, derzufolge man auf einen Namensvetter schließen wird.«

»Ich verstehe, General.« Und der General mit noch leiserer Stimme: »Du bist ein kleiner Scheißkerl, Ricardo.« »Und was ist mit den eleganten, raffinierten Frauen aus Europa, die auch Konversation machen können?« »Scher dich zum Teufel!« ... Der Protokollchef trat heran, um anzuzeigen, daß der diplomatische Besuch beendet war. Der neue Botschafter ging rückwärts zur Tür und machte bei jedem Schritt eine Verbeugung. Als er draußen war, lüftete er den Vorhang, streckte den Kopf durch und sagte: »Ciao, Felipe.«

Die Frau Botschafterin erwartete mich mit einem feinen Mahl zu Wein und Freude. Es fehlten weder die russischen Salzgurken, die ich so gern mag, noch der Mango-chutney, der mit irgend etwas harmonieren würde, auch nicht die französischen Kapern, die so gut zur brasilianischen *cachaza* schmecken. Der verwundete Donald Duck war durch einen anderen, heilen, ausgewechselt worden. Aber für mich verband sich seine Gestalt jetzt nicht mehr so sehr mit dem Gedanken der Unendlichkeit. Wie auch die Wasserspülungen Marke Edison der Gebr. Gómez nicht mehr so wie gestern an Menlo Park erinnerten. Ich riß die alten Blätter vom Kalender und stellte ihn auf Dienstag, den 28. Juni. Nun begannen bessere Zeiten. Und als zu uns, die wir schon von ein paar rasch getrunkenen *cachazas* angespornt waren, das Latein von

Dum esset Rex in accubitu suo
nardus mea dedit olorem suavitatis

herüberschallte, übertönten wir es mit der Trompete Louis Armstrongs, die wir im Radio fanden. Am nächsten Tag kostete es mich einige Anstrengung zu denken, daß man an einem Mittwoch lebte und daß der Mittwoch seine Verpflichtungen hat. Aber schon am Donnerstag fügten sich die Tage mit ihren Namen in die dem Menschen gegebene Zeit. Und es begannen die Werke und die Tage.

Inhalt